◆ 郑州大学依法治校专项资助
◆ 国家社科基金一般项目（21BFX173）

高校学位授予法律制度研究

王红建　邢　昕◆主　编

郑州大学出版社

图书在版编目(CIP)数据

高校学位授予法律制度研究／王红建,邢昕主编. －－ 郑州 : 郑州大学出版社,
2024.3

ISBN 978-7-5773-0203-4

Ⅰ.①高… Ⅱ.①王…②邢… Ⅲ.①高等学校 - 学位 - 授权管理 - 法律 -
研究 - 中国 Ⅳ.①D922.164

中国国家版本馆 CIP 数据核字(2024)第 020025 号

高校学位授予法律制度研究

GAOXIAO XUEWEI SHOUYU FALU ZHIDU YANJIU

策划编辑	张 霞	封面设计	王 微
责任编辑	成振珂 刘瑞敏	版式设计	苏永生
责任校对	侯晓莉	责任监制	李瑞卿

出版发行	郑州大学出版社	地 址	郑州市大学路40号(450052)
出版人	孙保营	网 址	http://www.zzup.cn
经 销	全国新华书店	发行电话	0371-66966070
印 刷	河南龙华印务有限公司		
开 本	787 mm×1 092 mm 1／16		
印 张	13.75	字 数	290 千字
版 次	2024 年 3 月第 1 版	印 次	2024 年 3 月第 1 次印刷

书 号	ISBN 978-7-5773-0203-4	定 价	68.00 元

本书如有印装质量问题,请与本社联系调换。

作者名单

主　编　王红建　邢　昕

副主编　魏海深　韩良良

编　委　（按姓氏笔画排序）

于云筝　王红建　卢建城　冯学梁

邢　昕　任庭汉　杨发星　张龙辉

侯潇然　韩良良　薛　坤　魏海深

新中国成立后特别是改革开放以来,我国教育事业取得历史性成就。根据 2022 年全国教育事业统计,我国共有各级各类学校 51.85 万所、学历教育在校生 2.93 亿人、专任教师 1880.36 万人,是名副其实的教育大国。"教育兴则国家兴,教育强则国家强"。站在新时代的起点上,加快从教育大国向教育强国迈进,既是把我国建设成为富强民主文明和谐美丽的社会主义现代化强国的题中之义,又是实现中华民族伟大复兴的基础工程。全面依法治国具有基础性、保障性作用,教育领域是依法治国的重要领域,因此教育法治建设又是建设教育强国这一基础工程的基础。

从立法角度看,以 1980 年《中华人民共和国学位条例》为开端,我国已经形成了以《中华人民共和国宪法》为统帅,以《中华人民共和国教育法》《中华人民共和国高等教育法》《中华人民共和国教师法》等教育法律为主干,内容包括教育法规、部门规章、地方性教育法规规章等多维度、多层次的中国特色社会主义教育法治规范体系。而要建设教育强国,教育法律体系就必须随着时代和实践的发展而不断完善。近年来,随着《中华人民共和国家庭教育促进法》《中华人民共和国爱国主义教育法》等相继颁布实施,中国特色社会主义教育法律体系日益完备。无论是高等教育领域的简政放权、放管结合、优化服务改革,还是义务教育阶段的均衡优质发展;无论是切实减轻中小学教师负担,还是激发高校院所科研人员创新活力,都需要法治来引领、来保障。

从法律实施角度看,党的十八大以来,我国教育体制改革全面深化,依法治教、依法办学、依法治校走向深入。近年来,中共中央办公厅和国务院办公厅、国家教育体制改革领导小组办公室、教育部等印发了《关于深化教育体制机制改革的意见》《关于进一步落实和扩大高校办学自主权完善高校内部治理结构的意见》《依法治教实施纲要(2016—2020 年)》《关于进一步加强高等学校法治工作的意见》等一系列文件,正在构建起政府、学校、社会之间的新型关系。尤其是随着社会主要矛盾的变化,在社会上,人民群众对教育公平、制度公正和受教育权高度关注;在校园内,广大师生民主意识、法治意识和权利意识日益增强。这些都对我们实行依法治教、依法治校提出了新的更高的要求。

出于对高校治理法治化的深刻理解,2016 年 1 月郑州大学专门成立了依法治校研究所,开展依法治校基础理论研究和教育管理法治化的应用研究。2020 年 4 月,根据教育部政策法规司《关于合作建设教育立法研究基地的函》,教育立法研究基地(教育部政策法规司–郑州大学共建)在郑州大学建立,该基地是教育部在部省合建高校布局的第一个教育立法研究基地。自依法治校研究机构成立以来,我们先后组织召开"2017 年度中国依法治校学术论坛""2018 年高等教育行政纠纷解决的理论与实践学术研讨会""2019 年科研诚信建设与学术不端治理研讨会""2020 年新时代教育对外开放与《中外合作办学条例》修订研讨会""2021 年高校法治文化建设暨法律顾问制度创新研讨会"等会议,每年设立课题进行专题研究,推动学校依法治校工作深入开展。这是我们取得的一点成绩,也是我们继续前进的起点。

编辑出版一套融理论性与实用性于一体的郑州大学依法治校丛书,也是我们设所之初的计划之一。该丛书将聚焦高等教育管理法治化全景图,重在厘清内外两组关系即高校外部关系中的国家、大学和社会之间的关系,高校内部关系中的学术权力和行政权力、学校和师生之间的关系,逐步涵盖学生管理、人事管理、科研诚信与学术规范建设、知识产权管理与保护、矛盾纠纷化解等各个方面。

2018 年 3 月,中央教育工作领导小组组建;2018 年 9 月,党中央召开新时代第一次全国教育大会;2018 年 11 月 29 日,教育部召开新时代第一次全国教育法治工作会议。党的二十大报告更是旗帜鲜明地指出,全面依法治国是国家治理的一场深刻革命,要坚持在法治轨道上推进国家治理体系和治理能力现代化。一流的大学需要有一流的治理,实现依法治理、科学治理是大学治理能力现代化的集中体现,而深化依法治校正是实现高等学校治理体系和治理能力现代化的核心要求。这一切都让我们坚信,郑州大学依法治校丛书的出版正当其时,也希望它能为广大的教育管理者、教育政策与法律研究者以及各位读者带来一些有益的启发。

是为序。

沈开举

教育立法研究基地(教育部政策法规司–郑州大学共建)执行主任

郑州大学依法治校研究所所长

郑州大学法学院教授、博士生导师

2023 年 10 月

随着法治建设和高等教育改革的深入推进,依法治校理念不断渗进高等教育各个领域。高校学位授予制度是我国的一项基本教育制度,事关学生培养、人才评价标准、学科建设等,是高等教育高质量发展的基石。1980 年《中华人民共和国学位条例》(以下简称《学位条例》)通过,作为教育领域的首部法律,《学位条例》为我国培养现代化建设的高层次人才提供了强有力的法治保障。然而,四十余年来,《学位条例》只在 2004 年对部分条款进行了修改,在这期间我国经济社会发生了深刻变化,学位授予工作也经历了重大变革。随着我国进入新的发展阶段,为深入贯彻落实党的十九大和二十大精神,学习贯彻习近平法治思想和习近平总书记关于教育的重要论述,从法治维度审视高校学位授予制度意义重大,其主要方式之一便是在现有《学位条例》的基础上抓紧制定《中华人民共和国学位法》(以下简称《学位法》),以解决新时代学位管理工作中存在的诸多问题。

2018 年,十三届全国人大常委会把修订《学位条例》、制定《学位法》列入立法规划,我国学位法律制度的修订由此驶入快车道。2021 年 3 月,教育部就《中华人民共和国学位法草案(征求意见稿)》面向社会公开征求意见。2023 年 6 月,国务院常务会议讨论并原则通过《中华人民共和国学位法(草案)》(以下简称《学位法(草案)》)。2023 年 8 月,《学位法(草案)》提请十四届全国人大常委会第五次会议初次审议。

为有效应对高校学位授予工作中存在的现实问题,归纳学位授予工作中的法律难点,分析高校学位授予制度背后的法理逻辑,为高校学位授予法治化发展提供优化路径,以期为《学位法(草案)》完善提供针对性建议。教育立法研究基地(教育部政策法规司-郑州大学共建)、郑州大学依法治校研究所组织了本书的编写工作。

本书立足于高校学位授予工作的实际情况,从高校学位授予权的法律性质、高校学位授予制度的基本原则、高校学位管理体制、高校学位授予标准、高校学位授予程序、高校学位撤销制度、高校学位争议诉讼七个方面进行研究探讨。

第一,明确高校学位授予权的法律性质是高校学位授予法律制度理论及规范中最基础的部分,对高校学位授予法律制度的研究需要首先明确高校学位授予权的法律性质。

第二,法的基本原则是法的灵魂。高校学位授予制度的基本原则,既为高校学位授予活动提供了基本准则,也能够对高校学位授予纠纷裁判起到指引作用。因而有必要对高校学位授予制度基本原则的概念、构成及其优化进行深入探讨。

第三,以高校为核心的授予单位是当前我国三级学位管理体制中定位最为特殊的层级,是与学位申请者直接产生学位授予等一系列法律关系的核心主体。因此,需要从法律视角来思考高校学位管理体制所涉及的相关主体及其相互关系。

第四,高校学位授予标准是学位制度的核心问题,关涉学位申请人的基本权益。理论和实践中对于高校学位授予标准的分歧较大,因此,亟须从法治化视角对高校学位授予标准进行系统性研究。

第五,高校学位授予程序是学位申请人学术能力、学术水平是否符合学位授予单位学位标准的考察活动。高校学位授予制度完善亟须推动学位申请和审查、论文评阅、论文答辩、学位评定等四个阶段的法治化发展。

第六,学位撤销制度与学位授予制度有着密切的联系,探讨学位撤销与学位授予之间的关系,需要进一步厘清学位撤销制度的内涵与性质,对高校学位撤销制度的理论基础、标准、程序等三方面展开论述。

第七,高校学位争议纠纷的司法审查,事关学生合法权益维护和高校学术自治保障,对推进保障公民基本权利、推进依法治校建设意义重大,需要不断完善学位争议纠纷司法审查的体制机制,以保障学位争议纠纷司法审查的顺利进行。

整体而言,本书对高校学位授予制度的理论与实践进行了全面论述,为提升高校学位授予制度法治化水平、促进学位工作高质量发展提供了有益探索。

本书撰写分工如下(按姓氏笔画排序):于云笙(郑州大学)撰写第五章,王红建(郑州大学)撰写第二章、第三章、第六章,卢建城(郑州大学)撰写第四章,冯学梁(郑州大学)撰写第二章,邢昕(郑州大学)撰写第一章、第四章、第五章、第七章,任庭汉(云南大学)撰写第七章,杨发星(郑州大学)撰写第六章,张龙辉(郑州大学)撰写第三章,侯潇然(郑州大学)撰写第七章,韩良良(郑州大学)撰写第三章,薛坤(郑州大学)撰写第一章,魏海深(郑州大学)撰写第二章。

编者

2023 年 10 月

目录

第一章

高校学位授予权的法律性质

在现代化进程中,我国高等教育领域并非单纯地携"教育"迈入"现代化"情境之中,这一过程不单涉及总体性体制机制改革,更与"良法之治"密切相关。随着我国经济、社会和科技水平发生深刻变化,高等教育事业经历重大变革,《中华人民共和国学位条例》(以下简称《学位条例》)的整体内容和制度安排却并未进行过实质性的修订。在法治理念、人权保障、分权改革、权力细化、吸收改革成果、适应现代高校制度以及社会主体自主性改革等方面都不同程度呈现出滞后性与不适性。① 此间迭出问题的阻滞在于,现行学位法律规范体系并未就国家学位形态、高校学位管理等作出具体规定,法律规定的模糊导致对于高校学位授予行为以及学位授予权的法律性质难以通过传统法解释学予以论证,而高校学位授予权同时兼具"国家行政性"与"高校自主性"两种不同属性定位。"授权说(国家行政权说)"与"自治说(高校自主权说)"理论的变迁对于既有的学位法理论体系在高校学位授予权的权属争端上根本无法证立或证否,"双重性质说"等理论也无法在现有的学位规则框架内直接适用。因此,高校学位授予权法律性质的难以定性致使对其法律规制明显缺乏充分的制度供给,立法的不足与理论的争议也导致司法实践处理学位纠纷陷入困境之中。

故而,《中华人民共和国学位法草案(征求意见稿)》(以下简称《学位法草案(征求意见稿)》)应时而生。有学者指出,制定《中华人民共和国学位法》(以下简称《学位法》)具有与时俱进的时代功能,不仅是中国式现代化下教育现代化转型的实践需求,也是科教兴国战略下培养高素质水平人才的制度保障,更是构建中国特色社会主义法治体系背景下高等教育法治化的关键环节。② 在学位法律制度体系中,明确高校学位授予权的法律性质本应是学位法理论及规范中最基础的部分,但理论界与实务界至今仍未达成共识,

---

① 参见秦惠民:《〈学位条例〉的"立""释""修"——略论我国学位法律制度的历史与发展》,载《学位与研究生教育》2019 年第 8 期。

② 参见湛中乐、王岩:《〈学位法〉制定的时代功能和关键任务》,载《苏州大学学报(教育科学版)》2023 年 4 月 12 日网络首发版。

成为高校学位授予法治化中最为薄弱的环节。因此,这一研究缺憾需要未来《学位法》给予足够的重视与关切。

第一节　高校学位授予与学位授予权

以历史发展的视角来看,我国在 20 世纪 70 年代末就已开始注重教育制度的建设,并认识到教育应与学位制度结合。学位制度是教育制度的重要组成部分,是体现一国学术水平和教育质量的重要标志,也是迈向教育全球化的重要途径。[①] 在学位制度中,学位具有的意义格外重要。最初,学位发源于中世纪欧洲,并在其社会经济发展与社会结构调整的过程中逐渐形成专业化基础,诞生教师行会与学者社团,最终发展为现代意义上的高等教育学校——大学。[②] 可以说,高校形成与发展的基础在于学位。关于学位的定义,尽管理论界学者们表述不尽相同,但其实质殊途同归。如《学位与研究生教育大辞典》将学位描述为:“授予个人的一种学术称号或荣誉性称号,表示其受教育的程度或在某一学科领域里达到的水平,或是表彰其在某一领域中所作出的杰出贡献”;《中国大百科全书·教育卷》将学位定义为:“评价学术水平的一种尺度,是国家或者高等学校以学术水平为衡量标准,通过授予一定称号来表明专门人才的知识能力等级”;《世界教育辞典》认为学位是“国家或大学授予在学术上有一定能力者的称号”。[③] 综合而看,学位是作为体现一个学者学术水平与受教育程度,而被国家或者经授权组织授予的标志。

系统论思想认为,规范化的制度是一个复杂而又精密的系统。[④] 学位作为学位制度下的产物,其授予也从最初简单地给予一个学位凭证发展到依申请、经审核才决定授予学位的过程,具言之,即学位授予(degress conferring)是指“学位授予单位接受学位申请者的申请、审核和决定向其授予学位以及颁发学位证书的活动和工作过程”。[⑤] 那么,高

---

① 参见刘晖、侯春山编:《中国研究生教育和学位制度》,教育科学出版社 1988 年版,第 12 页。

② 行会的发展使各行各业为保护本行业的竞争优势与持续发展,建立了“师傅”的概念,以便于传道授业,而最初的学位正是教师行会中个人成为“师傅”独立教学的前置条件。此时的“硕士学位”即是个人的教学资格凭证,是学者进入教师行会的证明。之后,随着教师行会的进一步壮大,现代大学逐渐成立,最早的大学有意大利博洛尼亚大学和法国巴黎大学。具体可参见《不列颠百科全书》国际中文版,中国大百科全书出版社 1999 年版,第 549 页;马克思·韦伯:《韦伯作品集Ⅱ》,康乐、吴乃德等译,广西师范大学出版社 2004 年版,第 107-109 页;骆四铭:《中国学位制度:问题与对策》,华中科技大学出版社 2007 年版,第 180-183 页;杨少琳:《法国学位制度研究》,西南大学博士学位论文,2009 年,第 33 页。

③ 详见秦惠民:《学位与研究生教育大辞典》,北京理工大学出版社 1994 年版,第 59 页;张焕庭主编:《中国大百科全书·教育卷》,中国大百科全书出版社 1985 年版,第 123 页;[日]平冢益德:《世界教育辞典》,黄德诚等译,湖南教育出版社 1989 年版,第 519 页。

④ 参见蒯正明:《制度系统的构成、层次架构与有效运作》,载《东方论坛》2010 年第 5 期。

⑤ 见中国学位与研究生教育信息网。

校在其中又扮演着何种角色？高校学位授予权的基本内涵是什么？在整个高校学位授予法律制度体系中，高校的学位授予权是不是高校行使学位授予的基础，其重要性与法律地位又体现在哪里？这些问题正是进一步研究高校学位授予权的法律性质以及我国高校学位授予制度法治化不可回避的基本问题，需要详细探讨。

一、高校学位授予

当前，我国的学位管理体系为国务院、省政府与学位授予单位三级管理体制，国务院学位委员会、省级学位委员会和学位授予单位学位评定委员会作为垂直主管机构进行学位授予工作。毫无疑问的是，学位授予单位是其中的基础与核心。我国现行体制下，高校是学位授予的主要主体，高校一般拥有学士、硕士以及博士学位的授予资格。① 高校学位授予是一个过程性动作，不能以静态的目光看待，其具有十分严密的运行逻辑体系，涵盖了学位授权、学位申请、学位授予标准（高校内部学位管理细则）、学位评定以及学位证书颁发等。其中，学位授权指的是由国务院作出专门的授权要求与程序，许可符合条件的高校进行学位授予工作，②学位授权可以说是整个高校学位授予运行体系的前提条件；学位申请指的是根据《学位条例》第二条等规定，符合规定条件的公民可以向高校申请授予相应的学位；学位授予标准是授予学位所设定的一系列标准条件与依据，也是所授予学位质量的保证，学位授予标准一般包括学术标准与非学术标准，③学位申请者只有符合相应标准才可被授予学位；学位评定指的是由法律规定的单位对学位申请者是否达到相应的学术水平和其他规定条件作出的评定，具体内容就是对学位申请者是否授予学位以及授予何种学位；④学位证书颁发是学位授予过程的最后环节，是指对符合学位授予条件的学位获得者颁发相应的学位证书，标志着该学位申请者达到相应的学术水平与受教育程度而被国家所认可。

综上可知，所谓高校学位授予，即是指高校依据学位申请者的申请，根据学位授予标准与程序对学位申请者进行学位评定，并作出是否授予其学位、授予何种学位的活动过程。

---

① 根据《学位条例》第八条规定，学位授予单位包括高校与科学研究机构，其中学士学位由高校授予，硕士、博士学位由高校与科研机构授予。

② 国家对高校的学科建设、学术水平、教学质量、科学研究基础等方面加以考察，对于符合条件的高校赋予其具有授予学位的行为能力。

③ 学术标准指的是学位申请者需达到一定的学术水平才能被授予学位，不同学位等级有不同的规定，具体可详见《学位条例》第四、五、六条规定；非学术标准指的是学位申请者需满足政治、道德、纪律等方面要求，才可被授予学位，具体可详见《学位条例》第二条、国务院学位委员会关于对《学位条例》等有关法规、规定解释的复函等规定。对于这两类标准高校能否在其上增设具体条件，成了当前我国学位纠纷的主要诱因。

④ 在我国，根据《学位条例》等相关法律法规规定与高校实践，学位评定制度实行三级评审设计，即答辩委员会负责审查学位论文，组织答辩；院（系）学位评定分委员会进行把关，校学位评定委员会作出最终决议。

二、高校学位授予权

如前所述,学位起源于中世纪的大学。中世纪大学的学位授予权是由国王或教会授予大学的特权之一,是大学自治的重要内容。早期西方大学的模式也大抵如此,授予学位的权力属于大学,不受教皇和国王等特权的干扰和控制。美国一些最早成立的大学,如哈佛大学等院校,其学位授予权最初是由州宪法赋予的,学校成立之日起即独享自主授予学位的权力。随着政治变革和社会的发展,世界各国的高等教育大都由政府投资和管理,学位授予权也就成了教育主办方加强高等教育管理的重要内容之一。当前我国在千呼万唤中终于开始了学位法的立法工作,《学位法(草案)》第三章专章规定了学位授予权的取得,其第十条在现行《学位条例》第八条的基础上规定了何为学位授予权。所谓学位授予权(degree-conferring authority),是指取得学位授权的高校(包括科研机构)获得的向学位申请者授予学位的资格和权力。

基于对学位授予与学位授予权的不同认识,国内各高校对于学位授予权性质的定位并不一致,致使高校行使学位授予权的情况也不尽相同,尤其体现在学位授予的条件和标准上。部分高校倾向于国家管理权的延伸,严格按照行政管理的模式依法行事,在授予学位事宜上,将高校定性为法律法规授权的组织,而学位授予权是一项来自法律法规的授权,因此必须严格根据法律法规授予的权限和标准履行职责,强调学位授予权的合法性;有些高校倾向于学术自由和大学自治的教育诉求,强调学位的学术性和学位授予的专业性,主张高校学位授予权法律性质是高校的一种办学自主权,表现为通过学校章程和规范性文件,根据培养要求自定高于国家标准的学位授予条件。① 我国高校学位授予权是由国家审核和批准,并统一制定学位标准和授予要求,高校对申请者的论文水平和学术能力进行评价,判断是否符合学位授予标准并决定是否授予学位、颁发相应的学位证书。从现有法律法规和相关研究来看,大都认同高校获得学位授予权来自法律法规授权,高校授予学位的行为也是一种法律法规授权的行政行为,但理论界与实务界经过多年的探讨与摸索,却形成了不同的观点。② 此外,高校学位授予权在实践中不断发展,"学位授予权作为国家管理学位事务的权力,不仅是一种具有国家强制力的法定权力,而且是一种以公共利益为出发点的自由裁量权"③。正是基于这种自由裁量,不同高校制定了不同标准的学位授予细则,这也是部分学位争议纠纷中政府与高校、高校与学生、校规与法律之间产生矛盾与冲突的症结所在。

---

① 下文将对此处进行详细分析。
② 理论界与实务界大致现有三种观点:一是学位授予权来源于法律法规授权,二是学位授予权来源于国家授权,三是学位授予权来源于高校自身权利。下文会对此进行详细阐述。
③ 周光礼:《论学位授予行为的法律性质》,载《科技进步与对策》2004 年第 3 期。

三、学位授予权在高校学位授予中的法律定位

以实践观之,由于早期对高校与学生关系的理解基于"特别权力关系理论"①,在单一制主权国家的结构形式与高等教育事业统一管理的体制下,高校学位授予行为被视为内部行政行为,不具有可诉性。突破特别权力关系理论后,1995 年《中华人民共和国教育法》(以下简称《教育法》)确认学校具有"法人资格",1998 年《中华人民共和国高等教育法》(以下简称《高等教育法》)对高等学校的法人资格再次进行强调,使高校具备了在司法领域中进行诉讼的基础性权利。② 此后,学位授予争议案件时有发生,部分高校对学位论文答辩需附加发表一定级别和数量的资格论文、授予学位时申请者的品行、申请者受到的纪律处分等方面设定了标准,并进一步规定,如果达不到相应标准即不授予学位,由此引发了部分学位争议诉讼。这类学位争议诉讼的矛盾点主要在于:高校是否有权制定学位授予标准以及这些标准是否合法,这也引发了学界的大量探讨,高校学位授予权到底属于国家行政权还是高校自主权,高校能否制定不同标准的学位授予细则,以及如何定性高校学位授予权的法律性质。与此同时,司法实践中,法院对高校是否具有学位标准设定权及其合法性的认定存在严重分歧,甚至出现了同类案件不同判决的情形,原因实际在于我国现有学位法律规范体系中对高校学位授予权的法律性质定性模糊。

实际上,学位授予权的权力性质是高校行使学位授予行为的基础性问题,关系到高校学位授予制度的立法模式、权力行使与监督方式。高校学位授予主要涉及国家、高校与学生三大法律关系主体,并由此形成国家与高校的外部关系和高校与学生的内部关系。学位授予权在其中具有十分重要的意义,因为它是高校进行学位授予工作的基础,高校只有在获得学位授予权的前提条件下才可进行学位授予工作。因此,学位授予权既是国家与高校的外部法律关系的核心内容,也是形成高校与学生内部法律关系的核心要素。③ 厘清高校学位授予权在学位授予中的法律定位,能够解决现行立法中高校学位授予权法律性质定性模糊的问题,也是优化学位授予权两大法律关系配置的关键。

---

① 特别权力关系理论认为,相对人与国家之间基于某些法律事实(比如法律规定、行政处分或者利用公用设施等)会构成一种特别的权力关系,这种关系主要有公法上的勤务关系,营造物利用关系以及特别监督关系等,在这些特别权力关系中,依法行政、法律保留等原则不再适用,国家可以在没有法律授权的情形下限制相对人的权利,且相对人不能对此提起诉讼。

② 参见周详、延然:《学位授予行为的法律性质及制度创新——基于司法审判的反思》,载《清华大学教育研究》2020 年第 2 期。

③ 参见周慧蕾:《高校学位授予权研究》,中国社会科学出版社 2016 年版,第 9 页。

第二节 高校学位授予权法律性质的争论

进入 21 世纪后,以刘某某案、田某案为标志的学位争讼成为社会关注的焦点,理论回应现实的呼唤,"突破特别权力关系"理论观点崛起,让高校走出法治真空的呼声不断,但这也引发了新一轮的理性思考,即如何认识高校学位授予权及其法律性质,高校能否在法定的学位授予标准之上增设标准①,成了理论界与实务界争论不休的话题。理论的争鸣迫切体现出高校学位授予权法律性质面临的基础性问题,即如何定性高校学位授予权?对高校学位授予权的定性是适用经典的行政控权原理,还是适用以学术自由为主的特殊范式?此外,不同的现实情况也会影响到法院的司法裁判,司法争议也呈愈演愈烈之势。

一、理论争鸣

高校学位授予权法律性质的理论争鸣围绕着"授权说"和"自治说"展开。根据《学位条例》第八条、《教育法》第二十二条等法律规范,有学者提出高校学位授予权的"授权说"(行政权说)理论。② 如周光礼认为学位授予主体是行政主体,学位授予权作为行政主体管理学位事务的权力,其实质上是一种国家行政权。③ 湛中乐、胡锦光也认为,高校学位授予权属于国家行政权的原因在于我国实行国家学位制度,高校学位授予的权力来源于法律法规授权,高校作为法律法规授权组织授予学位是行使行政职权的体现,属于具体行政行为的范畴。④ 当然也有质疑者提出反对观点,如沈岿认为,如果仅就文字的意义而言,国家实行某种制度和国家在这方面享有独占的管理权力之间并不能画等号(试比较国家实行社会主义市场经济制度);经国家批准设立或认可的一个组织按照国家规定作出某个行为,并不意味着这个组织是在代表国家行使公共权力(试比较经国家批准设立的企业之间依法签订合同的行为)。因此,单单根据《教育法》第二十一条、第二十二条之规定,断言学校颁发毕业证、学位证是一种代表国家的行政权力,伦理上并不

---

① 此即为高校学位授予权法律性质定性的主要争点。

② 该理论认为,高校学位授予权来源于法律法规授权或者国家授权,高校是法律法规授权的行政主体,行使的学位授予权是行政权力。

③ 参见周光礼:《论学位授予行为的法律性质》,载《科技进步与对策》2004 年第 3 期。

④ 参见湛中乐、李凤英:《刘燕文诉北京大学案的法律分析——论我国高等教育学位制度之完善》,载《中外法学》2000 年第 4 期;胡锦光:《北大博士学位案评析》,载《人大法律评论》2000 年第 2 期。

十分周延①。黄厚明也指出,根据文义解释无法解读出《教育法》第二十二条与《学位条例》第八条规定的高校学位授予权属于国家行政权,也难以界定我国学位制度实行的是国家学位制度,高校学位授予标准更是各不相同,无法体现出高校学位授予权的法律性质。② 更有甚者,如余功文、余翠兰认为,高校学位授予应属于高校自主管理范畴。③

随着争议发展,在高校学位授予权的定性上,逐渐有学者把目光放在高校自主权上,提出"自治说"(高校自主权说)理论,认为高校学位授予权属于高校自主权,且是高校本身固有的权利。④ 法律法规规定的高校自主权可以视为一种与"生"俱来的权利,是高校的"自然权利"。⑤ 如袁明圣认为,"颁发学位证书和学业证书等权利属于高校自主权的范畴,是其固有的权利"⑥。金自宁也认为,在我国"政府职能转型"与高教体制改革背景下,传统"全能政府"的教训告诉我们,高校自主权并不是"政府职能转变"下的让渡权力,而是将本属于大学的授予学位、撤销学位等权利的还权,将高校定位为公民联合更有利于防范政府权力的过分扩张。⑦ 张勇在其博士论文《我国高校学位授予权研究》上更进一步认为,"高校自主权既不能简单理解为政府'下放'的权力,也不能强硬地将其归为高校与生俱来的权利。实际上,高校基于法律法规的授权而享有的权利是国家授权给高校的高等教育管理权,是国家教育行政权的延伸,但这只是高校自主权的一方面。而另一方面即是基于大学本质和教育实质的学术自主权,它是由学术共同体基于学术发展和自由的目的而自我约定的权利,一般以高校章程来约束其内部成员,不具有普适性"。但持有"自治说"观点的部分学者则从另一角度对高校学位授予权进行定性,认为高校学位授予权的性质本质上是一种学术评价,从而必然要求高校保持学术的独立与自由,以保障学术自由确保高校学位授予权不被侵犯。⑧ 如周慧蕾认为,高校学位授予权究其本质而言,核心在于学位评定权,而学位评定权实质上即是学术评价权,由高校拥有并承担该学术评价权,同时将高校学位授予权定性为高校自主权更具正当性,高校学位授予权这种

---

① 沈岿:《公法变迁与合法性》,法律出版社2010年版,第119页。

② 参见黄厚明:《高校学位授予案件司法审查进路研究:基于两种法律关系定位的考察》,载《高教探索》2017年第6期。

③ 参见余功文、余翠兰:《高等学校教育管理行为辨析——以高等学校授予学位行为为例》,载《湖北社会科学》2007年第6期。

④ 持有该观点的学者基本认同如学位授予权、办学自主权等这类固有权利由相应的法律法规规定,但法律规定只不过是对此类高校固有权利的确认。此外,还有部分学者认为,《学位条例》第八条等规定对高校的授权是"由国务院学位委员会提出,经国务院批准公布",此种法律关系中,高校是行政相对人,高校依据法规向国务院提出申请,国务院作出批准决定,此为典型的行政许可,高校学位授予权的取得为许可。

⑤ 胡娟:《厘清权利性质是落实高校办学自主权的关键》,载《中国高教研究》2009年第6期。

⑥ 袁明圣:《解读高等学校的"法律法规授权的组织"资格——以田永诉北京科技大学为范本展开的分析》,载《行政法学研究》2006年第2期。

⑦ 参见金自宁:《大学自主权:国家行政还是社团自治》,载《清华法学》2007年第2期。

⑧ 参见黄厚明:《高校学位授予案件司法审查进路研究:基于两种法律关系定位的考察》,载《高教探索》2017年第6期。

带有学术特质的权利,将其实质性地回归高校,而不是作为国家行政权的下放,有助于高校去行政化。[①]

　　总体而言,"授权说"与"自治说"因不同的权力(权利)本源导致高校学位授予权法律性质定性的不同,并由此形成二元对立的博弈局面。

　　"授权说"倾向于从高校行使学位授予权行为的法定性、单方性、强制性、裁量性等角度出发,规范高校依法设定学位授予标准,制定严格的法律既定框架,从而代表国家行使学位授予的公权力。"授权说"的优势主要在于能够最大化地保障学生权利,因为从学生的角度而言,高校任何在法定学位授予标准之上增设条件的行为都是对其合法权益的损害,但若高校学位授予权作为行政权行使,则需遵守依法行政等行政法基本原则,高校也就无权突破法定界限增设学位授予标准,避免权利侵害的发生。但"授权说"仍存在理论依据不足与观点片面单一的弊端,有部分逻辑缺陷。因为正如上述沈岿等学者所批判的那样,学位授予权被归为国家行政权的主要规范依据为《学位条例》第八条规定"学士学位,由国务院授权的高等学校授予;硕士学位、博士学位,由国务院授权的高等学校和科学研究机构授予",但在法律解释模式中,成文法系国家往往严格限制在"法律条文释义"之上,单论法律规定的文义,并不能准确证成学位授予权属于真正意义上的行政权力。再者,概括性的法律法规具有一般性与普适性,若对所有的高校都适用同样的标准,难免陷入"同质化"境地,[②]易背离高等教育的初衷并限制学术的自由发展。此外,高校学位授予权若以国家行政权看待,高校经国务院授权才具有权力外观,学位授予权的权力主体当为国务院,显然这与高校为学位授予权主体的共识相悖。[③]

　　"理性主义强调大学要与社会保持一段有尊严的距离,认为在大学里,为了保证知识的准确和正确,学者要尽可能摆脱价值影响以求价值自由,其活动必须只服从真理标准,而不受任何外界压力,如教会、国家或经济利益的影响"[④]。如前述约翰·布鲁贝克所言,大学应当保持独立自主,以保证学术的自由不受外界影响。正因如此,"自治说"基于"学术自治"这一理论概念,在大学学术逻辑构造中将学位授予权定性为"高校自主权"。这样做的好处在于可以保障高校的学术自由,但其弊端显而易见。首先,该理论无法准确定性高校自主权本身的性质,是权利抑或权力至今无法判断。按照支持"自治说"的学者观点,高校自主权是高校本身的天然权利,那么将其定义为权利才为妥当。但从实然层面分析,则难以肯认其权利属性。公私法划分理论的提出者乌尔比安认为:"规定国事者为公法,规定私人利益者为私法"[⑤]。不论高校居于何种法律地位,[⑥]高校主要事务关涉

　　① 参见周慧蕾:《高校学位授予权研究》,中国社会科学出版社 2016 年版,第 90—93 页。
　　② 参见刘旭东:《学位授予标准正当逻辑的理论检视》,载《高教发展与评估》2023 年第 4 期。
　　③ 参见伏创宇:《从〈学位条例〉到〈学位法〉:学位授予权的反思与重构》,载《当代法学》2023 年第 4 期。
　　④ [美]约翰·布鲁贝克:《高等教育哲学》,王承绪等译,浙江教育出版社 2001 年版,第 15 页。
　　⑤ 转引自金自宁:《公法/私法二元区分的反思》,北京大学出版社 2007 年版,第 37 页。
　　⑥ 关于高校的法律地位阐述请详见下文。

国家与社会公众的公共利益,高校自主权的法律属性显然具有公法特质,包含于高校自主权中的学位授予权同样带有公权力色彩。对于这种矛盾,"自治说"理论目前仍难以自圆其说。其次,"自治说"将高校学位授予权完全定性为高校自主权,忽视了两大法律关系——高校与学生的关系和高校与国家的关系。高校行使学位授予权影响学生学位的取得,此间关系注重的是学生权利的保障,学生权利的救济可通过司法介入得以实现,而高校自主权体现的是高校"办学自主权、教育自主权、学术自由权"等高校自身权益不受国家机关的侵犯,二者并不能等同。

概言之,"授权说"与"自治说"理论对高校学位授予权的定性都难以解决当前学位立法中存在的"高校学位授予权法律性质定性模糊"的问题,理论的缺陷必然导致实践的矛盾冲突,学位纠纷的司法审查也自然存在分歧与争议。

二、司法争议

对于高校学位授予权法律性质的定性之争,除学界争议不断外,也突出表现在法院审理学位争讼的过程之中。以"高校""学位授予"为关键词,通过"北大法宝网""法信"等法律搜索平台进行检索,不同案件对高校学位授予权的定性差异较大,也影响了法院对高校制定的学位授予工作细则中学术性标准和非学术性标准定性的认识。高校学位授予纠纷案例梳理见表1-1。

表1-1　高校学位授予纠纷案例梳理

定　性	案　件	观　点
行政权	樊某诉郑州航空工业管理学院案①	学位授予细则不能超越授权
	崔某等诉中南大学案②	高校有权设定学位授予细则,符合学位法规定
	廖某诉集美大学不授予学士学位案③	大学作出没有超越《学位条例》授权范围的规定有效
高校自主权	吕某诉西南政法大学案④	高校具有办学自主权,在学位授予标准之上增设条件是办学自主权的体现,符合法律规定
	杨某等诉武汉理工大学案⑤	高校设定的学术性标准不属于司法审查的对象
	褚某诉天津师范大学案⑥	高校有权根据学位管理细则不授予学位

① 郑州市二七区人民法院行政判决书,(2003)二七行初字第67号。
② 湖南省长沙市岳麓区人民法院行政判决书,(2003)岳行初字13号。
③ 福建省厦门市集美区人民法院行政判决书,(2004)集行初字第1号。
④ 重庆市第一中级人民法院行政判决书,(2004)沙行初字第32号。
⑤ 湖北省武汉市中级人民法院行政判决书,(2006)武行终字第60号。
⑥ 天津市高级人民法院行政判决书,(2004)高行终字第44号。

从上表可见,司法实践中法院对高校学位授予权性质的定性及高校是否具有学位授予标准设定权及其合法性的认定存在严重分歧,甚至出现了同类案件不同判决的情形,其中案例大致可分为学位授予纠纷中的学术性纠纷与非学术性纠纷,故此两种情形的司法审查都涵盖学术标准与非学术标准,具体的分析如下。

1. 行政权定性

如上表中樊某诉郑州航空工业管理学院案以及廖某诉集美大学不授予学士学位案,法院均认为高校制定的学位授予细则必须在《学位条例》授权范围之内,超越授权,高校学位授予细则无效。

该情形判决的逻辑起点是将高校学位授予权定性为行政权,法院在此基础上对高校学位授予进行合法性审查时,着重审查高校学位授予细则中学术标准与非学术标准的规定。对于学术标准,"法院将细则制定权视为《学位条例暂行实施办法》的授权而等同于学位授予标准制定权,作出符合学位法的判断"①;对于非学术标准,则有两种截然不同的判断:一是仍将高校学位授予细则设定权视为法律授权而等同于高校获取学位授予标准设定权,抑或根据《学位条例》第二条和国务院学位委员会关于《学位条例》的解释而作出合法性判断;②二是认为高校学位授予权作为行政权应严格按照法律规定,学位授予标准应由法律设定,若高校学位授予细则突破法定界限则判定其抵触上位法而无效。

按照现行法律规范来看,法院在审查中将高校学位授予权定性为行政权无可厚非,但有些裁判依据颇有些勉强,如把高校学位授予细则制定权视为高校享有学位授予标准设定权,不免有违反立法本意之嫌。据前述,"授权说"认为高校学位授予权来自法律法规授权,但根据授权立法原理,再授权的取得需有明确的法律规定,否则被授权者无权进行再授权。③ 现行法律规定中并没有对高校设定学位授予标准进行相关授权,那么高校有权设定学位授予细则并不意味着高校具有了学位授予标准的设定权。另外,高校制定一系列的学位授予或学位管理细则,初衷在于提高教育质量,实现本校学生全面发展,若以严格的法律框架限制高校行使自主管理权利,也不利于教育事业的发展。

2. 自主权定性

在吕某诉西南政法大学案中,法院认为根据《高等教育法》的相关规定,西南政法大学将国家英语四级统考成绩,作为教学计划规定课程成绩,是办学自主权的体现,符合法律规定。

第二种情形的逻辑起点是将高校学位授予权定性为高校自主权,以便法院在此基础

---

① 龚向和:《高校学位授予权:本源、性质和司法审查》,载《苏州大学学报(哲学社会科学版)》2018年第3期。

② 国务院学位委员会关于对《学位条例》等有关法规、规定解释的复函对学位申请者的政治、道德、纪律等方面作了要求,有些法院据此裁判高校的行为合法,驳回学位申请者的诉讼请求。参见龚向和:《高校学位授予权:本源、性质和司法审查》,载《苏州大学学报(哲学社会科学版)》2018年第3期。

③ 参见陈伯礼:《授权立法研究》,法律出版社2000年版,第242页。

上推定高校在法定学位授予标准上增设条件的合理性或合法性。不论针对学术标准还是非学术标准,法院都是先确认高校依法享有制定学位授予细则的权力,而后将该权力视为高校自主权的延伸,从而认定高校的学位授予细则合法。其逻辑思路大概为:若将高校学位授予权认定为高校自主权,高校则作为行使学位授予权的主体可以基于对本校学生学术质量的要求与学术自由的追求而增设一些学位授予标准;与此同时,因为高校承担着教育的公共职能,国家作为管理者也会对学位质量与学位授予行为设定规范化的学位授予标准,但在高校享有自主权理念下,该规范化的学位授予标准显然是最低标准,高校在该标准上增设条件的行为自然具有正当性与合法性。

三、问题总结与延展

总而言之,理论界对高校学位授予权的争议主要体现在其权力(权利)性质的定位上,且各种学说都各有利弊,难以准确论证高校学位授予权的法律性质。司法裁判中学位争议纠纷同样主要体现在高校学位授予权法律性质的定性分歧上,具言之,即学生都是因违反学校学位授予细则而不被授予学位,有些法院认为高校基于自身教学情况可在法定的规范之内增加要求,而有些法院则认为高校的学位授予权来源于法律抑或国家授权,作为行政权应严格按照法律规定。在实然层面上,此争议的背后折射出的是法院在以保障学生权利为目的而适用行政控权原理与以保障学术自由、维护高校权益为目的而适用特殊范式两股力量的博弈中进行的不同选择。法院之所以面对同类学位授予纠纷而作出不同裁判结果,还是在于高校学位授予权的法律性质难以准确定性,从而导致不同的定性有不同的解释。问题的原因就在于,在现有制度体系中定性高校学位授予权的法律性质,存在着多种制度规范及相关因素的影响。想要厘清高校学位授予权法律性质定性的难点,这就需要在高校学位授予权法律性质定性的影响因素上进行切入分析。

第三节 高校学位授予权定性的影响因素

一、现行法律规范的不同解释

前文分析中已提及部分与高校学位授予权法律性质论证有关的法律规范,但若要对高校学位授予权法律性质进行完整检视,还需全面梳理我国现行有效关于学位授予权的法律法规及其他规范性文件。当前我国学位制度中,高校学位授予权的规范体系主要是以《学位条例》为核心,以《教育法》《高等教育法》等其他法律规范以及《学位条例暂行实施办法》为主要内容交叉构成。此外,国务院学位委员会与教育部也颁发了一系列规范学位授予权的规范性文件。具体可见表1-2。

表1-2　现行有效学位授予权法律法规及规范性文件

性质	法律法规及规范性文件名称
法律	《学位条例》(2004年修正)
法律	《教育法》(2021年修正)
法律	《高等教育法》(2018年修正)
法律草案	《学位法草案(征求意见稿)》,主要涉及其中第二条、第十条、第十八条等
行政法规	《学位条例暂行实施办法》
部门规章	国务院学位委员会、教育部关于做好博士学位授权一级学科范围内自主设置学科、专业工作的几点意见
部门规章	国务院学位委员会《关于做好博士研究生学位授予工作的通知》

其中,规定学位授予的法律依据主要有以下几点。[①]

第一,《学位条例》第八条规定:"学士学位,由国务院授权的高等学校授予;硕士学位、博士学位,由国务院授权的高等学校和科学研究机构授予。"第九条规定:"学位授予单位,应当设立学位评定委员会,并组织有关学科的学位论文答辩委员会。"第十条规定:"学位论文答辩委员会负责审查硕士和博士学位论文、组织答辩,就是否授予硕士学位或博士学位作出决议。""学位评定委员会负责对学位论文答辩委员会报请授予硕士学位或博士学位的决议,作出是否批准的决定。"第十一条规定:"学位授予单位,在学位评定委员会作出授予学位的决议后,发给学位获得者相应的学位证书。"

第二,《学位条例暂行实施办法》第七条规定:"申请硕士学位人员必须通过规定的课程考试,成绩合格,以及必须取得规定的学分后,方可参加论文答辩。"第八条规定:"硕士学位论文对所研究的课题应当有新的见解,表明作者具有从事科学研究工作或独立担负专门技术工作的能力。""论文答辩委员会根据答辩的情况,就是否授予硕士学位作出决议。"

第三,《教育法》第二十三条规定:"国家实行学位制度。学位授予单位依法对达到一定学术水平或者专业技术水平的人员授予相应的学位,颁发学位证书。"

第四,《高等教育法》第二十二条规定:"国家实行学位制度。学位分为学士、硕士和博士。公民通过接受高等教育或自学,其学业水平达到国家规定的学位标准,可以向学位授予单位申请授予相应的学位。"

---

① 由于有多部法律法规及规范性文件规定了学士学位、硕士学位、博士学位的授予,为便于写作,在不影响本文的研究下,只列举一些涉及硕士学位的规定;同时为避免重复,不同法律规范之间表述相同或近似的法条只列举其一;此外,为便于陈述,并未严格按照所引用法条本身的表述表达。

规定高校权利(地位)的法律依据主要有以下几点。①

第一,《教育法》第二十九条规定:"学校享有按照章程自主管理、拒绝任何组织和个人对教育教学活动的非法干涉等权利。"

第二,《高等教育法》第十一条规定:"高等学校应当面向社会,依法自主办学,实行民主管理。"

第三,《学位条例暂行实施办法》第二十五条规定:"学位授予单位可根据本暂行实施办法,制定本单位授予学位的工作细则。"

从具体内容上来看,直接涉及学位授予权的规定主要是《学位条例》第八条、《教育法》第二十三条,但真的可以从其规范内容中论证出高校学位授予权是何种法律性质吗?《学位条例》第八条、《教育法》第二十三条及《高等教育法》第二十二条的规定,被不同法院及学者们进行论证,并得出不同的结论:有观点从《学位条例》第八条"学士学位,由国务院授权的高等学校授予"规定中论证出学位授予权是高校经国务院授权并代表国家行使的一种国家行政权;②也有观点依据《教育法》第二十三条"国家实行学位制度"③论证出我国学位制度实行的是国家学位制度,同样地,也有观点以《教育法》第二十九条、《高等教育法》第十一条、《学位条例暂行实施办法》第二十五条的规定,论证出高校学位授予权属于其本身固有权利的行使,应为高校自主权所囊括。影响学位授予权法律性质定性的法律规范无外乎是《学位条例》第八条、《教育法》第二十三条与《教育法》第二十九条、《高等教育法》第十一条等,焦点在于如何理解"授权""国家实行学位制度"及"高校自主管理"。通过解释学方法,若将授权解释为委托,即学位授予权由国务院委托给高校行使,那么国务院则为学位授予权的享有主体,但又找不到国务院享有该项权能的合法性依据;若将授权解释为批准,学位授予权系国务院赋予高校行使,显然不属于国家行政权的范畴。④ 相应地,国家实行学位制度并不意味着就是指国家学位制度,与典型的实行国家学位制度的法国、德国相比,我国的学位内涵或许并不完全等同于法国的国家学位。⑤以上解释很难论证出高校学位授予权属于国家行政权的法律逻辑,而"高校自主管理"在法条当中的体现也未能明确指出学位授予权属于高校自主权的内容。虽然萨维尼曾指出:"法学要理解既存的法规范,及隐含其中的意义关联"⑥,但以上观点却根据学位授予相关规定的模糊性,进而论证出高校学位授予权所属法律性质,未免论证不够充分而充

---

① 同上注。

② 见最高人民法院指导案例 38 号。

③ 所谓国家学位制度,指按照中央政府的统一规划制度颁发学位,高校的学位授予需政府进行授权审核,形成行政授权法律关系,高校与政府属于行政管理关系的学位制度。参见范奇:《我国学位制度研究》,西南政法大学硕士学位论文,2016 年,第 12 页。

④ 参见周慧蕾:《高校学位授予权研究》,中国社会科学出版社 2016 年版,第 84、85 页。

⑤ 法国的国家学位是以国家为颁发主体,获得学位后将享有一定的法律权利,类似于我国职业资格证。参见周慧蕾:《高校学位授予权研究》,中国社会科学出版社 2016 年版,第 86 页。

⑥ [德]拉伦茨:《法学方法论》,陈爱娥译,商务印书馆 2003 年版,第 6 页。

满争议。

此外,根据上述列举的《学位条例》与《学位条例暂行实施办法》规定的学术标准事项以及部门规章中对学位授予的标准、程序等的要求,学位评定委员会与学位论文答辩委员会审查学位申请者申请条件是否达标又该如何把握? 在司法实践中,不同法院基于对《学位条例暂行实施办法》第七条规定的不同理解,以高校学位细则制定权是否等同于学位授予标准设定权或者视为高校自主权的延伸,而得出不同的结论,论证出高校学位授予权不同的法律性质定性。 由此可见,由于现行法律规范并未对高校学位授予权法律性质予以明确,已然影响到了相关司法裁判。

二、高校法律地位的不同定位

除高校学位授予权法律性质定性存在学位立法规范缺失的问题外,高校的法律地位同样是影响高校学位授予权法律性质定性的重要因素。高校法律地位,是指高校作为社会组织与其所处的内外环境而构成的一系列社会关系。① 自"田某案"确立了高校相对于学生的行政主体地位及行政诉讼被告资格以来,在学位授予过程中,高校与学生的法律关系已明确为行政法律关系,但这只是高校内部关系的确定。在外部关系构造上,高校与国家,更为准确地说高校与政府的法律关系定位以及高校相对于政府的法律地位又该如何判断呢? 当前,我国现行法律规范对于高校法律地位的定位有两种,即事业单位与民事法人。② 实际上,我国为探索高校的法律地位作了大量努力,学界与实务界根据公私法理论提出了高校法律地位定位的多种观点,而不同观点的结果则成了影响高校学位授予权法律性质定性的关键所在。

1. 作为法律法规授权组织

由于我国传统上将高校定位为事业单位,法院面对学生诉母校往往以高校属于事业单位而非行政机关为由拒绝受理学生的诉讼③。但大量学位纠纷案件的发生促使法院发挥司法能动性,尝试利用《中华人民共和国行政诉讼法》(以下简称《行政诉讼法》)、《学位条例》及《教育法》等法律规范寻找确立高校"行政诉讼被告资格"的法律依据,"如需使学生的权利救济成为可能,就必须在法律解释论层面上将高校的行为解释为实质上的

---

① 参见劳凯声:《规矩与方圆——教育管理与法律》,中国铁道出版社 1997 年版,第 204 页。

② 事业单位是指"国家为了社会公益事业目的,由国家机关或者其他组织利用国家资产举办的,从事教育、科技、文化、卫生等活动的社会服务组织",参见《事业单位登记管理暂行条例》第二条规定;民事法人则是指《高等教育法》的第三十条规定:"高等学校自批准设立之日起取得法人资格。高等学校在民事活动中依法享有民事权利,承担民事责任。"

③ 面对高校学位纠纷司法审查的需要,高校只定位于事业单位法人已被广泛质疑。如祁占勇提出高校具有三重法律地位:事业单位法人、法律法规授权组织、行政相对人。参见祁占勇:《我国公立高校法律地位的"合法性"探讨》,载《江苏高教》2009 年第 4 期。

行政权的行为"①。田某案成为最高人民法院公报案例和指导性案例后,高校"行政诉讼被告资格"得到确立,之后的法院便开始遵循这一裁判思路。② 但高校具有"行政诉讼被告资格"背后的法理却有些难以解释,故而,有学者基于司法实务扩大解释学位法律规范的观点,提出将作为事业单位的高校定位于具有"行政诉讼被告资格"的"法律法规授权组织"这一观点。具体而言,即是指高校经过《学位条例》《教育法》《高等教育法》等法律法规有关规定的"授权",在授权范围内可以作为行政主体享有和行使授予学位、颁发学位学历证书等行政权力,并与行政机关一样需要遵循行政法基本原则的要求。③

法律法规授权组织有三部分结构:"授权方式"为法律法规,"组织"为授权对象,核心部分"授权"为"组织"权力的来源。④ 若以"法律法规授权组织"作为高校的法律地位定位,则"鉴于行政法学界对行政主体和行政行为概念的界定通常都包含行政权力要素",⑤国家授权高校行使"学位授予、颁发学位证书"等行为明确体现出高校的授权性行政主体地位,高校作为"法律法规授权组织"行使的被授予的"权力"自然而然地为行政权力。具言之,若依据"法律法规授权组织"原理将高校确立为行政主体地位,高校行为则为行政行为,高校的学位授予权也相应归属于国家行政权力范畴。

2.作为公务法人

高校的"法律法规授权组织"理论源于"行政诉讼被告资格"的创制。该理论虽然部分解决了高校行使学位授予等权力时的行政主体被告资格问题,但有学者从法解释学角度对高校作为"法律法规授权组织"理论进行了批判,认为从法条的文义解释而言,根本无法确定《学位条例》《教育法》等学位法律规范就高校授予学位的规定可以理解为"法律法规授权组织"所要求的"授予国家行政权力"。⑥ 同样有学者提出此理论仍存在着"概念自身存在缺陷""内在结构与公法人化功能有悖""授权标准不一"等现实问题。⑦

针对上述争议,早在21世纪初,马怀德教授等学者就提出引进西方较为完备的"公务法人"制度,将高校法律地位定位于公务法人。⑧ 公务法人起源于法国行政法律制度,与德国的公法人制度具有显著共性,是指"根据法律规定脱离一般行政组织,具有独立机

① 朱芒:《高校校规的法律属性研究》,载《中国法学》2018年第4期。

② 参考北京市海淀区人民法院以《学位条例》第八条与《教育法》(1995年)第二十二条规定为依据,认为高校代表国家行使学位授予的行政权力时引发的行政争议,可以适用行政诉讼法予以解决。

③ 参见金自宁:《大学自主权:国家行政权还是社团自治》,载《清华法学》2007年第2期。

④ 参见朱学磊:《"法律、法规授权的组织"之身份困境及其破解——以行政诉讼为展开视角》,载《江汉学术》2015年第6期。

⑤ 金自宁:《大学自主权:国家行政权还是社团自治》,载《清华法学》2007年第2期。

⑥ 参见沈岿:《扩张之中的行政法适用空间及其界限》,载《行政法论丛》(第3卷),法律出版社2000年版,第406页。

⑦ 具体可参见范奇:《论我国公立高等院校公务法人的定性》,载《西南政法大学学报》2020年第6期。

⑧ 参见马怀德:《学校、公务法人与行政诉讼》,载《行政法论丛》(第3卷),法律出版社2000年版,第422页。

构和法律人格,实施特定公务的组织"①,公法人制度也有类似描述②。在法国,因高校事务具有特殊的公务性质,但又不同于一般行政机关的官僚制度,高校的法律地位与其所从事事务的公共属性必然导致高校具有特定的行政法目的,行使一定的公权力,具有行政法上独立的法律人格,且不适用私法上自由结社的规定,应属议会立法与行政法事项,由公法支配,并由行政法院管辖。因此,"公务法人"理论与"法律法规授权组织"理论相比,同样能够确认高校具有行政主体地位,并赋予高校"行政诉讼被告资格",同时还可以兼顾保障高校的自主权。③ 在公法学视角检视下,高校的公务法人化再造,符合行政主体组织法的结构形式④,并能在功能主义上实现"帕累托最优"⑤。

若将高校法律地位定性为公务法人,根据王名扬先生在《法国行政法》中的论述,由于公务法人实质上是以国家实施公务为基础,并以所实施公务的特殊性为考虑而进行公务分权的组织形式,此时高校作为公务法人,仍处于行政主体地位,属于国家行政组织,并与其他行政组织形成内部行政法律关系,高校行使"学位授予"等行为仍属于公务范畴,不过以"公务分权"为表现形式而已。以法国公务法人制度来看,高校基于此种定位虽然在一定程度上注意到高校学术自由等自主权,但即便在法国教育改革后确立的高校自治原则下,法国高校享有的仍是除"财政权"与"人事权"之外的不充分自治。⑥ 就此而言,公务法人制度下的高校仍属于国家行政组织,作为行政主体行使的"学位授予"等权力仍是国家公权力的派生之权,高校学位授予权的定性也仍属于国家行政权。

3.作为自治社团

在司法实务界,目前尚未有法院支持将高校定位于自治社团这一观点。行政法学界以往较多支持现行立法与司法判例的观点,认同高校"法律法规授权组织"的法律地位;当前,也有部分学者基于大陆法系国家的公法人理论强调高校作为"公务法人"的优越性。而"自治社团"理论,虽有不少学者在相关论述中进行过研究并表达了对该理论的倾向性,但对该理论的研究较为分散且没有形成体系,将高校定性为"自治社团"的观点在

---

① 金自宁:《大学自主权:国家行政权还是社团自治》,载《清华法学》2007 年第 2 期。
② 魏振瀛指出,所谓公法人,指以社会公共利益为目的,由国家或公共团体依公法所设立的,行使或分担国家权力或政府职能的法人。参见魏振瀛:《民法学》,北京大学出版社 2000 年,第 76 页。
③ 参见范奇:《论我国公立高等院校公务法人的定性》,载《西南政法大学学报》2020 年第 6 期。
④ 具体可参见王名扬:《法国行政法》,北京大学出版社 2016 年版,第 30～31 页。
⑤ "帕累托最优"本是法经济学分析方法,在高校公务法人化构造中表现为基于效率或经济性考量而使得在选择行政组织形式体现出合理性与合目的性的效果,将高校作为公法人实际上是一条以目的为导向的功能主义路径,是追求实质法治的行政组织最佳化的体现。具体可参见贾圣真:《行政任务视角下的行政组织法学理革新》,载《浙江学刊》2019 年第 1 期;范奇:《论我国公立高等院校公务法人的定性》,载《西南政法大学学报》2020 年第 6 期。
⑥ 在法国 1968 年改革前,政府对作为公务法人的高校具有严格的控制权,可以直接对高校事务进行管理;法国《高等教育指导法》确立高校自治原则后,行政法学界仍认为高校并未享有完全的自治权。参见金自宁:《大学自主权:国家行政权还是社团自治》,载《清华法学》2007 年第 2 期。

我国仍处于边缘性地位。[①]

尽管如此,"社团自治"基于中世纪欧洲"行会"的自治传统与西方大学追求"学术自由"的自由主义精神,形成公法与私法、政治国家与市民社会的二元区分法治原理,主张高校权力并非来自法律法规授权抑或国家公务分权,而是源于高校天然固有的"自主权",本质上属于高校社团"自治"的权利。[②] 在此种理念下,高校作为市民社会中的组成部分,与国家政府的行政权处于天然对立的状态。高校自治权是其自然权利的延伸,再加上宪法等法律规范赋予高校的学术自由的权利,出于公共利益的考虑需合法化论证国家行政权力对高校事务的干涉,高校因而享有完整的自治权。[③]

但是,若将高校定位于"自治社团",在应然层面解释了高校学位授予权等自主权性质定性问题,但在实然层面上仍然无法解决司法实践中学生权益与高校权益的矛盾冲突。在行政诉讼受案范围上,"法律法规授权组织"理论与"公务法人公务分权"理论都可以在形式上确认高校行政诉讼的被告资格,从而使高校学位纠纷纳入行政诉讼受案范围。但"自治社团"理论仅从形式标准或者主体标准上无法论证出高校具有行政主体法律地位,若纳入民事诉讼受案范围,由于高校与学生地位不平等,高校行使的权力内容也为管理性质,仅以民事诉讼恐难以充分保障当事学生的权利救济。即便以高校事务涉及公共利益等实质理由将高校学位纠纷纳入行政诉讼受案范围,司法裁判中也难以形成统一的裁判标准,因为不管是将高校学位授予权定性为国家行政权,还是将其定性为高校自主权,都会面临着学生权利救济与高校权益维护的二元对立局面。

综合上述三种不同观点,根据公私法划分理论,不管高校的法律地位是"法律法规授权组织"抑或"公务法人",因高校权力行使属于公法领域,则高校学位授予权应定性为国家行政权,适用"法无授权即禁止"的行政法治原则,高校授予学位应按照法律既定框架进行,对于涉及高校自主性的方面应适用"法律保留""正当程序""司法审查"等严格的公法限制[④];若将高校的法律地位定位为"自治社团",则出于高校学术自由之尊重以及根据"法无禁止即可为"的自治原则,高校学位授予权的法律性质就会偏向于高校自主权,高校在授予学位时可以就学术自治原则和学术质量要求,在不违反《学位条例》《教育法》等其他上位法的前提下,自行增设相关学位授予标准。

三、学位授予行为的二元属性

据前文所述,传统的学位授予是西方国家国王或者教会授予高校行使的特权,仍保

---

① 对于"自治社团"的研究散见于"体育社团、学生社团、社区社团"等方面,或者从宪法角度论证社团自治规制的问题,鲜少有聚焦于高校层面的研究。

② 参见金自宁:《大学自主权:国家行政权还是社团自治》,载《清华法学》2007 年第 2 期。

③ 参见黄厚明:《高校学位授予案件司法审查进路研究:基于两种法律关系定位的考察》,载《高教探索》2017 年第 6 期。

④ 参见刘艺:《高校被诉引起的行政法思考》,载《现代法学》2001 年第 2 期。

留着大学自治的内容。而后随着世界政治、经济、文化等制度的转变,学位授予制度形态也随之发展。资本主义萌芽与文艺复兴的兴起为民族国家的诞生奠定了基础,民族国家世俗政权的空前强大也促使了"国家学位制度"的产生,并得到广泛认同。① 传统以"国王"和"教会"为核心的政治权威转变为以"立法"为核心的国家权威,国家学位制度下的学位授予也由此表现为"立法保障的国家行政权"与"学术权威保障的高校自主权"了。

由学位历史内在根源观之,基于传统古典学位制度,高校的"学位授予"行为是内化于高校组织中的基本活动,是以"学术知识"为核心构建的一种评价标准与程序,具有严格的科层制体系结构。② 由于高校学术教育自由的社会共识,内化于高校组织之中的学位授予行为因学术教育的自然属性需拥有一定的自治属性,主要体现在高校的"自主权"上。然而,学位是作为体现学习者学术水平与受教育程度的证明,而被国家或者经授权组织授予的一种标志,学位只有得到外部政治权威的确认,才具有"普遍适用"的效力。③ 因此而言,学位授予同样具有相当程度的国家行政权特征。故而,学位授予行为存在国家行政权与高校自主权竞合的二元属性。

正是由于学位授予的二元属性,导致高校学位授予权法律性质定性难以在二元结构中找到合理的法理解释。同时,学位授予"行政性"与"自治性"的双重属性也决定了国家行政权与高校自主权存在一定的界限,高校学位授予法律制度也需掌握好"自治"与"法治"的平衡。④

第四节　高校学位授予权再定性

通过上述分析不难发现,高校学位授予权法律性质定性的理论争点与司法焦点都在于"高校是否有权制定学位授予标准以及这些标准是否合法"的问题上,再加上"现行法律规范存在事实缺失""高校法律地位存在不同定位"以及"学位授予的二元属性"等影响因素的存在,以至于高校学位授予权法律性质难以合理定性。这些属性的竞合性与结构的模糊性是我国高校学位授予法律制度不可回避的问题,也是学位授予纠纷司法审查不可回避的重要问题。高校学位授予权发源于学位制度形态的转变,臻善于学位法律制

---

① 参见张勇:《我国高校学位授予权研究》,上海交通大学博士学位论文,2014年,第31页。

② 参见周详、杨斯喻:《学位的功能、结构与学位授予权的本质———兼论〈中华人民共和国学位条例〉修订的基本问题》,载《复旦教育论坛》2019年第1期。

③ 参见周详、延然:《学位授予行为的法律性质及制度创新——基于司法审判的反思》,载《清华大学教育研究》2020年第2期。

④ 参见龚向和、张颂昀:《论硕士、博士学位授予的学术标准》,载《学位与研究生教育》2019年第3期。

度的法治规范。对于高校学位授予权法律性质定性的探讨,更是对当下《学位法》的立法修订作出的回应与关切。

一、高校学位授予权定性的逻辑重构

以本土化眼光来看,学位授予权法律性质理论在划定国家行政权的权属范围、高校学位授予行为合法与否的判断、高校法律地位的认定和行政诉讼被告资格的确认,以及高校"自主"范围的扩张等方面引发了学者们的广泛思考。如前所述,学位授予权法律性质理论作为学位法律制度基本理论,在 20 世纪 90 年代就掀起了一股关于"国家行政权"抑或"高校自主权"的争论热潮,至今尚未停息。除了上述学者支持的"授权说"与"自治说"外,还有"双重性质说"[①]"特殊公权力说"[②]等观点,都是为了解决学位制度本土化移植后产生理论浅层而导致出现"高校学位授予权法律性质定性模糊"机制缺陷的问题阻滞。虽然上述学说对高校学位授予权性质的定性逻辑皆有理有据,都是基于当时社会情境下作出的不同选择,无论是从学位授予权的来源角度,还是从学位立法的解释角度,抑或以学位授予主体法律地位进行论证等,更多地关注于如何将移植于西方的学位授予相关理论应用到当前我国学位制度之中,以弥合理论与司法实践之间的紧张关系,但学位授予权法律性质理论与司法实践的变迁与发展都迫切需要"重构"一种新的逻辑对高校学位授予权的性质进行再定性,以满足当前我国高校学位授予法治化的需要。

(一)明确高校学位授予权的双重属性

高校学位授予权的法律性质具有双重性,决定其性质的内容有两方面:一方面,学位制度是国家法律制度之一,承载着国家证明公民学术水平的公信力,具有国家权威。因此,高校学位授予权具有行政权力属性,属于国家行政权力,应受行政法律控制。另一方面,学位制度评价的核心内容是学位申请者的学术水平。学术水平的评价并没有明确具体的统一标准。受学术自由权利影响,高校对公民学术水平的评价享有自主权利,因此高校学位授予权具有自主权利属性。国家权力属性是高校学位授予权的首要属性,学术自由权是国家权力之下的学术自由权,要遵守国家法律规范。高校学位授予权是一项国家权力,在这项国家权力之下,蕴含着学术自由。学位制度是一项国家制度,其运行的过程正是国家权力的行使过程。国家权威是现代学位制度的基础,是学位证书证明效力的来源。缺乏国家权力属性,学位证书将会失去其社会公信力。故而,高校授予学位权具有国家权力属性和学术自由权利属性,但是高校学位授予权的双重属性之间并不是简单地相互影响、共同作用,而是国家权力属性高于学术自由权利属性,高校学位授予权是包

---

① 当前,大部分学者都赞同高校学位授予权具有"行政权"与"高校自主权"的双重属性,并且以"高校自主权"为核心,行政权力与学术权利共存于高校的学位授予权之中。

② 参见伏创宇:《从〈学位条例〉到〈学位法〉:学位授予权的反思与重构》,载《当代法学》2023 年第 4 期。

含着学术自由的国家权力,国家权力属性是高校学位授予权的本质属性,学术自由是法律允许范围内的自由。①

此外,高校学位授予权的内涵不仅表现在其法律性质的双重属性上,更体现于学位法律规范的立法本意之中。如前文所述,学位法律规范所保护的合法权益为学生的学位与公正评价获得权以及高校的学术自主权益,这两股现实力量的博弈不仅体现在理论争端之中,更渗透进了司法实践的裁判标准。当前,《学位法(草案)》相较于《学位条例》等相关法律法规赋予了高校更多的自主空间,立法意在通过法律保留原则降低学位授予权规范密度,同时对学位授予权加以限制。② 那么,在进行高校学位授予权法律性质定性时也应借助立法目的与法律原则,有针对性地进行学位授予权的再定性。

(二)明确自主权利的正当性逻辑与行政权力规制的必要性

高校在本质上是学术自治组织③,从学术自治的规范功能来看,高校自主权利是高校充分发挥其学术教育功能的保证。一方面,高校学位授予的本质在于学术评价,实质性的学术评价只有在学术自治的基础上才可能实现,而不是经过公权力的授权才形成的形式评价。另一方面,"通过学术自治授予符合学术标准的学生以学位,亦是高校在特定时期的历史逻辑"④,前文已提及学位制度源于中世纪教会行会与大学的自治传统⑤,高校的权利来源在经过"自治—授权"循环后又有回归于其自身的趋势⑥。按照以上逻辑并结合相关学位立法及高校学位授予实践可知,高校应在学术内容上享有一定的自主空间,且已成为广泛的社会共识。故而,高校学位授予权的"自主权"属性符合学术自治的正当性逻辑。

---

① 参见鞠真:《高校学位授予权的法律性质及其限制——基于最高人民法院第 38 号、第 39 号指导案例》,载《教育与考试》2020 年第 2 期。

② 《学位法(草案)》赋予了高校更多的自主空间。主要包括:不再详细规定学位评定委员会及分委员会的组成、设立程序、任期、职责分工等,而是授予高校确定;对学位授予条件的规定更为原则(如不再规定考试课程数目与外语要求),且明确高校在法定基本条件的基础上,"结合本单位学术评价标准,制定具体的学位授予标准";在学位授予程序规定上更具弹性,如不再过于严格地限定评阅专家与答辩委员会人数;不再统一规定学位证书格式。在给予高校更多自主权的同时,"草案"在《学位条例》及《学位条例暂行实施办法》的基础上,除了针对学位授予条件、程序增加个别限制,如明确学位授予的品行要件、学位评定委员会会议出席委员的比例,更偏向于通过明确"立法目的""基本原则"形塑对学位授予权的限制。伏创宇:《从〈学位条例〉到〈学位法〉:学位授予权的反思与重构》,载《当代法学》2023 年第 4 期。

③ 参见熊庆年、蔡樱华:《高校学术权力组织的制度再造与政府规制》,载《复旦教育论坛》2018 年第 4 期。

④ 刘旭东:《学位授予标准正当逻辑的理论检视》,载《高教发展与评估》2023 年第 4 期。

⑤ 具体可详见杨少琳:《法国学位制度研究》,西南大学博士学位论文,2009 年,第 33 ~ 35 页;[法]雅克·勒戈夫:《中世纪的知识分子》,张弘译,商务印书馆 1996 年版,第 68 页。

⑥ 参见张勇:《我国高校学位授予权研究》,上海交通大学博士学位论文,2014 年,第 55 页。

但是,高校学术自由是在法律范围内享有的自由,并非没有边界,高校的自治不代表不受拘束。①"学术制度在规范个体行为过程中因内容泛化与学术研究情境复杂性的张力冲突产生了制度失灵效应"②即为学术的"过度自由"。因此,就需要以高校学位授予权属于行政权力而对高校的"自主权"加以规制。学位立法的目的在于保障学生权利与维护高校权益。高校学位授予权归属于行政权力的益处就在于可以有效满足学生学位获得权的诉求③,以限制高校学位授予权作为"高校自主权"的过分扩张。

二、高校学位授予权双重属性下的特殊定性范式

高校学位授予权法律性质单一定性的理论并不能有效解决现行立法规范缺失、高校不同法律地位定位以及学位授予二元属性下的学位授予权性质定性的有限性与学位纠纷日益繁复扩张间的矛盾。但"双重性质说"也只是将高校学位授予权的行政性与自主性强行糅合在一起,并不能在高校学位授予法律关系中实现"协同处理"。因此,在定性高校学位授予权法律性质时,应构造一种基于学位授予权"双重属性"下的特殊范式。

首先,高校学位授予权属于"高校自主权",高校在不违反学位法律规范的前提下,有权自主设定学位条件、建构学位程序以及进行学术评价活动。然而,"强力并不构成权利,人们只是对合法的权力才有服从的义务"④。"合法的权力是指具有正当性的权力,它不仅具有事实上的优势力量,而且还可以通过人们的正面评价而取得某种正统性、并通过某种价值观念以及相应的社会规范将自身的正统性反映出来"⑤。权利的形成是不同利益主体博弈的结果,高校虽然在学位授予上享有一定的自主空间,具有自主权利,但其权利的发展与保障并不能依赖于单纯的国家强力。在我国当前学位体制下,高校作为政府的弱势相对方,高校自主权当然易受到"高权行政"的侵害。因此,作为教育管理部门的政府也需转变政府职能,树立高校自主理念,保护"高校自主权"的行使。

其次,高校学位授予权具有"自主权"属性,同时高校学位授予权的"行政权"属性也不能就此否定。高校学位授予权依照法律法规以及各高校校规行使,具有单方性、强制性和无偿性,符合公权力的特点。高校设定学位授予标准、履行学位授予程序、进行学术评价影响的是学生的合法权益,同样应当如其他行政权力一样接受法律保留、正当程序约束与国家监督,只是学位授予权相较于一般行政权力享有更大的自主空间。"将学位授予权作为具有自主性的特殊公权力,旨在明确学位授予权实质上归属于高校而非国家,体现大学学位形态而非国家学位形态"。⑥受制于我国公法上行政主体制度的固有局

①　参见许育典、陈碧玉:《大学自治下大学评鉴制度的检讨:以系所评鉴为例》,载《当代教育研究季刊》2011 年第 2 期。

②　刘晖、张甜甜、张艳芳:《困局与破局:大学学术制度构建中学术自由的边界》,载《大学教育科学》2022 年第 3 期。

③　参见王晓强:《高校学位授予行为的法律规制研究》,载《复旦教育论坛》2022 年第 3 期。

④　[法]卢梭:《社会契约论》,何兆武译,商务印书馆 1997 年版,第 13-14 页。

⑤　王莉君、孙国华:《论权力与权利的一般关系》,载《法学家》2003 年第 5 期。

⑥　伏创宇:《从〈学位条例〉到〈学位法〉:学位授予权的反思与重构》,载《当代法学》2023 年第 4 期。

限,高校须获得法律授权才能成为《行政诉讼法》第二条规定的行政主体,因而法律授权旨在解决高校行使学位授予权的主体资格,而无法体现学位授予权的自主性。故而,还需进一步明确高校学位授予权的法律授权,未来《学位法》的出台应关注学位授予资格与学位授予权的区分,①在规定中明确学位授予权的取得对象。

最后,现行学位立法中存在"高校学位授予权法律性质定性模糊"的规范缺失,未来的学位立法应在成文规则与原则上对此加以明确。在立法上完善对高校学位授予权"行政性"与"自治性"的各自界定,一方面有利于保护两种性质的法律地位,另一方面也有利于形成以"自治性"为核心、"行政性"为保障的两种属性的互补合力。②但即便是通过立法明确高校学位授予权具有"行政权"与"自主权"的双重性质,也需要对高校学位授予权性质的立法定位有所区分,高校学位授予权不同于一般国家行政权,虽然其同样到受行政法治原则的约束,但高校学位授予权具有"学术自治"的特殊属性,在法理上需确立"尊重学术自主"的法律原则,以保障高校学位授予法律制度符合时代潮流,与世界学位制度趋势所接轨。

本章小结

高校学位授予权具有丰富的内涵与外延,对其法律性质的界定自然难以周全。自"田某诉北京科技大学案"后,高等教育领域中学生对合法权益的维护和高校对其办学自主的追求之间的张力冲突愈发明显。而法律最本质的特征即在于"法治",在经历高等教育事业改革、权益保障观念日益高涨的今天,追求"法治"的秩序形态也存在于高校学位授予制度体系之中,但法治理念下的高校自主权、国家行政权以及学生权利间的适度平衡,却使当前我国高校行使学位授予权、司法解决学位纠纷陷入"泥淖"——过于强调国家行政对高校学位授予的监督就易忽视高校因其办学特殊性而享有的自主权、过于强调高校自主权而排斥国家行政权的介入将会使学生权利受到高校自主权的恣意侵害。这一切的关键在于,如何定性高校学位授予权的法律性质,从而使三者处于一个适度平衡中,成为未来《学位法》立法应当着重关切并予以思索的问题。通过上述论证可知,明确高校学位授予权的双重内涵和自主权、行政权规制的正当性逻辑,并在高校学位授予权具备"双重性质"下构建一种特殊定性范式,是未来解决上述问题的一种思路。

"国家不可避免的规制与'自治性'的自我规范和自我实现之间建立一种理想关系,是一项历久弥新的任务和政治艺术。"③在当前《学位法》立法背景下,高校学位授予权及其法律性质的理论构建不仅仅是立法需要关注的问题,明晰高校学位授予制度、合理定性高校学位授予权,更需要将之置于国家发展和高等教育变革的多元维度统筹考量。

---

① 例如《学位法(草案)》第四条规定"获得相应学科、专业的学位授予资格成为学位授予点,可以根据所得的权限授予学位"错误地将取得学位授予资格等同于取得学位授予权。

② 参见朱平:《我国学位授予权的三重属性探析》,载《学位与研究生教育》2013 年第 3 期。

③ [德]齐佩利乌斯:《德国国家学》,赵宏译,法律出版社 2011 年版,第 434 页。

第二章

高校学位授予制度的基本原则

　　法的基本原则是法的灵魂,任何国家的法,任何国家的行政法都不可能没有灵魂,从而不可能没有基本原则。① 行政法的基本原则对行政法具体规则与原则具有指导作用,二者不能违反基本原则的价值观念。同样,高校学位授予制度的基本原则也应当被作为高校学位授予活动及其相关法律的规范指引和价值导向。1998 年田某诉北京科技大学案②司法判决轰动一时,此案件是以学位授予根本问题的司法案件,该高校学位纠纷案例是首次将基本原则作为学位纠纷案件的判决依据,随后又相继出现刘某诉北京大学案③、柴某诉上海大学案④等一系列学位纠纷案件。这些案件判决结果说明基本原则不只是具有抽象性的法律原则地位,其同样可以指引司法案例的裁判。实际上,高校学位授予制度的基本原则有着十分重要的地位,一方面为高校学位授予活动提供了基本准则,另一方面也能够对高校学位授予纠纷裁判起到指引作用,因而有必要对高校学位授予制度基本原则的概念、构成及其优化进行深入探讨。

　　本章主要对高校学位授予制度的基本原则问题进行研究,讨论高校学位授予制度中存在哪些基本原则,这些原则在高校学位授予制度中是如何体现的。在司法实践中,高校作出的学位授予决定是否存在违反基本原则,高校学位授予应当如何去贯彻落实基本原则。高校学位授予是根据法律授权由高校进行学位授予活动的行为,该行为具有一定的行政权力属性,因此,高校应当依法行政,受到法定原则的限制。此外,高校学位授予程序性规范应当受到正当程序原则限制,在高校作出的不利决定时,还应当受到比例原则的限制。《学位法(草案)》第三条将公平、公正、公开作为基本原则地位列入其中,说明法律将高校学位授予遵循公平、公正、公开法定化。实践中,高校在学位授予过程中存

---

① 姜明安:《行政法与行政诉讼法》(第七版),北京大学出版社、高等教育出版社 2019 年版,第 67 页。

② 见北京市海淀区法院(1998)海行初字第 00142 号行政判决书。

③ 见北京市海淀区法院(1999)海行初字第 103 号行政判决书。

④ 见上海市浦东新区法院(2019)沪 0115 行初 362 号行政判决书。

在授予行为与授予目的不当联结现象,为杜绝这一现象的产生,亦应当将禁止不当联结原则作为高校学位授予活动的基本原则。概言之,高校学位授予制度中所能体现的基本原则有:法定原则、正当程序原则、公平公正公开原则、禁止不当联结原则、比例原则。

对于高校学位授予制度的基本原则研究,本章主要分为六个部分展开论述:第一部分对高校学位制度的基本原则概念以及包含的基本原则种类进行论述,为下面各部分展开具体分析奠定理论基础;第二部分对高校学位制度遵循法定原则进行分析,法律作为高校学位授予的权力来源,作为学位授予的最低底线而存在,任何授予行为均应受到法定原则的限制;第三部分对正当程序原则进行分析,程序作为高校学位授予起点到终点之间的桥梁,对于能否合法作出学位授予具有至关重要的作用;第四部分对公平公正公开原则进行分析,探寻高校学位授予制度是否能够做到授予公平、信息公开、决定公正;第五部分对禁止不当联结原则进行分析,其规范学位授予中高校与学位申请者之间的关系;第六部分对比例原则进行分析,高校学位授予制度能否遵循比例原则,关系到学位申请者的合法权利能否得到保障,属于高校学位授予制度的重要组成部分。

从横向维度来看,本章各个部分可分为四个层面:一是明晰概念性理论,明确基本原则在高校学位授予制度中的作用和地位;二是树立基本原则的基本要求,明确高校学位授予制度中的最低法律底线,保障学位授予依法进行;三是找寻学位授予中违反有关基本原则问题,依托司法案例,明晰学位授予制度中未遵循基本原则的现象;四是明确高校学位授予制度贯彻落实基本原则的关键所在,找寻今后学位授予遵循基本原则的可行之路。

第一节　高校学位授予制度基本原则的概念及构成

一、高校学位授予制度基本原则的概念

行政法的基本原则作为直接调整行政法律规范的最主要、最具普遍价值的法律原则,贯穿于行政法律关系之中。行政法的基本原则作为行政主体的一般行为准则,能够指导一切行政法律规范,任何行政行为不能违背基本原则而存在,否则会受到不利的法律后果。

而高校学位授予制度能否受到行政法基本原则的限制呢?根据《学位条例》第八条

第一款规定①,高校的学位授予权力性质属于法律授权,故高校能够在授权范围内成为行政主体,那么高校学位授予制度理应受到行政法约束,应当遵循行政法基本原则。高校学位授予制度所遵循的基本原则应当发挥何种作用呢?借鉴行政法基本原则的概念性进行分析,高校学位授予制度应当以基本原则规范为根基,向上构建由基本原则所演化的学位授予制度体系。换言之,高校学位授予基本原则应是指导和规范高校学位授予行为的实施和学位纠纷处理的基础性规范。② 它存在于高校学位授予制度的具体规范当中,同时地位又高于具体规范,体现高校学位授予制度的基本价值。

二、高校学位授予制度基本原则的构成

高校学位授予制度属于行政法规制范畴,其应当遵循行政法所体现的基本原则法律规范,那么高校学位授予制度应当具体遵循哪些基本原则呢?

关于行政基本原则,应当首要想到"依法行政",遵循法定原则,任何行政行为均应依据法律规定而实施,那么高校学位授予依法行政的体现主要在学位授予制度中,任何实体和程序性规定均应当遵循法定原则,任何学位授予行为应当受到法定原则的限制,依据法律规定实施学位授予行为。以往有将法定原则的程序部分与正当程序原则概念混淆的先例,因此有必要对此进行区分。法定原则的程序规定,其区分标准为是以"法定化"为形式标准,是否将程序规范明文规定至法律条文中;而正当程序原则区分标准是以是否"正当化"为内容标准,程序不管是否规定至法律中,只要内容正当化,都属于正当程序原则。二者属于竞合关系,正当程序原则作为法定原则程序的补充而存在。

程序,就是行为从起始到终结的长短不等的过程。③ 一般认为,行政程序是指行政主体实施行政行为时在时间和空间上所遵循的方式、步骤和顺序。④ 当行政程序的形式、过程被法律所明确后,则成为法定程序。而在法定程序之外的程序也应当保障相对人的合法权益,故应当将程序"正当化"。"正当化"作为最基本的理念范畴,包含法定程序在内的所有程序均应当做到正当程序。而正当程序与法定程序不同的是正当程序的内涵则是以价值与内涵要素为主,最高人民法院行政庭在其公布的第20号案例(彭淑华诉浙江省宁波市北仑区人民政府工伤行政复议案)中,对正当程序进行了界定,即"正当程序指的是行政机关实施行政行为,可能影响公民、法人或者其他组织合法权益的,应当在作出行政行为之前向当事人和利害关系人告知事实,并说明理由,听取公民、法人或者其他组

---

① 《学位条例》第八条第一款:学士学位,由国务院授权的高等学校授予;硕士学位、博士学位,由国务院授权的高等学校和科学研究机构授予。

② 参见姜明安:《行政法与行政诉讼法》(第七版),北京大学出版社2019年版,第67页。

③ 应松年:《论行政程序法》,载《中国法学》1990年第1期。

④ 蒋红珍:《正当程序原则司法适用的正当性:回归规范立场》,载《中国法学》2019年第3期。

织的意见。"①因此,高校学位授予制度中,应同样重视程序的"正当化",保障学位申请者的合法权益,因而有必要在学位授予制度中适用正当程序原则,以正当程序原则的价值与内涵主导学位授予程序的有序进行,目的是维护学位申请者的知情权、建议权等相关权利。

《学位法(草案)》第三条将公平、公正、公开列入基本原则法条中,表明该原则应当被作为高校学位授予制度的法定基本原则,任何学位授予行为均应严格遵守该原则精神及价值,做到决定公平、程序公正、信息公开,故公平、公正、公开原则应当被列为高校学位授予制度的基本原则加以分析。

行政不当联结系指行政机关在行政过程中,将不同性质的行政事项相互联结且违背法律规范目的的行为。② 禁止不当联结作为基本原则的一种,是作为判断行政主体作出行政行为是否合法的判断标准,具体表现为判断行政主体作出的行政行为是否与行政目的相一致,如相对人所承受的负担与行政行为不具有实质性关联,则该行政行为不具有合法性。在学位纠纷司法案例中,高校学位授予行为的不利决定与学位申请者的负担不具有一致性的案例逐渐增多,使高校学位授予制度逐渐偏离学位授予目的,降低高校学位授予环境,侵害学位申请者合法权益。为保障高校学位授予制度的合法性,防止高校将不相关的授予条件与学位授予相联系,有必要将禁止不当联结原则引入高校学位授予制度之中。在此需要注意的是,禁止不当联结原则应当与比例原则加以区分,禁止不当联结原则注重的是高校学位授予行为所达到的目的是否与学位申请者所承受的负担具有实质性联系,而比例原则注重的是高校学位授予行为的手段与目的是否具有必要性。

比例原则作为行政法基本原则之一,"主要指的是行政机关在执法期间所采取的行为手段要与执法目的相互间保持适当的比例关系,不可超出必要的范围"③。学位纠纷司法案例中,有部分高校作出的学位授予行为与所要达到的学位授予目的不具有必要性,无法实现学位授予目标,这就导致作出的不利的学位授予决定超出了法律所规定的必要限度,对学位申请者造成不利影响。高校学位授予中违反比例原则现象频繁出现,有必要在今后高校学位授予活动中加强对比例原则运用的重视,以比例原则检视高校学位授予行为是否合法合理。

---

① 最高人民法院行政审判庭编:《中国行政审判指导案例》(第 1 卷),中国法制出版社 2010 年版,第 99−104 页。

② 李育江:《行政不当联结的判断标准及其法治约束》,载《行政与法》2023 年第 7 期。

③ 满庭芳:《行政法中的比例原则研究》,载《法制博览》2023 年第 19 期。

第二节　法定原则

一、法定原则在高校学位授予制度中的内涵

"依法行政,或称行政法治,是各国行政法的共同理念或者基本原则,其基本含义在于行政机关和其他行政公务组织必须依法行使行政权或者从事行政管理活动。"①由此可知,各个行政机关作出行政行为时,应具有遵循依法行政基本原则的底线思维,根据法定原则进行依法行政。"学位授予权作为国家管理学位事物的权力"②具有一定的行政属性,高校通过法律授权具有实行学位授予权的权利,高校实施学位授予也是行使行政权的一部分。因此高校在学位授予过程中也要依法行政,遵循法定原则,根据法律授权范围的要求,完成学位授予行为。具体而言,即在学位授予过程当中,参与学位授予的机构依照法定的条件,作出授予或者不授予的决定;学位授予过程要符合法定程序的要求;学位授予行为的依据要符合法律规定。

(1)学位授予过程中各个主体遵循法定原则。《学位条例》第八条规定:"学士学位,由国务院授权的高等学校授予,硕士学位、博士学位,由国务院授权的高等学校和科学研究机构授予。"《教育法》第二十三条规定了国家学位制度的规定。高校作为学位授予的主体,其学位授予权来源于法律授权,因此,高校要在法律法规的授权范围内进行学位授予。学位授予具体过程中所涉及的各个内部机构,如学位论文答辩委员会、学位评定委员会等,要按照《学位条例》第九、十条等法律规定的内容,根据自身职能范围,依法作出其所负责环节的学位授予行为。

(2)学位授予程序遵循法定原则。学位授予程序是指接受学位申请者的申请,审核和决定向其授予学位以及颁发学位证书的工作流程。在此工作流程中要求高校严格遵守《学位条例》《学位条例暂行实施办法》等法律法规的相关规定,贯彻落实学位授予相关法律法规的程序法定规范。学位授予程序表现为一种过程性和交涉性的行为,在学位授予过程中,各个机构主体之间要根据法律法规的程序性规定进行交涉、传输文件。按照法律规定实行程序救济制度,以最大限度保障学位授予程序的正常运行。

(3)学位授予行为的依据应当符合法律规定。"学位授予行为,是行政主体依法行使

---

① 应松年、姜明安、马怀德,等:《行政法与行政诉讼法学》(第二版),高等教育出版社 2018 年版,第 28 页。

② 周光礼:《论学位授予行为的法律性质》,载《科技进步与对策》2004 年第 3 期。

行政权,并能产生法律效果的行为,是一种外部具体行政行为。"①学位授予行为是高校行使行政权的具体化,高校在具体实施学位授予权时,所作出的学位授予行为具有行政法律效力,故应当严格遵循行政法的依法行政基本原则,授予行为应符合授予的法律规范条件,避免出现法律适用错误。

二、法定原则在高校学位授予制度中的基本要求

(一)主体合法

在学位授予过程中,法定原则要求学位授予的行政主体合法行使职权。"行政主体是指享有行政权利,能以自己的名义实施行政行为,依法独立承担起行为所产生的法律责任的组织。"②而判断一个主体是否为行政主体,首先判定其是否为行政机关,如果是,则其属于行政主体,其自身权力来源于法律的直接规定;如果不是,再次判断其是否为授权组织,其权利是否主要源于法律、法规、规章的直接规定。

根据上述概念的界定,在我国的学位制度中,存在两个范围的主体:一是国务院学位委员会;二是法律授予的学校和科学研究机构。其中国务院学位委员会的权利直接来源于法律,学校和科学机构的权利来源于法律授权。而在具体学位授予中,直接实行学位授予权的主体多数为高校和科学研究机构。

"依法行政的基本含义是指政府的一切行政行为应依法而为,受法之拘束。"③政府在这里可以泛指为"行政机关主体",行政主体在作出行政行为时应当注意不仅行政行为要依法被作出,受到法律约束,行政主体也应当主动依据法律规定合法作出行政行为。学校和科学研究机构的学位授予权,来源于法律《学位条例》第八条④的明确授权。经过法律授权的学校和科学研究机构要依照法律规定,在法律授权范围内行使学位授予权力。学位授予过程符合法定原则的前提是主体合法,学校和科研机构应当做到依法学位授予。具体而言,一是权力主体自身要合法,行使学位授予权的学校和科学研究机构必须具备法律规定的行使学位授予权条件;二是主体行使学位授予权的过程中合法,学校和科学机构应当通过法律条文规范,明晰授权后的学位授予权限范围,避免在学位授予过程中出现超出授权范围的违法行为,违背法定原则。

---

① 周光礼:《论学位授予行为的法律性质》,载《科技进步与对策》2004年第3期。

② 姜明安:《行政法与行政诉讼法》(第七版),北京大学出版社、高等教育出版社2019年版,第85页。

③ 姜明安:《行政法与行政诉讼法》(第七版),北京大学出版社、高等教育出版社2019年版,第69页。

④ 《学位条例》第八条:学士学位,由国务院授权的高等学校授予;硕士学位、博士学位,由国务院授权的高等学校和科学研究机构授予。授予学位的高等学校和科学研究机构(以下简称学位授予单位)及其可以授予学位的学科名单,由国务院学位委员会提出,经国务院批准公布。

（二）程序合法

法定程序指的是法律、法规、规章所规定的程序,具体到学位授予工作,法定程序指的是法律、法规、规章所规定的学位授予程序。[①] 程序部分作为学位授予制度的重要组成部分,贯穿学位授予过程的始终,高校应当按照法律、法规、规章所规定的学位授予程序进行学位授予。通过学位授予程序的内部推进,最终学位授予主体作出决定授予或者不授予学位的决定,学位授予程序是否合法,直接会影响行政相对人学位获得权的实现与否,与行政相对人的合法权益具有直接联系。因此,学位授予程序应当受到法律的严格规范,以法律规范约束实践进程,这就要求学位授予程序要按照法定程序所规范的路径开展学位授予,严格遵循法定原则,做到学位授予程序合法。

学位授予程序中存在两种制定主体:一是国家立法制定;二是授予主体制定。首先,国家立法中法律涉及学位授予程序仅有《学位条例》,行政法规中涉及学位授予程序的仅有《学位条例暂行实施办法》,有关学位授予程序的部门规章有《国务院学位委员会关于在职人员申请硕士、博士学位的试行办法》《国务院学位委员会关于授予成人高等教育本科毕业生学士学位暂行规定》等。当下我国《教育法》《高等教育法》《学位条例》等国家立法仅为高校自主权设定框架,而未对学位授予、课程设置等事项予以事无巨细的明确规定。[②] 法律虽未对高校自主权进行细致规定,仅仅设定了规范框架,但是这并不意味着高校自主权就应然被划分到法律规范的范围外,其行使自主权仍应在法律规范的框架下进行。在现行法的具体规定中,同样也存在阐述法律法规与高校自身实施细则之间的关系。《学位条例暂行实施办法》第二十五条规定:"学位授予单位可根据本暂行条例实施办法,制定本授予学位的工作细则。"该办法赋予学位授予单位在不违反《学位条例》所规定授予学位基本原则的基础上,在学术自治范围内制定学位授予标准的权利和职责。[③] 故学位授予主体应在国家立法规范下,基于遵循法定原则为前提,以上位法《学位条例》为导向,以《学位条例暂行实施办法》和其他部门规章为具体程序指南,最终作出合法决定。其次,授予主体制定的内部学位授予程序,即各个学校、科学机构制定的学位授予实施细则,也要符合法定原则,达到程序合法的标准。具体而言,学校和科研机构制定的实施细则要在法律法规授权的基础上,对上位法的程序内容进行细化,不能超出上位法的规定范围,超越法律授权范围。

（三）学位授予条件符合法律规定

具体行政行为要符合法律规定,必须要有充分的事实根据,正确适用法律法规、规章

---

① 林华:《内部学位授予程序的法律效力》,载《学位与研究生教育》2018 年第 3 期。

② 伏创宇:《高校校规合法性审查的逻辑与路径——以最高人民法院的两则指导案例为切入点》,载《法学家》2015 年第 6 期。

③ 周详、延然:《学位授予行为的法律性质及制度创新——基于司法审判的反思》,载《清华大学教育研究》2020 年第 2 期。

制度,行政权力的形式不能超过法定的权限范围。① 高校行使学位授予权进行学位授予行为时,其本质是作出行政法所阐释的具体行政行为,因此高校在进行学位授予时,应当正确适用法律法规、规章制度对学位授予相关的规定,审视学位授予是否符合法律法规、规章制度所设定的学位授予条件,将法律适用合法作为学位授予的前提,唯有正确适用法律规定,才能够作出合法合理的学位授予行为,通过法律的引领性树立正确的学位授予行为准则。

高校学位授予行为所依据的学位授予权,与其他行政机关所依据的公权力作出的行政行为具有不同属性,其他行政机关所作出的行政行为的权利直接源于法律规定,比如《行政处罚法》第五十一条就对适用简易程序的条件进行了明确规定,即:违法事实确凿并有法定依据,对公民处以二百元以下、对法人或者其他组织处以三千元以下罚款或者警告的行政处罚的,可以当场作出行政处罚决定。法律另有规定的,从其规定。对于违反行政处罚法适用简易程序的条件和情形属于法律明文规定,行政机关作出行政处罚时不存在自由裁量的过程。而高校进行学位授予时,《学位条例》未对学位授予的具体情形和条件进行明确规定,而是将学位授予的具体情形以及条件的设定权下放至高校本身,故高校在设定具体学位授予规范时,具有自由裁量的空间。因此学位授予中高校应当正确适用法律规定,不能以与学位授予不相关的法律规范作为学位授予依据,设定的学位授予情形和条件应当符合《学位条例》的规范要求。

三、高校学位授予制度中适用法定原则存在的问题

(一)主体构成及职责缺乏规范性

高校作为学位授予的主体,是否具有学位授予权是学位授予的必然前提。从权力到职责,学位评定委员会被定位为全方面负责学位授予工作的立法状态,自然负责学位授予标准的制定和学术评价工作。② 学位评定委员会作为高校学位授予中具有主导作用的机构,意味着其是否依法学位授予与学位授予是否具有合法性具有直接关系。《学位法(草案)》第九条规定:"学位评定委员会的组成人员应当为不少于九人的单数,由学位授予单位具有高级专业技术职务的负责人和具有较高学术水平的教学科研人员组成。学位评定委员会可以设置若干分委员会,并可以委托分委员会履行相应职责。"③而在我国现行的高校教育背景下,不乏某些高校在学位评定委员会的组织建构中缺乏规范性,例

---

① 蒋建湘:《依法治校的核心在于依法行政——以行政合法性原则为视角》,载《现代大学教育》2007 年第 1 期。

② 李东宏:《由谁来设定学位授予标准? ——〈学位法草案(征求意见稿)〉相关条款解读》,载《中国人民大学教育学刊》2023 年 9 月。

③ 《中华人民共和国学位法(草案)》,载 360 百科, https://baike. so. com/doc/30478806 - 32121445. html。

如学位评定委员会的人数构成模糊不清,对于构成人员技术背景达不到法律规范的条件。另一方面,高校学位授予标准的设定没有统一的主体要求,《学位法(草案)》对学位授予标准的设定仅规定至学位授予单位,对进一步学位授予权的设定存在细化规范的空白。当下,各个高校对于学位授予标准的设定主体并不一致,如四川大学、复旦大学等学位授予标准是由学位评定委员会设定,而华中科技大学是由学术委员会设定,苏州大学则是由校长办公室进行规定。学位授予设定主体不统一的现象,会导致高校在学位授予中存在主体不一致,依照法律规定进行学位授予的情形较为紊乱,不利于我国学位授予制度统一化设定,导致学位授予遵循法定原则复杂化,各个高校形成杂乱的学位授予制度。

(二)学位授予程序制定超出上位法规定

在高校学位授予制度中,高校属于法律授权的学位授予主体,高校在制定符合自身的《学位授予实施细则》时,是基于《学位条例》的规定进行制定的,根据法律规定,其只能细化而不能创设。高校享有学术自由权,但与学术无关的教育行政管理行为不能超越法律的规定,高校对与学术有关的事项有学术自由与自主权,但是对于非学术事项则要严格遵守法律规定,比如一般的打架斗殴、学校管理性行为等,学生因非学术性事由受到处分,高校如不区分行为本身的属性,统一规定受过处分的学生不能获得学位,会造成适用上的混乱。[①] 而在具体高校学位授予当中,有些高校未经上位法的授权,擅自增设或者减少学位授予的标准与条件。比如,有些高校将学校纪律处分的"记过"等一系列的惩罚措施与学位授予相联系,那么高校相当于将法律规定之外的情形加入学位授予条件中,虽然高校在实际上加强了学位授予的标准,但是这种做法也恰恰违反了法律授权的内涵,是对上位法《学位条例》的违背。

在"王某诉南方冶金学院不授予学士学位证书案"[②]中,南方冶金学院属于学位授予主体,其享有上位法授予的学术自治权,但是其在1996年版的《南方冶金学院本科学生管理规定实施细则》第四十九条第五项规定,"受到行政记过处分者"不授予学士学位。南方冶金学院在学术自治范畴内制定的具体学位授予条件中加入行政处分成分,显然不符合上位法对于学位授予标准的规定,属于法律授权情形之外的条件,增设了上位法规定的之外的情形,违反了法定原则。"王某诉武汉理工大学不授予学位案"中,王某因考试作弊,学校给予留校察看处分,最终作出不授予学位的决定。根据《学位条例》的规定,授予学士学位情形仅仅包括基础理论、专业知识、初步科研能力,从反向思维考虑该内容,只要学位申请者不违反上述规定,则其就具备授予学位的资格,而武汉理工大学将考试作弊作为学位授予的否定条件,违反了上位法的精神。考试作弊的情形属于学校管理

---

① 参见刘璞:《高校学位授予标准设定权的法律属性与权力边界——兼论〈中华人民共和国学位条例〉的修改》,载《学位与研究生教育》2020年第8期。

② 见江西省高级人民法院(2000)赣行终字第16号行政判决书。

层面的规定,其与学位授予归属于两个范畴的规定,武汉理工大学将学校管理的规定与学位授予制度相联系,违反上位法,违背法定原则。

(三)违反法定学位授予条件规定

学位授予权的取得,采用的是"双阶层"方式,即在"资格审核"前提下的法律授权。[①] 我国高等学校现行学位授予权直接来源于法律法规的授权,其本质上也是一种行政权,高等学校在行使学位授予权时,必须受教育行政法的约束,在有关学位的法律法规明确规定的职权范围内进行。[②] 在我国,高校学位授予存在两个阶段:一是高校外部获得学位授予权利;二是高校内部建立学位授予制度。

从外部角度来说高校是否具有学位授予权,应当在法律授权的前提下向国务院学位委员会申请学位授予资格,即高校经过学位授权审批获得学士、硕士、博士授予单位的资格,以此赋予高校能够进行学位授予的资格能力。而部分高校在具体学位授予中,学位授予资格方面存在一定瑕疵,故而导致高校存在有部分资格或者没有资格进行相应学位授予,那么高校学位授予就存在违反法定条件现象,不满足授予相关学位条件,适用法律错误。比如高校经过国务院审批获得学士学位和硕士学位授予资格,但是在研究生培养层面,高校将博士研究生列入学校培养计划中,此时高校虽已经进行博士研究生的培养,但是其不具有博士学位授予资格,此时学校就存在违反法律规定,将不存在的博士学位授予条件的相关学科列入培养计划中,不存在相关法律依据,违背法律适用条件。

从内部角度来说,《学位条例》对学位授予的规定相对笼统和抽象,高校进行学位授予无法直接适用其相关规定,因此高校要在法律规定的基础上配套完备的规章制度。而在具体实践中,高校对于学位授予制度的构建并不完备,甚至存在违反法律规定的现象。根据《学位条例》第九条规定:学位论文答辩委员会必须有外单位的有关专家参加,其组成人员由学位授予单位遴选决定。学位评定委员会组成人员名单由学位授予单位确定,报国务院有关部门和国务院学位委员会备案。高校在实际学位授予中,对于学位论文答辩委员会的组成人员构成模糊不清,存在组成人员不规范情况,未邀请外单位专家参与学位论文答辩委员会,对学位评定委员会成员名单仅在校内公示,未向国务院有关部门和国务院学位委员会备案,不符合学位授予机构人员组成条件,违反法律规定,学位授予存在不合法情形。学位授予制度构建中出现与法律规定不符的学位授予条件,无法正确适用法律规定,出现学位授予违法情形,损害学位获得者合法权益。

[①] 周佑勇:《法治视野下学位授予权的性质界定及其制度完善——兼述〈学位条例〉修订》,载《学位与研究生教育》2018 年第 11 期。

[②] 参见李铁绳、袁芳:《理论与实践视域中高校学士学位权的法理分析》,载《宁夏社会科学》2016 年第 3 期。

四、高校学位授予制度中适用法定原则的优化路径

国务院批准实施《学位条例暂行实施办法》规定,学位授予单位可以根据该实施办法制定本单位授予学位的工作细则,即高校自己可以对国家学位制度进一步细化,并体现出高校办学自主权的特点,但关键是工作细则范围与权限到底有多大。[①] 由此可知,处理好高校中的学位授予实施细则与上位法所给予制定权限之间的关系属于重中之重,要正确审视涵盖高校自主制定学位授予实施细则的学术自治权,以此才能够正确引导高校在使用法律规定前提下进行学位授予。高校的学术自治权在司法案例中一直是处于被认可的地位,但是学术自治如果违背法定原则,那么司法主体在判定时,会遵循优先法律原则。故高校在学术自治的范畴内,应当严格遵循法定原则的内涵,根据上位法的精神制定符合本校的学位授予体系。

在主体上,首先,具有法律授权的合法主体才能够去行使学位授予权;在实体条件上,高校应当分别制定学士、硕士、博士学位授予条件要求,不得将上位法规定之外的条件纳入其中,要严格且谨慎地制定学位授予条件,不能将"处分"等学校管理层面的内容作为学位授予的量化条件;在程序上,要严格按照上位法的学位授予程序实施学位授予,具体表现在学校内部的学位授予机构要遵循上位法与学校制定的学位授予实施细则所制定的程序性内容,按照法定顺序进行审核与评议,不得作出违法违纪的程序性决定,对学位申请者作出不利决定时,也应按照相关规定给予学位申请者相关权利。高校也应当在宏观的角度构建学位授予体系,使其遵循法定原则的前提下,进行学位授予的各项工作,以法治化推进高校学位授予体系,形成以法律授权为核心,以法定学位授予条件为基础的高校学位授予准则。

第三节　正当程序原则

一、正当程序原则在高校学位授予制度中的内涵

正当程序原则的基本含义是,行政机关作出影响行政相对人权益的行政行为,必须遵循正当法律程序,包括事先告知相对人,向相对人说明行为的根据、理由,听取相对人

---

① 王春业:《高校办学自主权与学生学位获得权的冲突与平衡——以博士学位授予发表论文为视角》,载《东方法学》2022 年第 1 期。

的陈述、申辩,事后为相对人提供相应的救济途径等。[①] 该原则是为了保障公权力主体在行使自身职权时有最低的程序运行条件。最高人民法院行政审判庭曾明确,在法律、法规没有明确规定的情况下,人民法院可以把正当程序原则作为判断行政行为合法性的依据。正当程序原则作为行政法的基本原则,其适用于行政法全领域。高校学位授予过程中遵循正当程序原则已成为普遍共识。学位授予过程遵循正当程序原则根源在于:高校学位授予权力具有行政权的色彩,行政主体实施学位授予权力应当遵循有关行政权运行的基本原则。

学位授予制度遵循正当程序原则,主要体现在以下三个方面:一是高校人员及学位授予机构人员处理涉及与自己有利害关系的学位授予事务时,应主动回避或应当事人的申请回避;二是高校学位授予单位在作出对学位获得者不利的学位授予决定时,除非有法定保密的要求,否则必须说明理由;三是高校学位授予单位作出对学位申请者不利的决定时,必须听取其陈述和申辩,如严重影响相对人合法权益时,还应当依据学位授予相对人的申请或者依法主动举行听证。[②] 高校学位授予全过程应当严格按照程序正当开展,违反正当程序原则的学位授予行为会被撤销。如今在现行立法中未对正当程序原则的运用进行具体规定,那么在这一立法空白背景下,高校则应按照正当程序原则基本内涵,结合正当程序原则的三项子原则的规定,制定适合本校的学位授予实施细则,以此来填补学位授予程序性规定的空缺。

二、正当程序原则在高校学位授予制度中的基本要求

(一)正当程序原则贯穿于高校学位授予全过程

教育法治不仅要实现正义,而且要使正义以看得见的方式实现。[③] 为全面推进依法治教、依法治校工作的开展,我们有必要将正当程序原则作为学位授予制度的基本原则,并将其内化于心、外化为行、固化以制,细化为具体的正当程序条款贯穿于学位授予工作始终。[④] 对于其他行政行为的单一属性而言,学位授予过程中所要遵循的正当程序原则,应是学位授予全过程的程序规范指南,具有双重属性,即法律授权与资格核查。而该双重属性不仅体现在高校学位授予过程中各个环节的复杂性和多重性,也体现在各个环节主体的多元性。从参与主体角度来讲,国家立法、高校、高校内设机构学位评定委员会和学位论文答辩委员会以及其所包含的各个机构成员等均应遵循正当程序原则。从高校

---

① 姜明安:《行政法与行政诉讼法》(第七版),北京大学出版社、高等教育出版社 2019 年版,第 77 页。

② 姜明安:《行政法与行政诉讼法》(第七版),北京大学出版社、高等教育出版社 2019 年版,第 80 页。

③ 湛中乐:《大学法治与权益保护》,中国法制出版社 2011 年版,第 2 页。

④ 明垣宜、褚单扬:《试论正当程序原则在学位授予制度中的适用》,载《教育教学论坛》2021 年第 7 期。

学位授予各个关键节点角度来讲,国家宏观规定学位授予的重要条件与程序,以及法律授权的高校内部制定的学位授予实施细则均在正当程序原则的涵摄范围内。通过以上分析可发现,学位授予程序具有复杂且多元的过程性,这就要求对于学位授予的资格审查、学位授予设置条件、高校学位的实施细则、关于学位授予的评价以及撤销学位等全过程均应遵循正当程序原则。

(二)行政主体作出学位授予行为应遵循听证制度和陈述申辩制度

听证是行政主体在作出影响行政相对人合法权益的决定前,由行政主体告知决定理由和听证权利,行政相对人随之向行政主体表达意见、提供证据以及行政主体听取其意见、接纳其证据的程序所构成的一种法律制度。[1] 高校作出学位授予行为与行政主体作出行政行为具有相同效力,因此高校学位授予同样应遵循听证制度相关要求。高校作出学位授予决定之前,应当如实告知学位申请者所作出学位授予行为的依据以及其享有的听证权利,同时依照相对人的申请主动履行听证程序。学位授予主体应当在学位有关机构作出不予审核学位或者学位授予机构作出不授予学位决定时适用听证制度。听证制度作为正当程序原则的重要制度之一,决定了学位授予过程中是否遵循正当程序原则的重要依据。

高校在作出是否授予学生学位的决定以及作出关涉学生学位评定和授予资格的纪律处分时,应当听取学生本人的陈述和申辩,这是正当程序原则的基本要求。[2] 陈述申辩制度确立符合正当程序原则的基本要求,给予相对人相应的救济权利,在法定程序层面给予较低地位的学位申请人一定的权益保障,因此陈述和申辩是高校学位授予程序中必不可少的制度。构建完备的陈述和申辩制度体系,一方面维护了学位申请者的程序性利益,另一方面也为学位授予内部机构提供制度支持,以有效减少学位纠纷事件的发生。

(三)学位授予过程中遵循回避制度

回避制度是指行政机关工作人员在行使职权过程中,因其与所处理的事务有利害关系,为保证实体处理结果和程序进展的公正性,根据当事人的申请或行政机关的请求,有权机关依法终止其职务的形式并由他人代理的一种法律制度。[3] 将回避制度内化至高校学位授予中,可理解为高校学位授予有关人员行使职权时应当判断本人与该学位授予行为是否具有利害关系,为保证学位授予程序与实体结果的公正,相关人员应依照当事人

---

① 姜明安:《行政法与行政诉讼法》(第七版),北京大学出版社、高等教育出版社2019年版,第80页。

② 柳文彬、张传:《学位评定和授予的行政程序控制》,载《江苏大学学报(社会科学版)》2011年11月第13卷第6期。

③ 姜明安:《行政法与行政诉讼法》(第七版),北京大学出版社、高等教育出版社2019年版,第78页。

的回避申请,暂时中止正在进行的学位授予行为。现行学位法律并未规定回避制度,但在学位申请、审批、答辩、授予等环节事实上都涉及回避制度。① 比如学位论文评阅的"双盲"机制的建立,就是保障学位授予回避制度的手段,而学位论文答辩委员会导师回避制度也已然成为一项规定。

(四)学位授予作出要求行政主体履行告知和说明理由制度

告知和说明理由制度是指行政主体在作出对相对人利益产生影响的行政行为前,必须告知相对人,说明作出该行政行为的事实、政策、法律依据及救济方式,告知程序与说明理由制度可防止行政主体滥用权力,是相对人知情权的重要保障。② 具体实践中,高校依照法律及校内实施细则的规定,审核具有学位获得权的相对人获得学位的条件是否适格,经过答辩委员会以及学位评定委员会等机构进行认定后,高校对相对人作出授予或者不授予学位的决定,并将授予或者不授予的理由告知相对人,明确告知其享有的救济权利。

三、高校学位授予制度中适用正当程序原则存在的问题

当前在学位授予活动中,高校遵循正当程序原则还不够深入,未能从程序公正和充分保护当事人合法权益的角度认识程序的意义③,忽视了正当程序原则的内涵。正当程序原则缺失、模糊性兜底性条款过多、具体程序设置严重缺位等问题导致高校管理中时常遭遇对程序的诘问。④

对于高校学位授予而言,正当程序原则的适用,一方面给予具有学位获得权的学生能够事前了解高校学位授予程序的权利;另一方面,学生能够请求高校说明学位授予决定的理由和根据,在高校对学生作出不利于学位授予的决定时,学生拥有进行听证的权利、有事后救济的权利等。⑤ 虽然正当程序原则能够最大程度地保障学生的合法权益,但是在司法实践中,高校学位授予适用正当程序原则并非一直存在且被有效运用的。现如今高校学位授予中仍然存在违反正当程序原则的情况,大致有以下几种情形:一是剥夺当事人陈述和申辩的权利;二是作出决定后未对相对人履行告知和说明理由义务;三是未遵循回避制度。

---

① 王美丽:《高校学位管理中学生程序权利保护机制研究》,载《思想理论教育》2021 年第 6 期。
② 丁渤海:《试论我国行政法中"正当法律程序原则"的适用——以"白某诉天津师范大学学位授予纠纷案"为视角》,载《法治与经济》2011 年第 7 期。
③ 姚金菊:《法院的智慧:实体的有所不为与程序的有所必为》,载《中国应用法学》2018 年第 4 期。
④ 秦昀、高恒山:《高校学位纠纷处理中的正当程序研究》,载《中国高教研究》2018 年第 9 期。
⑤ 马慧娟、鲁春美:《高校涉讼现象引发的法学思考》,载《学术探索》2006 年第 4 期。

（一）高校学位授予程序中陈述申辩制度的缺失

听证制度与陈述申辩制度作为学位申请者在学位授予程序中的保护性权力,在实际学位授予中并未被重视,以致在学位纠纷案件中,"被告未及时听取原告陈述申辩""被告未告知原告具有听证权力"等判决依据占据大多数,这恰恰说明我国高校学位授予程序在听证制度和陈述申辩制度方面不受重视,导致学位申请者合法权益的侵害。而在我国首例教育行政诉讼案件中,正好也说明了该问题的存在。1999 年"田某诉北京科技大学拒绝颁发毕业证学位证案"[①],首次将正当程序原则运用到学位授予纠纷案件中,以正当程序原则作为裁判的依据。最高人民法院将该案例作为指导案例刊登在最高人民法院公报中[②],说明该案件对于学位纠纷案件的典型性作用,同样该案件中存在"被告未听取原告的陈述申辩"情形。

"田某诉北京科技大学拒绝颁发毕业证学位证案"重点研究争议焦点即法院以何种依据来审理此案。在判决书中明确写道:"退学处理的决定涉及原告的受教育权利,从充分保障当事人权益原则出发,被告应将此决定直接向本人送达、宣布,允许当事人提出申辩意见。而被告既未依此原则处理,尊重当事人的权利,也未实际给原告办理注销学籍、迁移户籍、档案等手续。"[③]退学处理决定将对学生的一辈子产生长远而严重的影响,牵涉利益至深至巨,并不亚于拘留、大额罚款和责令停产停业。举轻明重,类推比照,给予正式听证似乎都不过分,何况只是一般性地要求听取申辩。[④] 而这恰恰说明了判决书背后的原理:尽管在没有任何法条依据情形下,但被告所作出的退学决定依旧需要听取原告申辩,并且需要向原告本人宣布和送达,否则构成程序上的违法。[⑤]

通过该案件可得知,北京科技大学在作出不利于田某的决定时,未保障田某的权利,未听取田某的陈述、申辩,未向田某宣布和送达该不利决定。北京科技大学在作出退学决定后未向田某送达、宣布该决定内容,导致最终田某在不知情的情况下无法获得学位证、毕业证,剥夺了田某对该决定的申辩权利。由此可知,我国高校在学位授予的过程中存在陈述申辩制度缺失的现象,导致学生无法通过法律途径进行陈述申辩。

（二）高校不履行告知和说明理由义务

行政主体在作出对相对人有重大影响的行政行为时,应当履行告知和说明理由义务,告知义务是保障相对人知情权,说明理由是保障相对人判断其是否受到不公正的对

---

① 见北京市海淀区人民法院(1998)海行初字第 142 号行政判决书。
② 见《中华人民共和国最高人民法院公报》1999 年第 4 期 139–143 页。
③ 见北京市海淀区人民法院(1998)海行初字第 142 号行政判决书。
④ 何海波:《通过判决发展法律》,载《行政法论丛》法律出版社 2000 年版,第 454 页。
⑤ 湛中乐:《司法对高校管理行为的审查——田永诉北京科技大学案评析》,载《中国法律评论》2019 年第 2 期。

待。但随着正当程序原则成为学位纠纷案件的判决依据后,在之后的高校学位授予案件中,判决书中逐渐出现"未告知决定及说明相关理由"字样,此情形的出现,说明我国高校在作出学位授予不利决定时,对学位申请者告知决定和说明理由的程序性意识淡薄,恰恰法律对此程序未明确规定。因此,高校认为该程序性事由缺失不会对学位授予过程产生不利影响,告知和说明理由虽未被"法定化"成为法定程序,但是其依旧属于正当程序原则的规范范围,因此,在学位纠纷案件中,部分高校以"未履行告知和说明理由"为由被起诉至法院。

刘某诉北京大学不授予博士学位①案件,是继田某诉北京科技大学拒绝颁发毕业证学位证案后又一标志性学位纠纷案件。被告认为刘某的论文不符合毕业论文标准,决定不授予刘某博士学位,只授予刘某博士结业证书,而非毕业证书,并且不利决定的结果并未正式、书面通知刘某本人。北京大学未向刘某实际送达该决定,违反了正当程序原则的基本要求,即告知和说明理由制度。北京大学未说明作出不授予学位决定是否合法的理由,未说明事实根据和法律根据,也未告知刘某享有的权利,剥夺了刘某的救济权利。

虽在学位授予程序中法律未明确规定学位授予程序的情形,但根据上述以及"最低程序的公正"的理念,结合北京大学的做法,"一个涉及重大利益的行政决定,既没有书面通知,也无说明理由,这是严重违反正当程序的行为"②。北京大学在授予刘某学位过程中,出现了程序违法现象,不符合行政法中程序正当基本原则的基本要求和基本理念,北京大学在作出对刘某不利决定之前未向其说明理由,未给予刘某陈述、申辩的机会,在作出不利决定后,也未向刘某实际送达该决定,剥夺了刘某向有关部门提出申诉或者提起诉讼的权利。

(三)回避制度落实不到位

回避制度作为程序性规定的重要补充,目的是保障在程序中能够做到公正程序,使行政行为的作出不受利害关系等因素的影响。而在我国高校学位授予制度中,尽管对学位授予环节有回避制度的提及,但对其究竟如何展开规定并不明确,这就导致高校在学位授予过程中对回避制度的不重视甚至是忽略,这就大幅度增加了学位申请者受到不公处理的可能性,对于高校学位授予的权威性会受到质疑。换言之,高校在制定学位授予实施细则时,未对回避制度进行相关规定,会增加学位申请者论文审核"一路绿灯"的风险,而恰恰这样会使其他学位申请者受到不公的处理。《学位条例》第九条第二款③中规定学位答辩委员会的组成成员应当以遴选产生,而"遴选"一词过于模糊,会导致学位答辩

---

① 见北京市海淀区法院(1999)海行初字第 103 号行政判决书。
② 朱峰:《从刘燕文诉北大案看行政正当程序的评判标准》,载《政治与法律》2000 年第 5 期。
③ 《学位条例》第九条第二款:学位论文答辩委员会必须有外单位的有关专家参加,其组成人员由学位授予单位遴选决定。学位评定委员会组成人员名单由学位授予单位确定,报国务院有关部门和国务院学位委员会备案。

委员会中,出现与学位申请者之间具有利害关系的专家,违反了回避制度的原则性规定。再者,学位评定委员会中存在利害关系人,《学位条例》第十条第二款①规定,以不记名投票方式进行,经全体成员过半数通过,可以批准授予学位。如该评定委员会中存在个别有利害关系成员,那么该投票结果明显出现不公现象,同样会导致学位评定权威性的下降。故我国高校学位授予过程中的回避制度应给予重视,为营造良好的学位授予环境奠定基础。

四、高校学位授予制度中适用正当程序原则的优化路径

(一)确定正当程序原则作为高校学位授予的基本原则地位

当前引发争议的学位纠纷案件或多或少都涉及程序性问题,为减少学位争讼,保障学位授予活动在法定轨道内展开,有必要将正当程序原则作为学位授予制度的基本原则。虽现行学位授予相关法律中未将正当程序原则规定为独立条款,但司法案例中学位纠纷程序性问题具有普遍性,理论引导实践。反之,实践也可引领理论发展,在田某诉北京科技大学拒绝颁发毕业证学位证案、刘某诉北京大学不授予博士学位案中,法官已将正当程序原则作为判决依据。时过境迁,当下的学位纠纷已经日益复杂并在数量上呈现递增的趋势,完全可以从众多学位纠纷案例中选取关键案例作为高校学位授予的规范,以此助力正当程序原则成为高校学位授予的重要基本原则,也可以考虑选取具有重要司法价值的学位纠纷案作为指导性案例,指导性案例具有多种规范作用,其中很重要的一项功能就是对于学位授予程序法律空白的规范填补。②

高校在学位授予制度中要贯彻落实正当程序原则的精神,将正当程序原则理念落实到学位授予实践中,尽管当前法律规范中对正当程序原则条款的规定不甚完善,但是高校应当要求自身在学位授予过程中,当作出不利于相对人决定时能够遵循正当程序原则的精神,使相对人能够在学位授予程序中感受到公平正义的存在。这就要求高校要把正当程序原则贯穿落实到学位授予制度的全过程、各方面,只有在细节中遵循正当程序原则,才能够在宏观上使相对人感受到程序正义的精神及实质。

(二)将正当程序原则作为制度内化至高校学位授予制度

根据法院适用正当程序原则进行判决的实践现状,正当程序原则需要在相关法律、法规中以条款的方式体现,使高校能够在学位授予制度中有法可依、有规可循。通过立法将正当程序原则贯穿学位授予相关程序的始终,关键是对学位授予的程序要件设置最

---

① 《学位条例》第十条第二款:学位评定委员会负责审查通过学士学位获得者的名单;负责对学位论文答辩委员会报请授予硕士学位或博士学位的决议,作出是否批准的决定。决定以不记名投票方式,经全体成员过半数通过。决定授予硕士学位或博士学位的名单,报国务院学位委员会备案。

② 参见魏文松、龚向和:《学位纠纷案件中正当程序原则的司法适用》,载《中国高教研究》2020 年第 11 期。

低的程序限度,保障相对人的权利。而高校应当根据立法精神,将正当程序原则细化到高校内部的实施细则之中,结合高校自身特色,建立校内的学位授予正当化流程。例如,建立完善的告知和送达制度,进一步规范正当程序原则中的听证、回避等制度,按照一定顺序建立起完备的正当程序逻辑和顺序。

第四节 公平、公正、公开原则

一、公平、公正、公开原则在高校学位授予制度中的内涵

(一)公开原则在高校学位制度中的内涵

行政公开是指行政机关在行使行政职权时,除涉及国家秘密、个人隐私和商业秘密外,必须向行政相对人及社会公开与行政职权有关的事项。[①]"公开"对于具有公权力的行政主体而言,要构建起透明、廉洁的行政活动体系,以行政相对人的知情权为重要目标。高校作为学位授予主体,公开原则要求高校建立透明、廉洁的学位授予制度,以此为根基打造全过程、各方面的"透明学位授予制度"。高校学位授予制度的公开原则,包含学位授予过程的公开、学位授予法定依据的公开、学位授予结果的公开等。

(二)公正原则在高校学位制度中的内涵

行政程序的公正原则是指行政机关行使行政权应当公正,尤其是公正地行使行政裁量权;它的基本精神是要求行政主体及其工作人员办事公道,不徇私情,平等对待不同身份、民族、性别和不同宗教信仰的行政相对人。[②]"公正"是对行政主体而言,其功能是维护正义和中立,保障行政活动的廉洁。高校在学位授予过程中作为授予主体秉持中立态度,学位授予过程中树立公正观念。其主要体现为:一是依据法律进行学位授予,不偏私;二是合理考量学位授予相关因素,不专断进行学位授予;三是高校在学位授予过程中不专断;四是高校不在事先未通知和听取相对人的陈述、申辩意见的情况下,作出不利决定,该部分与正当程序原则虽然内容一致,但是公正原则侧重于实体的公正,与程序性规定应当区分开来。

---

① 姜明安:《行政法与行政诉讼法》(第七版),北京大学出版社、高等教育出版社2019年版,第79页。

② 姜明安:《行政法与行政诉讼法》(第七版),北京大学出版社、高等教育出版社2019年版,第81页。

（三）公平原则在高校学位制度中的内涵

公平原则主要是行政机关在行使自身权力的过程中如果可能对法人、组织或者公民产生利害关系，则需要当事人各方放在同等位置，对国家、集体和个人的关系进行处理。全体人民在自己的国家内应享有同等的权利和同等的机会，行政主体应平等地对待任何相对人，不能厚此薄彼，不能凭某种关系或自己的好恶赋予某些人以特别的权力（或权利），加予某些人以特别的义务。"公平"是对于行政相对人来讲，重要功能是保障相对人法律面前人人平等、权利平等，以免出现歧视现象。高校在作出授予学位决定时，保障学位申请人获得学位的机会公平、程序公平、结果公平，高校学位授予的公平是学位申请者的共同要求。

二、公平、公正、公开原则在高校学位授予制度中的基本要求

（一）公平、公正、公开贯穿于高校学位授予全过程

行政法基本原则是指贯穿于行政程序的基本准则和内在精神，其具有普适性，其他行政主体都应遵循该原则精神。实践中，《学位法（草案）》第三条已经明确了公平、公正、公开原则的基本原则定位。公平、公正、公开作为该条款的内容，意味着在整个学位法中都要遵循公平、公正、公开原则，学位授予作为《学位法（草案）》的重要组成部分，当然也要遵循公平、公正、公开原则，高校要贯彻落实基本原则的内涵，将公平、公正、公开原则贯穿学位授予全过程。高校学位授予过程中，内设机构应然的要按照公平、公正、公开原则进行审核或者表决。公平、公正、公开原则不仅要落实到内部机构工作环节中，也要体现在高校自行制定的学位授予实施细则中，高校根据学术自主权制定的学位授予实施细则，需严格按照行政法公平、公正、公开原则的最低限度进行规定，制定具有普适性、基础性的操作程序。

（二）高校学位授予程序遵循公平原则的要求

从行政法层面分析，公平原则主要是行政机关在行使自身权力的过程中如果可能对法人、组织或者公民产生利害关系，则需要当事人各方放在同等位置，对国家、集体和个人的关系进行处理。[①] 高校学位授予中，学位申请者的权利保障是重中之重，如果学位申请者的权利受到损害，则会导致学位授予程序如同虚设。而公平原则的特点就是平衡授予主体与学位申请者之间权利与义务。在授予程序中，学位申请者处于弱势地位，遵循公平原则是对强势一方授予主体权利的限制，对弱势一方学位申请者的保护。公平原则要求学位授予制度应当体现公平合理内涵，使学位申请者参与学位授予的机会平等，保

---

① 宁华：《行政法中权利公平原则的实施探索》，载《法制与经济》2018 年第 10 期。

障学位申请者能够在满足学位授予条件的前提下,避免遭受具有法律授权的学位授予主体损害。论文答辩委员会和学位评定委员会的决议直接影响到学位申请者能否获得学位的结果,故两个内部机构的决议公平是能否展现学位授予程序公平性和学位申请者权利是否遭受侵犯的决定性因素。因而,公平原则要求两个内部机构的成员在进行答辩和审核过程中,树立公平理念,遵循公平原则,内部机构成员组成结构比例合理,按照法律法规的规定进行表决和审核。高校作为学位授予的主体,应当构建宏观的公平体系,从校内制定学位授予实施细则到处理学位授予程序事务,再到授予结果,均应当将公平原则贯穿其中。

(三)高校学位授予程序遵循公正原则的要求

公正原则基本精神要求行政主体及其工作人员办事公道,不徇私情,平等对待不同身份、民族、性别和不同宗教信仰的行政相对人,这就要求行政机关作到依法办事,不偏私;合理考虑相关因素,不专断;不单方面接触;不在事先未通知和听取相对人陈述、申辩意见的情况下作出不利决定。[1] 公正原则在高校学位授予中体现为实体公正和程序公正,实体公正要求高校在学位授予制度中要依照法律法规的规定进行学位授予。高校脱离法律规范进行学位授予,在一定程度上会因没有法律限制掺杂一些人为情感,或者受到其他因素的干扰,无法对所有学位申请者要求一致,易出现不公现象,这样势必会导致学位申请者不满的现象发生。如学位委员会成员不依法办事,很有可能因为自身职务原因谋取私利,导致对学位申请者无法正常获得学位。平等对待学位申请者,无论是何种原因,高校应当具有坚守公正原则的底线思维,杜绝一切走后门现象,任何人都应依据法律法规办事。高校应在学位授予中考虑合理性的相关因素,公正原则要求高校在作出不利决定时,不能出现掺杂主观意识独断的现象,应当在考虑综合因素的前提下权衡利弊,不同情况下应当把握轻重缓急,再根据不同因素去客观合理的作出决定。

程序公正则要求高校自身与学位授予具有利害关系,学位授予过程有争议时,要及时遵循回避制度。在与学位申请者处理相关学位事务时,要做到不单方面接触,否则会出现高校学位授予工作人员自身陷入先入为主的考量状态,从而影响学位授予决定的公正。当高校作出不利决定时,应做到事前通知学位申请者,听取其陈述、申辩,不能在事前未通知,未听取陈述、申辩时作出不利决定,否则高校易出现片面和偏差的决定,损害学位申请者的合法利益。

(四)高校学位授予程序遵循公开原则的要求

"就高校信息公开而言,高校信息公开基本原则应贯穿于高校信息公开各项制度的始终,并指导着高校信息公开制度的制定与实施。"[2]公开原则作为高校行政制度的基本

---

① 参见姜明安:《行政程序研究》,北京大学出版社 2006 年版,第 12—14 页。

② 马怀德、林华:《论高校信息公开的基本原则》,载《甘肃社会科学》2014 年第 3 期。

原则,学位授予信息应属于高校信息公开的范畴,其直接指导着学位授予的展开。从学校层次来讲,公开原则要求高校应当主动公开学位授予中的相关信息,以保障学位申请者或者其他相关人的知情权为前提。即学位授予信息应做到"以公开为原则,以不公开为例外"。从学院层次来讲,学位授予制度中具体实施学位授予实践的是各个二级学院,那么二级学院应当厘清校级信息公开与院级公开的程序,公开原则要求学院应当在保障学位申请者前提下,做到主动公开学位授予过程中的信息,构建院务公开全透明体系。

从信息公开的方式来看,《中华人民共和国政府信息公开条例》设置了政府信息公开的两种方式:主动公开和依申请公开。无论是主动公开还是依申请公开的规定都蕴含着政府信息服务于人民群众的立法目的的要求。[①] 高校学位授予具有类似于行政行为的属性,故政府信息公开一般性规定同样也适用于高校学位授予制度,学位授予中的信息大部分是依据主动公开原则,依职权向学位申请者或者社会公众公开。学位信息公开在不同程序具有不同的信息公开要求,其相对于一般行政信息公开具有学术特殊性。在一般情形下,涉及国家秘密、商业秘密和个人秘密的信息不予公开。但是在学位授予中,学位授予决定的作出直接与学位评定委员会专家相联系,因此专家的决定对于结果的利弊有着至关重要的作用,专家在作出决定后所呈现的结论性信息应当归属公开范围内,一方面保障学位申请人对于学位授予审查结果的知情权;另一方面同样监督专家不能凭借主观思想随意作出结论性信息。在专家评审环节,也应对评阅人的评阅类信息进行公开。在答辩环节,答辩委员会的组成以及评议规则应公开,在最终公布决定结果时可以向学位申请人说明评议相关情况。

三、高校学位授予制度中适用公平、公正、公开原则存在的问题

公平、公正、公开原则作为行政法的基本原则,其掌握着在法律循序范围内的最低限度标准。但是随着高校制度的不断制定推新,涉及学位授予制度越来越具有复杂性,在具体实施中仍然存在很多问题,以致学位授予制度体现出不透明、不公正、显失公平的情况,导致在司法实践中关于学位纠纷案件越来越多。

(一)学位申请者学位授予标准显失公平

如"中山大学新华学院与刘某某不授予学士学位决定纠纷上诉案"[②],由于刘某某先前收到过纪律处分,而新华学院规定,对作弊学生的学位授予条件相对于普通人来说更为严格。因而,对刘某某本人来说,与其他普通人的学位授予标准不同,违反了公平原则。学位授予标准作为衡量高校学位授予是否公平的一项重要指标,其关系着学位申请者能否得到一视同仁的学位授予环境。由上述案例反思,高校将与学术无关的事由与学

---

① 黄梅兰:《政府信息公开的有效性》,载《国家行政学院学报》2010年3月。
② 见广东省广州市天河区人民法院(2015)穗天法行初字第669号行政判决书。

位授予相挂钩,给予了学位申请者更为严格的学位授予条件,相比与普通学位申请者更为苛刻的要求,其做法违反了公平原则中"将相对人放在同等位置"的价值观念,该做法会导致学位授予制度失去"公平授予"的良好环境。

(二)学位授予结果显失公正

高校学位授予有关的司法案例中,仍然存在着学位授予结果显失公平的现象,这表明我国高校学位授予制度适用公正原则仍未完全落实。在"张某某诉中原工学院信息商务学院案"[①]中,中原工学院在作出处分决定之前,没有听取张某某的陈述、申辩,作出处分之后没有告知其救济途径,直接影响到张某某的学位授予结果,中原工学院的做法违反了公正原则,损害了学位获得者张某某的合法权益。事先通知和听取相对人陈述申辩是实现公正原则的保障,反之根据上述案例,高校未事前通知和听取相对人陈述申辩,无法使学位申请者对学位授予行为有所认识和理解,无法为自觉履行学位授予行为之确定的义务进行必要的准备,那么会出现学位授予的片面性和可能的差错,容易出现授予决定偏差甚至错误的现象。该部分与正当程序原则内容基本一致,两者均是为了保障学位授予程序公正和实体公正。

(三)高校学位授予信息公开制度不全面

高校学位制度公开原则主要体现为过程公开、决议公开、结果公开、信息公开以及相关机构人员信息公开。而在学位授予实践中,高校未对公开原则贯彻到位,未对学位授予的各方面进行公开,导致学位授予制度中存在不透明、半透明现象。首先在学位授予政策方面,部分高校在学位授予准备工作中,不主动公开该校校内的学位授予实施细则,使学位申请者无法得知学位授予权力来源以及相关学位授予要求,无法给予学位申请者充足的准备条件,导致在不知情的前提下提交了错误的学位申请;其次是学位授予行为公开,高校未将学位授予标准以及条件进行公开,学位申请者无法判断其是否符合学位申请条件,对学位授予程序未及时公开,未在公共场合或者高校官网对学位授予流程进行阐述,使学位申请者对于学位授予关键节点无从得知;最后是学位授予信息公开,高校未对学位评定委员会以及论文答辩委员会组成人员进行公示,未将学位授予结果公布于众,无法受到大众的监督,高校在实际公开学位申请信息时,随意扩大公开信息范围,将不必要公开的信息公示于公众,侵犯了他人的个人信息,违反公开原则。

四、高校学位授予制度中适用公平、公正、公开原则的优化路径

高校学位授予制度中,坚持公平、公正、公开原则的最低限度底线,严格遵守法律法规所规定的公平、公正、公开原则相关内容。高校应当做到学位信息公开,构建学位信息

---

① 见河南省郑州市中级人民法院(2017)豫 01 行终 836 号行政判决书。

平台,能够及时、有效、透明地向学位申请者公开学位信息,使学位申请者能够掌握自身学位信息动向,为学位申请者的知情权提供保护。高校应当营造公平的学位授予氛围,使学位申请者享受平等的学位获得权,破除以考试作弊等诚信原因出现不同学位授予标准,导致学位申请者无法获得学位的现象。将公正原则的内涵落实到学位授予过程中,各个环节均应当做到审核公正、决定公正,学位评定委员会作出不利决定时,事前告知学位申请人享有陈述、申辩的权利,事后应向学位申请人及时送达相关决定,告知其救济途径,避免高校学位授予权如同虚设,使学位申请者在自己的学校受到不公正的现象。高校应当针对学位授予设定公平、公正、公开原则相关规定,使授予学位的内部机构严格按照该规定实施学位授予行为,做到有规可依,学位申请者同样可以通过该规定对自身学位获得权进行救济。公平、公正、公开三部分属于一个有机整体,高校学位授予在落实该原则时,不能单纯地将三个部分进行割裂,要将"三公"原则融会贯通,做到既有公平,也有公正,还有公开。学位授予机构内部成员作为学位授予的具体决定者,应当定期学习"三公"原则的内容,培养"三公"原则精神,让高校学位授予"三公"原则不仅在程序中体现,也应当在实际操作者中体现。

第五节　禁止不当联结原则

一、禁止不当联结原则在高校学位授予制度中的内涵

禁止不当联结原则当前并未被写入我国行政法基本原则的序列中,但在我国台湾地区等已经有禁止不当联结原则应用的先例。对于禁止不当联结的概念存在两种观点:一是将行政手段与目的相对应,两者之间存在不当联系,如程明修教授主张此种目的与手段间有合理之联结关系,即为禁止不当联结原则。[①] 二是行政机关作出的行政行为与相对人之间的给付行为的不当联结,如林锡尧主张禁止不当结合原则系指行政机关的行政行为与人民的给付间,并无实质的内在关联者(特别从法律授权观察),则不得互相结合(即不得互相有依存关系)。[②] 对于以上概念的界定,第一种学说所涉及的适用领域过于宽泛,无法体现出原则性内容的特色,反观第二种学说突出禁止不当联结原则的独特内涵,区别其他行政法基本原则,具有自身体系性。第二种学说可以解释为"只有行政机关以某一行为的作出或不作出作为手段要求相对人履行与该行政行为不相关的义务才构

---

① 程明修:《论行政目的》,台湾:三民书局出版 1994 年版,第 62 页。
② 林锡尧:《行政要义》,台湾:元照出版有限公司 2006 年版,第 80 页。

成不当联结。"①

综上所述,虽然不当联结原则未被规定至行政法中,但是其所调整行政机关与相对人的基础关系可以运用到高校学位授予当中,为高校学位授予提供原则性规范指南。具体而言,禁止不当联结原则调整高校作出学位授予行为与学位申请者之间的法律关系,目的是保障学位申请者学位获得权的合法权益。随着学位纠纷案件的不断增加,高校将学术标准与非学术标准带有混淆性地运用到学位授予中,尤其是将非学术标准作为学位授予条件,导致学位授予出现违反法律规定的现象,而禁止不当联结原则可以有效地阻止高校随意将非学术标准作为衡量学位申请者能否获得学位的条件。

高校自身具有学术自治权,可以在法律允许的范围内制定校内的学位授予实施细则,在制定过程中,各个高校都有自身不同的办学目的和教育理念,可以在不违反上位法的基础上设置更高的学位授予标准,但是高校在具体设置时,不能超出相关学科要求范围,要设置具有关联性、实质性的标准,不能随意扩大非学术标准范围,这是不违反禁止不当联结原则的具体体现。

二、禁止不当联结原则在高校学位授予制度中的基本要求

(一)禁止高校要求学位申请者履行不相关的义务

禁止不当联结原则要求高校不能以《学位条例》《学位条例暂行实施办法》之外的其他因素,为学位申请者增设与学位授予不相关的义务,从而作出不授予学位的决定,否则构成行政手段与目的不当联结。不相关义务的界定,即高校应考虑是否作出学位授予决定与学位申请者获得学位之间必要联结性,比如《学位条例》第五条规定,阐释硕士研究生能够被授予学位的条件,即:"在本门学科上掌握坚实的基础理论和系统的专门知识;具有从事科学研究工作或独立担负专门技术工作的能力。"博士研究生能够被授予学位的条件,即:"在本门学科上掌握坚实宽广的基础理论和系统深入的专门知识;具有独立从事科学研究工作的能力;在科学或专门技术上做出创造性的成果。"尽管博士研究生比硕士研究生学位授予条件多了一项,但是两者的授予条件大致相同,均分别在掌握专业知识、科研能力、创造性成果方面进行规定。实践中高校将某些考试证书或者考试成绩之外的其他成绩作为学位授予条件。比如"何某某诉重庆第二师范学院不予授予学位上诉案"中,该高校将非计算机专业的学位授予与计算机等级考试挂钩,对于未通过计算机等级考试二级的学生,学校不予授予学位,一审判决撤销该校不予授予学位的决定,二审法院维持一审判决。② 重庆第二师范学院就对非计算机类学生学位授予条件进行限定,将二级计算机证书作为学位授予的条件,为普通类学生增加了上位法学位授予条件之外的因素,将学位授予与取得二级计算机证书进行不当联结,侵害了学生的合法权益。

---

① 王留一:《禁止不当联结原则:内涵界定与司法适用》,载《福建行政学院学报》2017 年第 4 期。
② 见重庆市第五中级人民法院(2020)渝 05 行终 514 号行政判决书。

（二）高校明晰学生管理与学位授予的关系

高校学生管理主要是指公立高校通过学籍管理、活动管理、奖惩管理、助学管理、行为管理以及就业管理等具体的管理方式对学生从入学到毕业阶段内的学习和活动进行指导、阻止、协调和控制的总称。[①] 因此，高校学生管理与学位授予属于两个不同的领域，学生管理内容可以作为学位授予的参考依据，但是不能作为学位授予的必要条件。

高校学位授予制度中要正确把握学生管理与学位授予之间的关联性，学位授予属于行政管理的范畴，通过法律授权而来的权力，不能与学校学生管理的内容混淆。禁止不当联结原则要求高校应当严格按照法律规定设定学位授予标准，不能将学校校纪校规与学位授予相联系，两者之间不具有同一的权力属性。比如高校在学位授予中，所作出的不授予决定是以学位申请者之前的考试作弊给予纪律处分为由，那么高校就将诚信、道德方面的内容与学位授予条件相关联，处分属于学校学生管理体系的惩罚，不应当被运用到学位授予条件当中，学位申请者的学位授予机会被学校学生管理体系所影响，存在行政行为与相对人义务关联的不当性，此时高校的做法违背了禁止不当联结原则。

三、高校学位授予制度中适用禁止不当联结原则存在的问题

对于禁止不当联结原则来说，高校学位授予中存在违反该原则的现象，比如根据学术自治原则，高校对自主制定的学位授予实施细则中非学术性标准进行随意扩大解释，完全脱离了法律法规所规定的范围，高校学位授予标准所产生的义务与学位申请者应履行的义务不具有实质关联性，损害学位获得者的个人权益，或者衡量相对人的学位获得条件不属于学位授予范畴，与学位授予无直接联系。在司法实践中仍有大部分违反禁止不当联结原则的学位纠纷案件。

（一）高校要求学位申请者履行与学位授予不相关义务

学位申请者义务的履行应当与学位授予所产生的义务相联系，而在司法案例中仍存在此不当联结现象。杨某系济南大学 2006 级本科生，2007 年因打架受到留校察看处分，2008 年留校察看处分被撤销，2010 年，济南大学向杨某颁发毕业证，但以曾受过留校察看处分为由，拒绝向杨某颁发学士学位。[②] 高校在制定工作细则的过程中，基于其办学的要求和教育目的，可以在其自治范围内制定更高的学位授予标准，但高校自己制定的学位授予标准应当符合相应学科或专业要求，具有实质关联。[③] 在该案件中，杨某因打架被学校记留校察看的处分，打架行为获得留校察看处分并无不当之处，但是将打架被留校

---

① 贾辉：《依法治校背景下高校学生管理法治化》，载《思想理论教育》2017 年第 1 期。
② 见山东省济南市市中区人民法院 (2010) 市行初字第 61 号行政判决书。
③ 魏海深：《高校学位授予司法审查禁止不当联结原则的适用——以赵某文诉济南大学不予授予学位案为切入点》，载《河南财经政法大学学报》2023 年第 4 期。

察看作为不能获得学位的条件,该做法是不合理的。打架被留校察看属于因学术水平问题及思想品德之外的其他不当行为而受到的处分,学位申请者应当履行因违反纪律所产生的义务,与授予学士学位所产生的义务不具有实质性联系,高校不能将学位授予产生义务与其他原因所产生的义务建立联系,否则构成不当联结。由此可知,如今学位纠纷案件中出现高校学位授予的义务与非学术的原因所产生的义务相联系,使学位申请者履行义务的不对等,将其他原因不当联结至学位授予当中,该做法不妥当。

(二)学校管理与学位授予相混淆

高校管理制度与学位授予属于高校两个独立领域的管理,而在具体事件中,部分高校易将二者混淆,导致学校管理制度与学位授予制度相交叉,产生错误的联系。在中山大学新华学院与刘某某不授予学士学位决定纠纷上诉案中①,2013 年原告刘某某在考试过程中违反考场纪律,被监考老师发现。后新华学院依据《学籍管理办法》给予刘某某严重警告处分,因刘某某考试作弊,同时在之后的学习中成绩落后,该校学位评定委员会不建议授予其学士学位,决定不予授予刘某某学士学位。

根据《中华人民共和国教育法》第二十三条②、《学位条例》第二条和第四条规定③以及《普通高等学校学生管理规定》第五十三条的规定④,学位授予是高校代表国家权力对于学位授予申请者的学术水平的评价和确定,不授予学位行为并未被列入相关法律法规的纪律处分类别中,因此是否进行学位授予行为应当与学位申请者的学术水平或者科研能力相关联,不能与属于学校管理的处分行为相关联。本案中,新华学院将学校管理与学位授予领域相混淆,将学生作弊与学位授予相关联,违反了学位授予设立的目的,作为手段的作弊行为与学位授予目的不具有关联性和必要性。

我国高校学术自治包括教学、科研等方面的自治,而学位授予也属于学术自治的范畴,但是并不包括学校管理自治(行政自治),学校管理与学位授予是属于不同的权利属性范围,将违反学校管理作为不授予学位的前提要件,违反禁止不当联结原则,这样会将学位授予的实质意义大打折扣,从而影响高校整体管理框架,不利于学术氛围的营造。

---

① 见广东省广州市天河区人民法院(2015)穗天法行初字第 669 号行政判决书。

② 《中华人民共和国教育法》第二十三条规定:国家实行学位制度。学位授予单位依法对达到一定学术水平或者专业技术水平的人员授予相应的学位,颁发学位证书。

③ 《学位条例》第二条规定:凡是拥护中国共产党的领导、拥护社会主义制度,具有一定学术水平的公民,都可以按照本条例的规定申请相应的学位。第四条规定:高等学校本科毕业生,成绩优良,达到下述学术水平者,授予学士学位:(一)较好地掌握本门学科的基础理论、专门知识和基本技能;(二)具有从事科学研究工作或担负专门技术工作的初步能力。

④ 《普通高等学校学生管理规定》第五十三条:"学校对学生作出处分,应当出具处分决定书。处分决定书应当包括下列内容:(一)学生的基本信息;(二)作出处分的事实和证据;(三)处分的种类、依据、期限;(四)申诉的途径和期限;(五)其他必要内容。"

四、高校学位授予制度中适用禁止不当联结原则的优化路径

高校在学位授予制度中,应当严格遵循上位法的规定制定校内的学位授予实施细则,构建出一套严谨的学位授予体系,不能随意将类似于纪律处分等诚信、道德的条件加入学位授予条件中,这样势必会导致学位授予的学术评价属性不纯粹,逐渐趋于学校管理体系,这样的做法对于学校学术建设以及学生管理制度建设具有不利影响。高校在作出学位授予中不利于学位获得者的决定时,作出不利决定的依据与学位获得者应履行的义务应当具有相关性,以此来避免违反禁止不当联结原则现象发生,作出的不予授予学位决定应当考虑到是否有助于上位法关于学位授予行为立法目的的实现。高校在学位授予中,根据自身学术自由的权利,应赋予学位申请者法律法规允许范围内的义务,不能设定独立于法律法规允许范围之外的义务,即法定的学位授予条件之外的其他条件。

正确贯彻禁止不当联结原则过程中,应当与比例原则中适当性原则作出区分,二者在内容上都强调学位授予行为手段与学位授予目的实现之间的联系,即手段与目的的联系,而在本质上,禁止不当联结原则偏重"质"的关系,即是否存在手段与目的不当联结;比例原则侧重于"量"的关系,即手段与目的超出不必要范围的量。因此高校学位制度在行为与目的之间着重区分两个原则性质,能够更准确地判断学位授予行为正确与否。

第六节　比例原则

一、比例原则在高校学位授予制度中的内涵

比例原则是指行政机关在实施行政行为时,应当全面权衡有关的公共利益和个人权益,采取对公民权益造成限制或者损害最小的行政行为,并且使行政行为造成的损害与所追求的行政目的相适应,又称为禁止过度原则或者最小损害原则。[①]

比例原则具体内容包括适当性原则、必要性原则、狭义比例原则三部分。适当性原则是指行政机关在合理范围内进行行政活动,根据行政行为的目的性特征作出相应的行政决定,不得过度损害行政相对人的合法权益;必要性原则是指行政机关可以采用手段达成行政目的时,应选择对人民权益损害最少的手段;狭义比例原则是指行政机关采取的措施与其所欲达到的目的之间必须合比例或相称,即采取某一行政措施所造成的损害

---

① 马怀德:《行政法与行政诉讼法》(第5版),中国法制出版社2015年版。

与其获得的利益不能显失均衡。①

高校学位授予制度遵循比例原则的内容为：一是高校作为法律授权的行政职权组织，开展学位授予要符合法律规定的学位授予目的，在其范围内作出是否对学位获得者进行学位授予的决定，高校学位授予行为需有助于整体学位授予目的的实现；二是高校在作出对学位申请者不利的决定时，应当考量学位申请者的综合因素以及相关规定，选择对学位申请者损害最小的方法作出决定；三是高校作出对学位申请者不利的决定时，应当平衡所追求的学位授予决定效果与学位申请者受到侵害程度之间的利害关系。将三个子原则纳入其中表现为：适当性原则解决高校学位授予"手段之多少"的问题；必要性原则解决的是学位授予"手段之彼此"的问题，狭义比例原则解决的是学位授予"手段之有无"的问题。②

二、比例原则在高校学位授予制度中的基本要求

(一)适当性原则要求高校学位授予手段应有助于授予学位目的实现

适当性原则是指行政主体的行为和行政目的之间要有关联性，即要求行政手段能够实现行政目的，而不能是手段和目的毫不相干。③ 高校学位授予中，学位申请者往往因违反了校纪校规受到处罚，高校根据相应的学校规章作出不予授予学位的不利决定，该决定的目的是达到教育目的以及树立严格的学术标准，营造良好的学术氛围。而高校在作出该决定时，所运用的手段不尽如人意，随意将与学位授予条件不相关的因素考虑进学位授予中，导致与理想中所要达到的学位授予目的相违背，造成不良影响。那么适当性原则要求高校在进行学位授予时，严格按照法律、法规以及学校规章制度等要求，面对学位授予决定的复杂性环境，运用合目的性的考量思维，作出合目的性的学位授予决定，避免过度损害学位申请者的合法权益。高校应重点考虑所认定的学位授予条件是否可实现学位授予目标。适当性原则还要求高校遵循"能不处罚就不处罚"的精神，因当高校作出不利于学位申请者获取学位的决定后，势必会影响学位申请者毕业以及毕业后就业等一系列问题，稍有不慎会为学位申请者带来严重的后果。故高校在作出不利决定时，应当考虑不利决定所带来的后果是否严重，不能因学位申请者一些小的瑕疵就轻易作出不授予学位的决定。

(二)必要性原则要求高校遵循最小侵害

高校学位授予的相对人被限定为特殊申请人，即学位申请者之前因做出与高校教育

---

① 周佑勇：《行政法总则中基本原则体系的立法构建》，载《行政法学研究》2021 年第 1 期。
② 参见梅扬：《比例原则在给付行政中的适用》，载《财经法学》2020 年第 4 期。
③ 崔梦豪：《比例原则在行政诉讼中的适用———以 28 个典型案例为分析对象》，载《财经法学》2019 年第 2 期。

理念相违背的行为,高校给予其不利于获得学位的相关处罚,同时高校对该处罚具有多种选择,当高校在考虑此处罚结果,对学位申请者作出不授予学位时,应当考虑必要性原则,选择对学位申请者不利影响最低、损害最小的处罚,"不授予学位、撤销学位属于高校惩戒,是对学生权利的限制,因此在设置相关授予标准时,应当符合必要性的要求"①。具体的情形中,因相对人考试作弊,高校给予该相对人处分时,应选择相对损害最小的处分类型,高校对相对人的处分要有必要性、适当性,处罚的结果与违反校规的情形相适应。高校在学位授予中也不能滥用必要性原则,如果仅有一种处罚方式,那么就不能适用必要性原则。

(三)狭义比例原则要求手段与目的相平衡

狭义比例原则是衡量行政措施实现公共利益的效用与其对公民合法权益所造成的损害之间大小关系的一个标准。狭义比例原则要求高校作出不授予学位决定时,应考虑到不利决定所带来的后果是否与侵害学位申请者程度成正比例。作出不授予学位决定具有惩罚性目的,而当该惩罚性决定所带来的后果与学位申请者所遭受的损害成反比时,那么高校此种方式与教育理念相违背,处罚的手段会对学生带来不必要的侵害,而且这一侵害远远超出了处罚手段本身的价值,无法达到理想的惩治目的。具体而言,如高校对考试作弊的学生进行规定要实施严厉处罚,其目的是营造学校良好的学风。而在实际操作中监考老师面对学校严厉的制度,心理上会对考试作弊的学生有放纵心理,那么该处罚制度就如同虚设,作弊的现象越来越多,其效果也适得其反。高校作出了严重的纪律处分,则会影响学生的受教育权、学位获得权以及就业权,高校的做法所导致的损害远远大于惩治学生作弊的目的,则该做法不符合狭义比例原则,破坏了惩罚与学生权益的平衡。

三、高校学位授予制度中适用比例原则存在的问题

比例原则作为高校学位授予制度的限制性原则,具有保障学位申请者的功能,但是在司法实践中,很多高校还是会出现很多违反比例原则的现象,不仅会在学位授予条件上违反比例原则,也会在涉及因高校学术自由权,而做出不授予学位决定的问题。

(一)手段与目的不相适应

在一些高校学位授予过程中,高校拟实施的学位授予行为,未在衡量利弊的前提下实施学位授予行为,对实现学位授予的目的不具有适当性和必要性,并且所产生的损害要大于学位授予本身的利益,高校采用了超过学位授予目的需要的过度措施,增加了学

---

① 杨铜铜:《高校学位授予标准的合法设定——兼论〈学位条例〉的修订》,载《东方法学》2020年第3期。

位申请者的损失。比如在武某诉华中农业大学教育行政行为纠纷案中①,华中农业大学武某在参加课程考试时与同学陈某邻座,因陈某偷看抄袭武某答卷,监考老师没收了武某和陈某试卷。学校以武某未予制止构成协同舞弊为由,给予武某警告处分。最后以武某课程考试作弊受警告处分为由,不授予武某硕士学位。从基本原则的角度而言,该做法违反比例原则,华中农业大学的处分其本质不具有适当性,武某考试的行为无任何积极作弊情况,作弊情节轻微,学校可进行口头批评等同类做法。而给予的警告处分所带来的后果明显大于作弊行为本身的后果,华中农业大学最终以武某考试作弊为由,作出不授予学位的做法违反狭义比例原则,案件中的"协同作弊"同样无法界定,武某的作弊行为达到了何种程度无从得知。而华中农业大学仅以武某协同作弊的理由给予了警告处分,并且以武某收到处分为由作出不授予学位的决定,严重侵犯了学生的受教育权,所作出的不授予学位决定明显过于行为目的,武某的错误与得到的惩罚不具有正当性。

从上述案例可知,高校实施学位授予行为时所考量的因素不具有全面性,不加以斟酌地将纪律处分问题强行与学位授予建立联系,并且纪律处分与不授予学位属于两个层面的管理,前者是约束管理,后者是关系就业等重大事情,而高校将前者直接作为后者的直接条件导致学位申请者无法获得学位,那么该做法不具有适当性和必要性。

(二)学位授予缺乏必要性

学位申请者作为高校学位授予制度中的"被支配者",应当受重点保护。但在高校学位授予制度中,学位申请者往往以"被侵害"方出现,高校作出学位授予行为时往往会将不必要的侵害扩大,导致学位申请者承受不应当出现的侵害,不授予学位行为与学位申请者之间存在不必要性。高校在选择某种授予根据或者作出某种授予行为时,错误选择方式,导致对学位申请者产生过大的侵害,产生不必要的损失。比如柴某某诉上海大学案②,原告柴某某毕业论文经论文答辩委员会审核,最终答辩意见为建议授予博士学位。在读期间,原告在南大核心期刊上发表了学术论文,并在全国性学术会议"中国商法年会"上发表了会议论文。被告却以原告发表的核心期刊学术论文数量不符合经济学院的科研量化指标为由,未组织学校学位评定委员会对原告的博士学位申请进行审核评定,未出具法定答复,最终也未授予博士学位。上海大学该做法缺乏法理上的必要性,未将侵害降低至最小。柴某某在形式上学位授予条件已满足,但其选择在未告知情况下不予回复,最终柴某某无法获得博士学位。上海大学在未考虑综合因素、未采取损害最小的方式前提下,所表现的不予答复会直接导致柴某某无法获得博士学位。该做法所造成的侵害已然超出实现学位授予目的需要,未选择对柴某某损害最小的措施,违反了必要性原则的"侵害最小"的规范。不授予学位属于高校惩戒方式的一种,属于对学位申请者的

---

① 最高人民法院行政审判庭:《中国行政审判指导案例(第1卷)》,中国法制出版社2010年,第43页。

② 见上海市浦东新区人民法院(2019)沪0115行初362号行政判决书。

一种限制,故学校在作出不授予学位行为时应当符合必要性。学校在作出不利决定时,也应当考虑其他因素综合考量,不能片面地只凭单一因素就作出不授予学位的行为,这样势必会造成不必要的侵害,无法将行为带来的侵害降低至最小。

四、高校学位授予制度中适用比例原则的优化路径

高校学位授予制度要正确贯彻比例原则内涵,应当在外部和内部都要树立比例原则的标准。首先,高校要依据《学位条例》与《学位条例暂行实施办法》所规定的内容制定符合学校自身特色制定校内学位授予实施细则,而制定的内容应当符合上位法规定。依据比例原则中三个子原则的规定,校内所制定的学位授予实施细则,不得制定与上位法存在不必要联系的内容,各高校的学位授予实施细则所要实现的目的,应当符合上位法内容所要告知的必要性精神,要全面释明制定学位授予条件。特别是实施不予授予学位的不利行为时,高校要自我检视,判断该不利行为是否能达到相应的学位授予目的或者目标,如无法实现,应及时撤回。应当规定对学位申请者损害最小的条件,将不利影响控制在可行性的范围内,与学位申请者所遭受的侵害降低至最小影响。其次针对学位授予中的内设机构,在审核论文的过程中,应当按照相关规定进行审查,不应将与学位授予条件之外的其他条件当做学位授予标准,要做到手段与目的具有关联性,达到比例原则中适当性原则的标准。而在审核学位获得者的学位授予条件时,又不能较为单一地去考虑学位申请者是否符合学位授予条件,应当考量综合因素,否则所做出的不利决定会影响学位申请者的受教育权、就业权等,造成严重后果,不符合高校教育的目的。故高校在学位规章制度与学位授予实质过程中应当受到比例原则的限制。

本章小结

本章对高校学位授予制度的基本原则进行分析和阐释。高校学位授予制度的基本原则作为学位授予制度的价值引领规范,具有普适性,任何高校的学位授予行为都应严格遵守基本原则理念及价值引领。通过司法案例分析可知,当前我国高校对学位授予制度的运行过程中,仍存在超越基本原则底线,私自扩大学位授予标准,作出错误不授予学位决定,侵害学位申请者合法权益等现象。高校应关注学位授予过程本身,重视在司法案例中所存在的原则性问题,以法定原则为最低底线,以公平、公正、公开原则为联结链条,以正当程序原则作为程序保障,以禁止不当联结原则与比例原则作为检视高校是否正确作出学位授予行为的检测机制,构建完整且严谨的高校学位授予制度体系,以基本原则引领高校学位授予制度的发展。

第三章

高校学位管理体制

近年来,因学位管理引起的纠纷频频发生。这既表明我国司法权进一步扩大行使,触及了传统的"保留领域",也体现出全社会法律意识的逐步提高。田某案、刘某某案等揭示了《学位条例》中高校学位授予在主体权限、程序正当、权利救济方面的诸多问题,而西北政法大学"申博"案则表明我国学位管理体制的法治化势在必行。整体而言,这些实践案例已充分反映出制度供给不足的问题。这即是说,我国自1981年来以《学位条例》为核心建立的学位制度已无法匹配中国当今高等教育的发展而亟待完善。其中,以高校为核心的授予单位是当前我国三级学位管理体制中定位最为特殊的层级,因为它"与不同社会主体之间都形成了一定的密切关系,与诸如政府、国务院学位委员会、省级学位委员会、教师、学生以及其他社会组织等主体都有或多或少的联系,因而可谓是处于纷繁复杂的社会关系网络之中"[①]。同时,它也是与学位申请者直接产生学位授予等一系列法律关系的核心主体。但是,高等院校也并非是一个独立主体,而有着复杂的内部组织。事实上,也正是这些内部组织真正与学位申请人发生着与学位有关的各种关系,而并非抽象的"高校"。因此,从法律视角来思考高校学位管理体制所涉及的相关主体及其相互关系,发现问题并予以针对性回应,对学位法律制度的整体性建构与变革具有重要意义。通过对规范、文献及案例的梳理分析可以发现,当前的体制虽然使高校实现了其对自身学位事务的正常管理,但也已暴露出许多问题。具体而言,高校在外部参与、内部系统及组织设置等方面都存在不足。对此,应当以自治、法治的理念为引领,立足现实,放眼未来,切实地完善当前的高校学位管理体制,而这也是完善中国特色现代大学制度的题中之义。

---

① 魏文松、龚向和:《学位管理权能的划分模式及其优化逻辑》,载《大学教育科学》2021年第1期。

第一节　高校学位管理体制的概念与构成

就学位管理的体制而言,谈及较多的是宏观上的学位管理体制,即国家的学位管理体制,而对于高校的学位管理体制则鲜有论述。从词义上看,尽管国家学位管理体制与高校学位管理体制存在密切联系,但二者亦存在较大区别,甚至于在指向上完全不同。因此,对高校学位管理体制这一相对陌生的概念有必要进行阐释,以明确何为高校学位管理体制,这也是对之进行研究的前提条件。

一、高校学位管理体制的概念

(一)学位管理体制

学位制度是国家为授予学位和保证授予学位的质量以及对学位工作实施有效性的管理所指定的有关法令、规程或办法的总称。[①]现代学位制度是国家选拔和培养人才的重要机制,是保障高等教育质量、规范学术发展的重要手段,是国家的重要制度。因此,现代国家也在高等教育管理领域普遍设立本国的学位制度。学位制度的基本内容主要涉及学位授予权的审定制度、学位申请者的培养制度、学位的授予制度和学位质量的评价制度。[②]在《辞海》中,"体制"则是指国家机关、企事业单位在机构设置、领导隶属关系和管理权限划分等方面的体系、制度、方法、形式等的总称,是制度形之于外的具体表现和实施形式。

综上,"学位管理体制"是指学位管理相关主体在机构设置、领导隶属关系和权限划分等方面的体系、制度。具体而言,学位管理体制是"在学位授权审核、学位授予、学位监督检查等过程中相关主体的权限划分及相互间关系的总称"[③],是学位制度的重要组成部分。学位管理体制的直观表现是相关主体设置及其相互关系,但这一体制的存在基础却在于学位管理权能。学位管理权能本属于学者社团管理的范畴,由中世纪大学在与政府、教会的斗争中得到强化,成为其法外特权。现代国家崛起后,高等教育权逐渐国家化,国家加强了对学位的管理,学位管理等权能出现了让渡;学位管理权能成了国家权力的一部分,学位管理体制也相应形成。当今欧美国家亦非直接干预大学,而是采取立法、

---

① 参见秦惠民:《学位与研究生教育大辞典》,北京理工大学出版社 1994 年版,第 3-5 页。
② 参见康翠萍:《学位论》,人民教育出版社 2004 年版,第 30-31 页。
③ 马怀德、林华:《论学位管理体制的立法逻辑》,载《教育研究》2014 年第 7 期。

经费资助和设立中介组织等方式实现对大学的管理,学位管理体制呈现宏观管理、合作共赢的特点。①

(二)高校学位管理体制

高校学位管理体制属于国家学位管理体制的组成部分。关于学位管理体制的内在构成,有观点认为:"学位授予涉及国家、教育行政部门、高等院校和学位申请者四方不同层次的法律关系。"②还有观点认为:"根据所围绕的核心问题的不同,我国的学位体制可分为学位行政管理体制和学位授予单位内部管理体制两部分。其中,学位行政管理体制是指围绕国家对学位授予单位的授权及监督而建立的一系列组织机构及所确立的职责与行为规则;学位授予单位的内部管理体制则是指被学位管理机构授权的高等学校及科研机构,围绕向申请学位者授予学位的活动所形成的组织机构及规则。"③马怀德教授则认为:"完整的学位管理体制应该包括学位行政管理体制、学位管理部门与学位授予单位的关系机制、学位授予单位的内部管理体制、学位管理部门与社会组织的关系机制等四个部分。"④

可以发现,无论以上关于学位管理体制构成的观点是否全面,它们都一致认为学位授予单位内部学位管理体制属于国家学位管理体制的有机组成。但高校学位管理体制与学位授予单位的内部管理机制又稍有不同,学位授予单位是一个更广泛的概念,其包括有学位授予权的高校及科研院所。此外,还要将本书所称高校与《高等教育法》所称的"高等学校"区分开来。《高等教育法》第六十八条明确其所称高等学校是指大学、独立设置的学院和高等专科学校,其中包括高等职业学校和成人高等学校;本书所指称高校则是指实施本科以上学历教育的高等学校。综上,高校学位管理体制主要是指有权授予学位的高等院校内部关于学位管理的体制设置的权限划分和相互关系,以及作为学位授予单位的高校与学位申请者之间的关系。

二、高校学位管理体制的构成

尽管上文直接、具体地明确了我国高校学位管理体制的概念,但在世界范围内大学内部必定均设置其学位管理体制。然而,由于不同国家在政治、经济和文化等方面的差异以及自身历史沿革,现代学位制度形态出现了分野:在国家学位制度下,学位授予资格并非大学的当然权利,大学必须经由国家的另行授权才能成为学位授予单位或者获得就

---

① 参见蒋洪池:《欧美大学与政府权能关系的演变及其对中国的启示》,载《清华大学教育研究》2004 年第 4 期。

② 王利锋:《试析我国学位法制建设的体系化》,载《中国高等教育》2007 年第 12 期。

③ 王大泉:《我国学位体制的组织特点及缺陷分析》,载《学位与研究生教育》2001 年第 7 期。

④ 马怀德、林华:《论学位管理体制的立法逻辑》,载《教育研究》2014 年第 7 期。

某学科专业授予学位的资格①；而大学学位制度下，学位授予权是大学的固有权利，获得办学许可意味着大学概括享有所有学科、专业的学位授予权，就何种学科、专业授予学位完全取决于自身②。作为学位制度的部分内容，大学的学位管理体制由于大学的自治权甚至存在更多的区别。③ 在我国，高校学位管理体制由以下两部分构成。

（一）学位管理组织

学位制度的功能旨在使学位申请、学位授予等实践活动规范化，其制度内容也必然围绕这一目的展开，而"组织是指为了有效完成特定任务而对（自然）人的职能及其相互关系所作的一种制度性安排"④。因此，为确保学位授予和学位申请活动的有效进行以及对其规范化，高等学校内部就需要直接的学位管理组织的存在。同时，正如前文所述，与学位申请人围绕学位产生一系列关系的不可能是"大学"这一抽象的主体，而高等学校内部的"学位管理组织"是学位申请人最直接面对的对象。学位管理组织与学位授予程序紧密联系，一般属于学位授予程序中学位授予方主体的有关设置。因为学位授予工作无疑是高校学位管理工作的核心内容，并且学位管理组织不可能只是静态的体制设置，它必须在动态运行中发挥作用。我国高校内部则是形成了以学位评定委员会为核心、专门负责学位管理工作的组织体制，这在国家规范及高校规定中均进行了明确，并且切实、广泛地进行了实践。

（二）学术权力组织

"近代以来的大学理念与大学法制，是以学术自由为核心的。"⑤关于学术自由的定义，不同主体基于不同视角有不同的见解，但总的来说其表现为学术活动主体在学术规范下为追求真理或传播知识的自主状态。在传统上，学术自由的意旨主要在于排除来自外部的公权力侵害，⑥但适当的组织形式则是保障学术自由真正实现的前提条件⑦。为了保障学术自由的切实实现，落实到制度上的体现之一就是要在大学内部设立具有学术权

---

① 参见湛中乐、李烁：《学位形态变革与〈学位法〉的制定》，载《行政法学研究》2020年第3期。

② 参见杨华贵：《我国高等教育供给侧改革：从院校评估到专业认证》，载《黑龙江高教研究》2018年第11期。

③ 鉴于各国体制设计较为烦琐，笔者不再赘述。参见蒋洪池：《欧美大学与政府权能关系的演变及其对中国的启示》，载《清华大学教育研究》2004年第4期；谭晓玉：《学位法律制度的国际比较》，载《中国教育法制评论》2013年；申素平：《学位立法的国际比较与借鉴》，载《学位与研究生教育》2004年第11期。

④ ［德］汉斯·沃尔夫、奥托·巴霍夫、罗尔夫·施托贝尔：《行政法》（第3卷），高家伟译，商务印书馆2007年版，第1页。

⑤ 张翔：《学术自由的组织保障——基于〈高等学校章程制定暂行办法〉等的比较研究》，载《环球法律评论》2012年第4期。

⑥ 参见谢海定：《作为法律权利的学术自由》，载《中国法学》2005年第6期。

⑦ 参见张翔：《大学章程、大学组织与基本权利保障》，载《浙江社会科学》2014年第12期。

力的组织,以使具有一定程度学术能力的人员掌握并行使学术权力。此即学术权力组织,它也是学术权力最为典型且制度化的样态。同时,"个人学术能力评价是古典大学唯一真正意义上的学术权力,学位授予、教职人员的聘任、职称的评定等直接与学术能力评价关联。"①既然学位授予属于学术权力的范畴,那么大学内部的学术权力组织就属于高校学位管理体制的有机构成。当然,就学位问题而言,学术权力组织的权限并不局限于学位授予,与学位有关的标准制定、纠纷处理及学科与专业的学位建设等权能往往属于大学学术权力组织。因此,高校的学位管理组织其实也可归于学术权力组织的范畴之中,但由于学位工作的特殊性及我国高校发展的特殊背景,故笔者将其单独拎出。在我国,《高等教育法》对学术委员会作了初步规定,《高等学校章程制定暂行办法》(以下简称《暂行办法》)和《高等学校学术委员会规程》的颁布与实施则巩固了学术委员会在高校学术权力组织体系中的核心及最高地位,并指明了这一未来走向。

第二节　高校学位管理体制的现状与问题

作为我国教育领域的第一部法律,《学位条例》奠定了我国学位制度的法律基础,其与其他有关学位制度的法律法规当然也构成了高校学位管理体制的制度前提。这些法律规范与高校规定共同建构起高校的学位管理体制,并维系着这一现状。然而,《学位条例》已经颁行 40 余年,在《学位法(草案)》征求意见之前,距离唯一一次修订已逾 20 年。面对不断变化的现实情况,尽管国务院学位委员会及教育行政部门发布一系列文件不断推动着学位制度的深化改革,但以《学位条例》为核心建构起来的各项制度仍面临许多问题,亟待完善。

一、高校学位管理体制的现状

高校学位管理体制的核心当然是高校内部的体制设置,但对高校学位管理体制的现状进行分析还必须对高校作为学位管理关系中一方主体的外部关系进行考察。一个国家的学位制度为一个严密的有机构成体,其各部分紧密联系。我们要讨论其中一部分,便不能只考虑这一部分,而必须在宏观系统中对其审视。尤其是在我国实行国家学位制度的前提条件下,讨论高校在国家学位管理体制中的设定则成为分析内部学位管理体制的必要条件,因为讨论高校内部的学位管理体制必须明确高校学位管理权能的范围,也就必须明确国家层面对之的设定。

---

① 湛中乐主编:《高校行政权力与学术权力运行机制研究》,北京大学出版社 2018 年版,第 44 页。

（一）高校外部关系

1. 外部定位

提及高校的外部关系,府校关系无疑是核心问题;而就高校的学位管理而言,其体现为高校的外部定位。所谓高校外部定位,是指高校在国家的学位管理体制中的定位,即其被划分之权限及其与其他设置层级之间的相互关系。

首先是高校的学位管理权限。其一,高校有权授予及撤销学位。根据《教育法》第二十三条第二款的规定,高校依法对达到一定学术或者专业水平的人员授予相应的学位;《学位条例》第八条第一款、第十二条、第十三条、第十五条分别对授予学位作了更为细致的规定,并且第十四条还规定了高校有权提名授予名誉博士学位。《学位条例》第十七条则规定,学位授予单位如果发现存在舞弊作伪等严重违反条例规定的情况,经学位评定委员会复议可以撤销已经授予的学位。其二,高校负责处理与学位授予有关的异议,《学位条例》第十六条规定高校应当对非学位授予单位和学术团体关于授予学位的决议和决定的异议进行研究和处理。其三,高校也有权做出其他与学位管理有关的行为,《高等教育法》第三十七条第一款规定,高校根据实际需要和精简、效能的原则包括学术权力组织在内的内部组织机构的设置和人员配备;第三十三条则明确高校依法自主设置、调整学科和专业;《教育法》第二十三条第二款及《学位条例》第十一条规定了高校依法对符合条件的学位申请人颁发相应的学位证书。

其次,高校的层级定位。在国家层面,《学位条例》第七条规定国务院设立学位委员会,由其负责领导全国学位授予工作;第八条第二款规定,授予学位的高等学校及其可以授予学位的学科的名单,应由国务院学位委员会提出后经国务院批准公布;第十六条则规定了国务院学位委员会应当对非学位授予单位和学术团体在关于授予学位的决议和决定持有不同意见时向其提出的异议进行研究和处理;根据第十八条,国务院在已经批准授予学位的高校不能保证所授学位的学术水平时可以停止或撤销其授予学位的资格;《学位条例暂行实施办法》第十七条规定国务院学位委员会批准经学位授予单位的学位评定委员会讨论通过的授予名誉博士学位的行为。在《学位条例》颁布之初,省级的学位工作一般由其政府的教育部门负责。1991 年国务院学位委员会根据地方提议经过认真研究在第八次会议同意成立省级学位委员会;此后,16 个省级学位委员会承接了国务院学位委员会下放的部分权力;1997 年国务院学位委员会、国家教育委员会《关于加强省级人民政府对学位与研究生教育工作统筹权的意见》指出,没有建立省级学位委员会的省、自治区、直辖市可以根据需要自行建立。"截至 2003 年,全国 31 个省、自治区和直辖市(不含香港、澳门和台湾)全部设立了省级学位委员会。"[①]省级学位委员会的主要职责是

---

① 翟亚军、王战军:《省级政府学位与研究生教育管理职能的历史演进及未来走向》,载《学位与研究生教育》2012 年第 4 期。

贯彻落实《学位条例》《学位条例暂行实施办法》以及国务院学位委员会工作方针、决议和有关规定,具体包括:结合本地区情况统筹规划本地区的学位工作;制定实施办法;审批高校的学士学位授权,对已有硕士学位授予权的本区所属单位申请新增硕士学位授予学科、专业进行审批并向国务院学位委员会报备;对本地区各高校的学士、硕士和博士学位授予等工作进行管理;对本地区学士及硕士学位授予学科、专业学位授予质量以及有关学位授予单位授予在职人员硕士、博士学位质量进行检查和评估;对于不能确保所授学士、硕士及博士学位质量的学位授予单位,对前者有关学科、专业或单位暂停或者撤销其授予学位资格,对后两者则有权提出建议;负责国务院学位委员会授权和委托的其他工作。此外,教育行政部门也在学位管理方面发挥作用。

综合上述规定及实践状况,整体上高校在学位管理事务上的自主性比较有限,但这种情况也在不断变化:高校是学位授予及撤销的主体,学位授权审核则由国务院学位委员会及省级学位委员会进行;可授予学位的高校的学科专业设置也由国务院学位委员会提出、经国务院批准公布,其新增硕士学科和专业则需省级学位委员会审核,再由国务院学术委员会审批;学科设置、管理以及名誉博士授予等也被纳入国家统一的计划中;学位评定委员会组成人员名单也应报国务院有关部门和国务院学位委员会备案;学位授予单位每年应当将授予学士学位的人数、授予硕士学位和博士学位的名单及有关材料,分别报主管部门和国务院学位委员会备案;高校的学位管理也受到国务院学位委员会与省级学位委员会严格的行政监管。但是根据《博士硕士学位授权审核办法》,部分高校获得了学位授权的自主审核权;高校还可以根据需求自主撤销已有博士、硕士学位点并新增不超过撤销数量的其他博士、硕士学位点。

2. 社会参与

"谈及外部治理,人们会习惯上把它理解为政府与高校之间的关系,特别是高校的自主权问题。其实,府校关系远不是外部治理的全部,它还有个重要的维度即社会参与治理的问题。"[①]高校的学位管理亦是如此。然而,对于高校的学位管理,国家立法和高校规定似乎都不注意社会参与的维度。在国家法律规范层面,《学位条例》第十六条规定了非学位授予单位和学术团体在关于授予学位的决议和决定持有不同意见时可以向学位授予单位和国务院学位委员会提出异议;国务院学位委员会、教育部《关于加强学位与研究生教育质量保证和监督体系建设的意见》《关于进一步严格规范学位与研究生教育质量管理的若干意见》则提出发挥社会主体的监督作用;国务院学位委员会《关于在学位授予工作中加强学术道德和学术规范建设的意见》则规定了学位授予单位对于舞弊作伪行为的处理结果应在一定范围内公开以接受社会监督。除此之外,仅有《教育法》对于社会主体参与学校管理作了原则性规定。类似的是,高校章程对于社会参与高校治理也仅有模

---

① 阎光才:《关于当前大学治理结构中的社会参与问题》,载《清华大学教育研究》2020 年第 1 期。

糊规定。^①此种情形下,高校并不对社会参与自身学位管理进行明确要求,对高校规定的考察结果也印证了这一点^②。

(二)内部体制设置

1.国家立法

在国家层面,有为数不少的法律规范对于高校的学位管理体制作了原则性的规定。这些法律规范参考了国际通行做法,分别规定了直接的学位管理组织与间接的学术权力组织从而共同建构起高校学位管理体制:《学位条例》第九条规定,学位授予单位应当设立学位评定委员会,并组织相关学科的学位论文答辩委员会;《学位条例暂行实施办法》第十八、十九条对学位评定委员会的职责、组成及任期等都做了具体的规定,并明确学位评定委员会可以按照学位的学科门类设置若干分委员会协助评委会的工作。《高等教育法》《高等学校学术委员会规程》要求高校应当设立学术委员会,并且《高等学校学术委员会规程》对学术委员会的组成规则、职责权限以及运行规则都作了较为明确的规定。

(1)学位评定委员会——学位评定分委会。首先,《学位条例》第九条规定学位授予单位应当设立学位评定委员会,这是对其设置的一般性要求。《学位条例暂行实施办法》第十九条规定学位授予单位的学位评定委员会由九至二十五人组成,任期二至三年;成员应当包括学位授予单位主要负责人和教学、研究人员,学位评定委员会主席由学位授予单位具有教授、副教授或相当职称的主要负责人担任,并且获得不同学位授权的高校的学位评定委员会的组成人员的职称要求不同。在具体职责上,《学位条例暂行实施办法》第十八条规定学位评定委员会根据国务院批准的授予学位的权限履行具体职责,具体而言,组织有关学科的学位论文答辩委员会;审查通过接受申请硕士学位和博士学位的人员名单;确定硕士学位的考试科目、门数和博士学位基础理论课和专业课的考试范围,审批申请博士学位人员免除部分或全部课程考试的名单;审批主考人和论文答辩委员会成员名单;通过学士学位获得者的名单;作出授予硕士、博士学位的决定;通过授予

---

① 参见刘磊:《法律视角下的高等学校章程研究》,载《教育理论与实践》2020 年第 6 期。

② 鉴于我国高校数量庞大,笔者将我国除香港特别行政区、澳门特别行政区及台湾地区之外的31 个省级行政区大致按地理位置划分为六个区域,并从每个区域按照 1∶2∶3(“985 工程”高校∶仅“211 工程”高校∶一般本科院校)的比例选择了 36 所高校作为样本,对其学位管理体制进行考察。具体如下:北京、河北、江苏、山东、天津:北京大学、天津医科大学、苏州大学、河北大学、江苏大学、青岛大学;黑龙江、吉林、辽宁、内蒙古、山西:吉林大学、哈尔滨工程大学、辽宁大学、山西大学、内蒙古师范大学、哈尔滨医科大学;安徽、河南、湖北、江西、陕西:武汉大学、西安电子科技大学、郑州大学、安徽师范大学、河南财经政法大学、江西财经大学;福建、广东、海南、上海、浙江:浙江大学、暨南大学、上海财经大学、福建师范大学、海南医学院、上海科技大学;重庆、贵州、广西、湖南、四川、云南:电子科技大学、西南大学、湖南师范大学、广西医科大学、昆明理工大学、遵义医科大学;甘肃、宁夏、青海、西藏、新疆:兰州大学、青海大学、新疆大学、宁夏医科大学、青海师范大学、西藏农牧学院。这样既考虑了学校的地域性,又涵盖了各个层次的高校,有助于发现共性问题。

名誉博士学位的人员名单,并报国务院学位委员会批准后授予;作出撤销违反规定而授予学位的决定;研究和处理授予学位的争议和其他事项。其次,根据《学位条例暂行实施办法》第十九条第五款,学位评定委员会可以按学位的学科门类设置若干分委员会,各由七至十五人组成,任期二至三年,分委员会主席必须由学位评定委员会委员担任。这一款还明确分委员会的定位在于协助学位评定委员会工作,但对于学位评定分委员会的具体职能,国家层面的立法并未对此作出更多的规定。此外,《学位条例》第九条还规定高校组织各学科的学位论文答辩委员会,并明确论文答辩委员会的组成人员由学位授予单位遴选决定,但必须有外单位的有关专家参加;《学位条例》第十条是对论文答辩委员会职责的原则性规定,即其对申请者的学位论文进行实质性的审查并作出决议,但学位评定委员会作出最终决定;《学位条例暂行实施办法》第八、九、十四、十五条则对论文答辩委员会履行此项职能作了进一步的规定,并规定其可以对符合条件的硕士学位申请人向有关单位提议授予博士学位,及对不符合条件的博士学位申请人作出授予硕士学位的决议。但由于论文答辩委员会不属于固定构成,并且仅仅负责学位授予时对学位申请人的论文进行实质审查,所以其不属于高校学位管理体制的构成。必须指出的是,我国立法对学士学位管理体制的规定存在特别之处:《学位条例暂行实施办法》第四条规定由院系逐个审核本科毕业生的成绩和毕业鉴定等材料,向学校学位评定委员会提名符合条件的本科毕业生列入学士学位获得者的名单(或经学校同意后,由学校就近向本系统、本地区的授予学士学位的高等学校推荐);根据《学位条例暂行实施办法》第五条及《学士学位授权与授予管理办法》(以下简称《管理办法》)第十三条,学校学位评定委员会对学士学位获得者的名单作出是否批准的决议。以上就是在法律层面对于高校内部直接的学位管理组织的规定。

(2)学术委员会——学术分委会/基层学术组织。《高等学校学术委员会规程》第二条第一款对学术委员会的职能作了总则式的规定,明确高校应当依法设立学术委员会并以之为核心健全学术管理体系与组织架构,作为校内最高学术机构的学术委员会统筹行使学术事务的决策、审议、评定和咨询等职权;结合第三、四条规定,高校学术委员会在学科建设、学术评价、学术发展、学风建设和人才培养等事项上都发挥重要作用。在组成上,学术委员会一般应当按照学科和专业的构成情况由学校教授及具有正高级以上专业技术职务的人员组成,并应当有一定比例的青年教师,可以根据需要聘请校外专家及有关方面代表担任专门学术事项的特邀委员。学术委员会人数应当为不低于15人的单数,并与学校的学科、专业设置相匹配;其中,担任学校及职能部门党政领导职务的委员不超过1/4,不担任党政领导职务及院系主要负责人的专任教授不少于1/2。学术委员会设主任委员1名,可根据需要设若干名副主任委员;学术委员会可以就学科建设、教师聘任、教学指导、科学研究、学术道德等事项设立若干专门委员会具体承担相关职责和学术事务,设立秘书处处理学术委员会的日常事务。

根据《高等教育法》第四十二条及《高等学校学术委员会规程》有关规定,学术委员会的职能的具体划分则可以根据职权属性分为4种:首先,学术委员会的决定权。《高等学校学术委员会规程》第十五条规定学术委员会有权对下列事务进行审议,并可以直接作出决定:学科、专业及教师队伍建设规划,以及科学研究、对外学术交流合作等重大学术规划;自主设置或者申请设置学科专业;学术机构设置方案,交叉学科、跨学科协同创新机制的建设方案、学科资源的配置方案;教学科研成果、人才培养质量的评价标准及考核办法;学位授予标准及细则,学历教育的培养标准、教学计划方案、招生的标准与办法;学校教师职务聘任的学术标准与办法;学术评价、争议处理规则,学术道德规范;学术委员会专门委员会组织规程,学术分委员会章程;学校认为需要提交审议的其他学术事务。其次,学术委员会的评价权:学校教学、科学研究成果和奖励,对外推荐教学、科学研究成果奖;高层次人才引进岗位人选、名誉(客座)教授聘任人选,推荐国内外重要学术组织的任职人选、人才选拔培养计划人选;自主设立各类学术、科研基金、科研项目以及教学、科研奖项等;需要评价学术水平的其他事项。再次,学术委员会就咨询事项提出具有实质性效力的意见的权力;对于与学术事务相关的全局性、重大发展规划和发展战略的制定,学校预算决算中教学、科研经费的安排和分配及使用,教学、科研重大项目的申报及资金的分配使用,中外合作办学、赴境外办学及对外重大项目合作的开展,以及学校认为需要听取学术委员会意见的其他事项的决策,等等,学校应当在学术委员会明确提出不同意见后做出说明、重新协商研究或者暂缓执行。最后,学术委员会的学术纠纷处理权。根据《高等学校学术委员会规程》第十八条,学术委员会按照有关规定及学校委托,受理有关学术不端行为的举报并进行调查,裁决学术纠纷;对违反学术道德的行为依职权直接撤销或者建议相关部门撤销当事人相应的学术称号、学术待遇,并可以同时向学校、相关部门提出处理建议。此外,《高等学校学术委员会规程》第十一条第一款明确学术委员会应当根据需要在院系(学部)设置或者按照学科领域设置学术分委员会,也可以委托基层学术组织承担相应职责。虽然《高等学校学术委员会规程》明确了学术分委员会或者基层学术组织作为学术委员会的下级机构,但是其并未对学术分委会的职能进一步规定,只是规定学术委员会对之进行指导和监督。显然,立法将学术分委会或者基层学术组织的具体职能交由高校的有关章程或者学术委员会的具体授权决定。

无论是直接的学位管理组织,还是高校的学术权力组织,在国家立法层面并未对其组织架构作出更多的规定,而是将其置于高校的实践裁量之下。这是对复杂多变的现实的应对策略,亦是法的稳定性的要求;加之长期以来我国学位管理的重心不在高校,国家立法对于高校内部的学位管理的有关组织的基本架构以原则性规定为主。

2. 高校规定

前已述及,国家立法并未对高校学位管理体制的内部具体设置过多规定,而是原则性地进行规定以充分应对现实。因此,了解高校的学位管理体制必须从高校的有关章程着手。由于前一部分已从宏观上对我国的高校学位管理体制做了基本的介绍,本部分对于高校基本的学位管理体制不再赘述,而仅对高校基于国家立法所做"探索"进行梳理。

在直接负责学位管理工作组织的设置上,各高校基于国家立法进行了细化及发展。

首先,高校在体制设置上有变化。按照《学位条例暂行实施办法》的规定,分委员会属于校学位评定委员会的附属机构,但实践中大多数高校在院系单位的基础上成立了学位评定(分)委员会;显然,两者的性质并不相同。整体上,有高校完全按照《学位条例暂行实施办法》的规定设置分委员会;也有高校按照校学位评定委员会—院系(分)委员会—答辩委员会的模式设置,部分高校并未设置院系(分)委员会,而是以高校的基层学术组织代替之;更有高校还在校学位评定委员会下设置了分委员会作为附属机构,即在校学位评定委员会与答辩委员会之间设置了两层级的"分委会"(见表3-1)。此外,还有高校针对学士学位授予的相关工作设置了学士学位评定委员会作为高校学位评定委员会的专门委员会,或者由教务处承担类似职责。

表 3-1　高校学位管理组织的层级设置

层级模式	"常规两层"	"两层变种"	"三层"
高校数量	10	20	6
高校名称	北京大学、暨南大学、江西财经大学、昆明理工大学、兰州大学、内蒙古师范大学、山西大学、上海科技大学、新疆大学、遵义医科大学	电子科技大学、福建师范大学、广西医科大学、哈尔滨工程大学、哈尔滨医科大学、海南医学院、河北大学、河南财经政法大学、湖南师范大学、江苏大学、辽宁大学、宁夏医科大学、青岛大学、青海大学、青海师范大学、上海财经大学、天津医科大学、西藏农牧学院(基层学术组织代替)、安徽师范大学、西南大学	吉林大学、苏州大学、武汉大学、西安电子科技大学、浙江大学、郑州大学

其次,在职能分配上,高校章程及相关规定同样进行了进一步细化或者创设。对于校学位评定委员会的职能设置:其一,高校明确学位评定委员会负责学位授予工作相关规章、办法的制定,但在这一点上不同学校的学位评定委员会的职能权重不同;有高校将之全部授予其行使,但另有高校明确学位授予工作的有关规范应由高校的学术委员会进行审议。其二,高校规定校学位评定委员会履行学校的学科、专业学位建设方面的工作,即由学位评定委员会审议申请新增硕士、博士学位授予的学科和专业。其三,许多高校规定学位评定委员会履行对研究生导师进行遴选的职能。对于学位评定分委员会的职能,多数高校延续了《学位条例暂行实施办法》的做法,并未对其具体职能作出规范,但在具体的学位授予规定中明确了其在学位授予过程中的职能;也有高校规定了学位评定分委员会的具体职责,如《西安电子科技大学学位评定委员会章程》第十二条就详细规定了学院学位分委会的职责,可概括为三个方面:①学位授予或撤销的过程性职能,包括审查学士学位获得者人员名单、研究生学位的申请以及博士、硕士学位论文评阅人及答辩委员会组成名单,组织硕士、博士研究生学位论文答辩,作出是否建议授予博士学位、硕士学位的决定或者撤销因违反规定授予学位的决定,报校学位委员会审定;②与学位有关的职能,如审查研究生培养的有关事项、研究方向的变动、所属有关学科的研究生学位

授权申请以及博士生指导教师和硕士生指导教师上岗申请（报校学位委员会审批），并通过博士生指导教师和硕士生指导教师选聘和考核结果；③协助校学位委员会开展工作和完成校学位委员会布置、授权的其他工作。

在高校的学术权力组织的设置方面，各高校同样有完善。一方面，在体制设置上，高校对于学术权力组织的体制设置不一。有高校按照《高等学校学术委员会规程》设置了两层级的体制，其中有高校根据院系设置学术委员会，如西安电子科技大学；也有高校根据学部设置学术委员会，如江西财经大学。也有高校的学术权力组织的层级为三层，如武汉大学就设置了校学术委员会—学部学术分委会—院系教授委员会的学生组织体制。各高校普遍根据《高等学校学术委员会规程》规定在校学术委员会下设立专门委员会，其多就学科建设、教学指导、科学研究及学术道德等事项设立数量不等的专门委员会；还有部分高校根据学科在校学术委员会下设立不同于院系或学部的学术委员会的分委员会负责相关工作，如安徽师范大学校学术委员会下设文科分委员会和理科分委员会，而河南财经政法大学校学术委员会下设经济学、管理学、法学、人文、理工等 5 个学术分委员会。此外，还有高校不仅设置了处理日常事务的办公室，还设立了学术委员会的常设机构。另一方面，在学术权力组织的职能设定上，高校亦有自己的做法。不少高校"临摹"了《高等学校学术委员会规程》的规定，即校学术委员会具有审定、评价、建议及处理纠纷的权力；有高校弱化了学术委员会的职能，如《江西财经大学学术委员会章程》第十一条明确校学术委员会仅对教学科研成果和人才培养质量的评价标准及考核办法、学校教师职务聘任的学术标准与办法、学术评价和争议处理规则、学术道德规范、学术委员会专门委员会组织规程以及学术分委员会规程等有权直接作出决定；也有高校并未在章程中明确校学术委员会对学位授予标准及细则审议或审议后直接做出决定的权力，如郑州大学；部分高校还进一步细化了学术委员会下属的专门委员会的具体职能，如西南大学。此外，不少高校或在学校制定的院系学术委员会章程中，或在院系制定的院系学术委员会的章程中明确了二级单位的学术委员会的职能，例如《西南大学国家治理学院学术委员会章程》就参照校学术委员会的职能规定了院学术委员会在院系内部的审定、评价及提出咨询意见等职责。

在学位管理机构及学术权力组织的关系上，不同高校的处理存在较大不同：其一，少数高校将学位评定委员会作为学术委员会的专门委员会；其二，有高校将学位评定委员会单独设置，但规定学位评定委员会受学术委员会的指导与监督；其三，多数高校虽未明确学术委员会与学位评定委员会的关系，但规定了学术委员会审议、决定学位授予标准及细则的权力；其四则是未对两者的关系进行明确规定。（见表3-2）

表 3-2　高校学术委员会与学位委员会的关系

关系类型	隶属关系	指导监督关系	相对独立关系	未明确
高校数量	3	6	17	10
高校名称	安徽师范大学、青海师范大学、山西大学	北京大学、暨南大学、青岛大学、上海科技大学、武汉大学、郑州大学	电子科技大学、福建师范大学、哈尔滨工程大学、哈尔滨医科大学、海南医学院、河南财经政法大学、河北大学、江苏大学、江西财经大学、辽宁大学、内蒙古师范大学、上海财经大学、苏州大学、天津医科大学、西安电子科技大学、西南大学、西藏农牧学院	广西医科大学、湖南师范大学、吉林大学、昆明理工大学、兰州大学、宁夏医科大学、青海大学、新疆大学、浙江大学、遵义医科大学

二、高校学位管理体制的问题

(一)校外主体介入失序

德国启蒙运动以来的大学理念的发展和实践,对近代全世界的大学发展都产生了深远的影响,尤其是作为重要人物的洪堡将学术自由的精神贯彻于大学,开启了近代大学发展之路。[1]洪堡深受康德的新人文主义的影响,认为"人的真正目的——不是变换无定的喜好,而是永恒不变的理智为它规定的目的——是把他的力量最充分地和最均匀地培养为一个整体"[2]。因此,公共教育就应该最多样化地培养教育人以使每个人成为他所应该成为的人;而"从根本上讲,教育只应该造就人,不要考虑确定的,给予人们的公民形式,因此,它不需要国家"[3]。所以,公共教育应完全处于国家作用范围之外,亦即应当全面推行对人而言最自由的、尽可能少地针对作为公民之个体情形下的教育。具体到大学理念上,洪堡将大学视为以"寂寞"和"自由"为基本原则建构起来、紧密结合教育与研究、作未有预设目的而追求纯粹知识之学术研究的共同体:大学作为一种纯粹学术机构独立于国家,即大学致力于纯粹学术与人的教化,独立于社会、政治和经济事务,不受国家任何干预,亦并不为政府、社会组织和商业提供直接服务;大学中的个体应该在"寂寞

---

① 参见赵叶珠,程海霞:《移植与创新:德国学术自由理念在美国的嬗变》,载《现代大学教育》2010 年第 6 期。

② [德]威廉·冯·洪堡:《论国家的作用》,林荣远、冯兴元译,中国社会科学出版社 1998 年版,第 30 页。

③ [德]威廉·冯·洪堡:《论国家的作用》,林荣远、冯兴元译,中国社会科学出版社 1998 年版,第 73 页。

和自由"的状态下从事研究工作及开展教学,并且在学术知识的范围之外去发掘伦理上的行为规范。[①]但是,诚如布鲁贝克所言:"每一个较大规模的现代社会无论它的政治、经济或宗教制度是什么类型的,都需要建立一个机构来传递深奥的知识,分析、批判现在的知识,并探索新的学问领域。"[②]工业化之社会对大学提出了更多的要求:其不能只是为培养出身上流社会的有闲阶层,而应当为普罗大众服务;其不能仅以追求纯粹知识及完善个人伦理道德修养为目标,而应当满足个人谋求生存及获得社会认可的需要;其不应单纯为遂高洁之士愿,也要为社会的繁荣和发展提供智力支撑。同时,政府与社会也为大学提供立法、经费资助以及非物质给予等各方面支持。既然现代大学不仅有学术与教育的"内部使命",还承担着对国家与社会的责任及获取了外界支持,那么它便不再是绝对独立的,而应该与整个社会紧密联结。

然而,我国高校在对外部关系的处理上却存在问题,这在学位管理方面表现得尤为明显。一方面,高校在国家的学位管理体制中的位置存在问题。本该属于高校自身的权力的一系列与学位有关的权能,虽因近代以来的大学转型而应受到制约,但我国高校与行政权力之间的行政管理式的关系却使得"学术性的评判被贯穿于行政化的领导之中"[③]。正如上文对我国学位法律制度所呈现的那般,我国学位制度的国家本位色彩尤其浓厚。我国学位管理体制是一个金字塔式的结构,国家权力位于金字塔的顶端,从对各级学位管理机构的设置到学位授予单位的认定,从学位授权到资格的撤销,从高校学位评定委员会的组成到学位授予的结果,国务院学位委员会拥有着各项权力;随着高校规模的不断扩大以及管理的实际需要,省级学位管理委员扮演的角色也越来越重要,其主要负责贯彻落实《学位条例》《学位条例暂行实施办法》以及国务院学位委员会工作方针、决议和有关规定,在学位授权及撤销、高校的学位授予工作、高校学位工作的评估与监管、区域内学位工作的统筹及相关办法的制定等方面均被赋予了一定权限;高校是学位管理的基本工作单位,其职责主要是具体的学位授予。尽管有部分高校获得了较大的权限,但整体上高校学位管理的自主性仍然较低。无疑,这仍然是一个典型的行政等级管理体制,高校的自主性受到很大限制;而学位管理工作的核心目标在于培养高水平人才,其实现有赖于高校的学术自主和学术自由。同时,这一高度行政化的学位管理体制也缺乏规制,影响着高校乃至国家层面的学位建设工作,西北政法大学"申博"案就是典型例证。另一方面,高校面向社会又过于"闭塞"。整体上,大学的外部治理中"社会参

---

① 参见张翔:《学术自由的组织保障——基于〈高等学校章程制定暂行办法〉等的比较研究》,载《环球法律评论》2012年第4期。

② 参见[美]约翰·S.布鲁贝克:《高等教育哲学》,王承绪等译,浙江教育出版社2001年版,第13页。

③ 王慧英:《从行政管理走向学术评价——论我国学位授予审核机构改革的理念转变》,载《研究生教育研究》2011年第4期。

与"是缺失的①,高校学位管理的社会参与自然也难以"独善其身"。自学位制度正式确立以来,我国高校学位管理的有关工作长期处于一种封闭的状态,这是我国行政化的学位管理体制所决定的。除了硕士和博士研究生的论文的送审以及答辩过程中外界专家的参与外,高校外部的社会力量很难参与到高校的学位管理之中;而这种状况也很难被视为社会参与,因为其常常是高校系统之间的贯通。同时,高校的学位管理工作也缺乏来自社会的监督,而仅仅依靠国务院学位委员会及省级学位委员会的评估、检查以及处理。从更大的视角来看,高校的学位管理工作"长期以来一直是一种'封闭式的游戏',很难客观地对其进行监督和评价"②。现行有效的法律规范及高校的章程、规定缺乏这方面的规定也体现出这一点。面向社会过于闭塞的高校学位管理不仅使得学位授予缺乏监督,也不利于高校学科、专业的学位建设,不符合高等教育面向社会需求的要求,进而影响高校有效承担起在高等教育方面对于国家和社会的责任。

(二)体制内部系统分化

诚如上文所述,我国高校内部的学位管理体制实为两部分构成:一是直接负责学位管理工作的学位评定委员会等机构;二是作为高校学术权力组织的核心的学术委员会等机构。《暂行办法》和《高等学校学术委员会规程》巩固了学术委员会作为主要学术组织的地位和发展趋势,尤其是后者明确了学术委员会在学校学术组织体系中的核心地位和最高学术机构的定位,《教育部办公厅关于学习宣传、贯彻实施〈高等学校学术委员会规程〉的通知》更是明确各地、各高校应当在"确立学术委员会校内最高学术机构的地位,落实学术委员会职权"的前提下处理学术委员会与学位评定委员会之间的关系。然而,两者间的关系非一言可定。1979 年 3 月 22 日,根据中央建立学位制度的指示,由时任教育部部长的蒋南翔担任组长、教育部和国务院科技干部管理局共同组建的"学位小组"成立,负责研究学位制度的建立问题,并于 12 月拟定了《学位条例(草案)》;次年 2 月 12 日第五届全国人民代表大会常务委员会第十三次会议通过了修改后的条例,规定自 1981 年 1 月 1 日起施行。《学位条例》明确了高校的学位评定委员会作为高校内部的学位管理机构。相较于高校直接负责学位管理工作的机构体制的确立,作为我国高校内部主要学术组织的学术委员会直至 1998 年方由《高等教育法》以法律的形式进行了确认与初步规范,这就使得后发的学术委员会体制不能与"直接学位管理机构"很好地兼容。这一问题同样在高校内部规定上反映出来,由于缺乏法律规范层面的指引,高校亦未能很好地处理它。同时,"学术权力的弱化或行政化是目前高校面临的顽疾""大部分高校的学术权

---

① 参见常亮、杨春薇:《大学内外部治理关系的逻辑、调适与中国情境》,载《黑龙江高教研究》2023 年第 2 期。

② 王慧英:《从行政管理走向学术评价——论我国学位授予审核机构改革的理念转变》,载《研究生教育研究》2011 年第 4 期。

力是作为行政权力亦即校长的参谋咨询机构来设置的"①;而学位评定委员会则负责作为
高校工作核心内容的学位管理工作,地位的不匹配使得后者难以"俯首称臣"。纵使部分
高校的学术权力的相对独立性有了改善,高度行政化的学位授予审核机制依然难以与之
较好衔接。正如有学者指出,学术委员会与学位评定委员会法律关系的认定与界分存在
诸多疑区,例如在学位授予标准与学位争议处理领域的职责权限划分方面。②

　　高校学位管理体制分化的另一表现则是,研究生学位授予与本科生学位授予在体制
上的区分。"当前我国的高等教育正处于新的发展阶段,无论是规模、层次、水平,还是发
展的方式、路径、定位等,都已经或者将要发生重大变化。"③一个突出表现是国家越来越
注重高等教育的质量:"十四五"规划和"2035 年远景目标纲要"明确提出,我国将于 2035
年基本实现社会主义现代化,建成教育强国。建设高质量的教育体系需要提高高等教育
的质量,也就要求高校应当提高学位质量。相较于研究生学位授予,我国高校本科生的
学位授予存在评价标准降低、学位授予率过高、学位含金量持续降低等明显问题。④提高
学士学位质量的一个关键点就在于严格学士学位授予工作,而这无疑应当从体制方面着
手。《学位条例》并未规定负责学士学位授予的内部体制,《学位条例暂行实施办法》第
四条规定由院系逐个审核本科毕业生的成绩和毕业鉴定等材料,向学校学位评定委员会
提名符合条件者列入学士学位获得者的名单;《学位条例》及《学位条例暂行实施办法》
则明确校学位评定委员会负责对学位论文答辩委员会报请授予硕士学位或博士学位的
决议,作出是否批准的决定。同时,国务院学位委员会专门出台了《学士学位授权与授予
管理办法》以规范学士学位管理工作。高校规定在整体上延续了国家立法的规定:首先,
校学位评定委员会在学位授予上的决定权是不同的。对于本科毕业生的学位授予,校学
位评定委员会只是审查通过学士学位获得者的名单,其体现为一种形式上的审查权能;
而对于硕士、博士学位的授予,校学位评定委员会享有最终决定权,或者说享有实质决定
权。其次,大多数高校对于学士学位的授予制定了专门办法。针对学士学位的授予规定
了特别程序,这些规定对于学士学位授予程序的规范程度弱于硕士及博士学位授予;程
序上的不同自然导致许多高校学士学位管理的工作机构出现差异,不少高校在校学位评
定委员会下特别设置了负责学士学位工作的专门机构,或者常常由教务处承担过程性实
质审查职能。这样并行的机制缺乏足够的必要性,也不符合提高本科生教育质量的要求。

①　湛中乐主编:《高校行政权力与学术权力运行机制研究》,北京大学出版社 2018 年版,第 150
页。

②　参见徐靖:《高等学校学术委员会与学位评定委员会的法律关系》,载《高等教育研究》2019 年
第 2 期。

③　王大泉:《中国学位法律制度修订完善的历史回顾与现实展望》,载《复旦教育论坛》2020 年第
2 期。

④　参见古芸、蔡国春:《我国学士学位制度的演进逻辑与困境反思——基于本科教育改革的视
角》,载《教育科学探索》2022 年第 6 期。

(三)学位管理组织紊乱

当前,我国高校主要是由以校学位评定委员会为核心的组织体制直接负责学位管理方面工作,但其组织设置存在诸多问题。《学位条例》及《学位条例暂行实施办法》明确校学位评定委员会对于学位授予工作有最终决定权,但论文答辩委员会却是对学位授予进行实质审查的主体;而高校内部规定也延续了国家层面立法的内容。这表明在规范层面并未理顺两者之间的关系,未能合理分配二者的职能,也就必然导致体制运行出现问题。正如有文章指出,"近年来学位申请人与学位授予单位间的纠纷多源自学位评定委员会与学位论文答辩委员会间关系不清。"①无疑,学位论文答辩委员会当然应进行实质审查,此时再由学位评定委员会实质审查则完全没有必要。然而,在刘某某诉北京大学不予颁发毕业证书及学位证书案中,申请人的论文首先通过了学位论文答辩,之后又通过了院系学位评定委员会的审查,但北京大学学位评定委员却不予通过审查,以致申请人未能获取北京大学的博士学位。② 除体制赘余之外,《学位条例暂行实施办法》第十九条规定校学位评定委员会由九至二十五名高校主要负责人和教学、研究人员组成,其成员必然来自不同学科。但近现代以来,学术研究愈加专门化,自然科学与技术领域尤甚,不同学科甚至不同方向之间都存在鸿沟。正所谓:"教授的专业水准只能由专业人士来评价,专家只能从专业同行中挑选,同行专家的认可是解决学术事务的最高准则。"③就此而言,学术自治不仅是"国家在自己的知识不足的领域应当自觉后退"④,而且应使学者在自己知识不足的领域自觉后退;显然,由不同方向、学科的专家组成的校学位评定委员会进行实质审查不具备正当性。此外,如今高校的学生规模也使得校学位评定委员会甚至没有能力在形式上审查,遑论进行实质审查。征求意见稿仍未很好地解决这一问题,第二十五条规定:"学位评定委员会应当根据答辩委员会的决议组织审核,作出是否授予硕士、博士学位的决定。"《学位条例暂行实施办法》第十九条第五款明确学位评定委员会可以按学位的学科门类设置若干分委员会,分委员会负责协助学位评定委员会工作。国家立法将自由裁量权交给了各高校,以使其有效应对实践需要,但这在实践中也存在问题。虽然高校普遍设置了学位评定分委员会(表3-1),但多数高校仅仅在自身学位授予的具体办法中明确了"分委员会"的过程性职能;如此定位只是导致层级上的冗余,而缺乏实质性的意义,并且其组成在学位授予工作中的合理性同样值得怀疑。同时,部分高校规定学位授予资格的申请的最终决定亦由校学位评定委员会作出,这样的规定不仅不具有

---

① 蔡蕾、王冲、李学尧,《研究生学位授予制度改革的关键问题与路径选择》,载《杭州师范大学学报(社会科学版)》2022年第4期。

② 参见湛中乐主编:《高等教育与行政诉讼》,北京大学出版社2003年版,第499-521页。

③ [美]沃特·梅兹格:《美国大学时代的学术自由》,李子江、罗慧芳译,北京大学出版社2010年版,第103页。

④ [德]汉斯·沃尔夫、奥托·巴霍夫、罗尔夫·施托贝尔:《行政法》(第3卷),高家伟译,商务印书馆2007年版,第608页。

实质合理性,在形式上也缺乏必要性。

就学位授予之外的其他学位管理工作,高校的体制设置也存在问题。首先,校学位评定委员会"虚化",其未能在实质上常态化运行,而更多作为体现程序正义的表决机构。这从校学位评定委员会的会议制度中就可发现端倪,不少高校规定校学位评定委员会仅在每年授予学位时方才召开固定会议。如此规定便违背了这一机构的设置初衷,其需要在高校学位授权申请、学位授予、学位建设统筹以及学位质量的保障等各个方面发挥作用,校学位评定委员会不能常态化运作显然不利于其职能的发挥。还有高校设置了校学位评定委员会的常设机构承担其职能,这既违背了学位评定委员会集体、民主和科学决策的原则,也不利于降低行政权力的影响。同时,不少高校的规定明确校学位评定委员会承担组织遴选导师、制定培养方案及审定优秀论文等具体性职能,这一类似于前文学位授予中校学位评定委员会承担"微观职能"的做法的合理性同样值得商榷。其次是"分委员会"的规范性不足,很多高校对下一级学位评定(分)委员会缺乏明确规定。一方面,立法及高校规定对于分委员会的定性不明确。分委员会附属于校学位评定委员会或者应成为独立层级并无定论,但这对其职责承担却存在重要影响。按照征求意见稿第十条,立法者仍倾向于将分委员会作为校学位评定委员会的附属机构,却仍未明确性质;这不符合高校自治的理念,也不利于去除高校学位管理的行政性,并且与多数高校的选择存在偏差。另一方面,分委员会承担的职责亦不明确:一则不利于分委员会开展工作,职责的不明确自然容易使其无所适从,也不利于其对学位申请人作出行为;二则容易造成权力越位,柴某某诉上海大学博士学位评定纠纷案就反映出在当前的规定下高校内部院系缺乏规制而越位行使学位授予权力的问题。[①]

（四）学位救济机制缺位

无救济则无权利,公民的权利必须由救济机制进行保障。获得学位是接受高等教育者的受教育权的重要内容,根据《宪法》第四十六条、《教育法》第四十三条和《高等教育法》第二十二条等规定,接受高等教育者有权在符合条件时向高校申请获得相应的学位。因此,为接受高等教育的学生提供救济是必要的;而学位授予又是高校学位管理工作中的重中之重,这就要求国家必须为高校学生获得学位提供必要的救济。传统上,我国高校与学生之间的关系受到特别关系理论的影响,高校学生的特殊身份、高校主体资格的欠缺以及双方间"力量"差距使得纠纷无法纳入行政诉讼;但是,《教育法》及《高等教育法》相继确认了高校的法人资格,司法机关也作出了回应。[②]此后,行政诉讼逐渐成为高校与学生之间学位纠纷解决的主要途径。然而,这一现状存在两方面问题:一方面,随着社会的发展及公民权利意识的不断觉醒,公众的需求与司法资源之间的张力越来越得到显

---

① 见上海市浦东区人民法院行政判决决书,(2019)沪 0115 行初 362 号。

② 参见周详、延然:《学位授予行为的法律性质及制度创新——基于司法审判的反思》,载《清华大学教育研究》2020 年第 2 期。

现。当前,学位诉讼已经开始大量涌现,这就启示理论与实务界学位纠纷解决不能仅仅主要依靠行政诉讼这一途径。另一方面,司法亦有其"谦抑性"。法院的司法审查有其范围,以避免过度介入,从而损害学术自治。"由于我国司法实务界已经通过积极作为,将'学术自治'行政程序化,因此在审理学位授予的案件时,法院一般审查高校拒绝授予学位的具体程序是否存在问题。"①在北京大学与于某某撤销博士学位决定纠纷上诉案中,法院即认为北京大学在撤销于某某博士学位之前未听取其就有关学位撤销问题的陈述与申辩不符合正当程序,判决北大撤销学位的行为不合法。②此种情形下,我们当然应将目光转向高校学位授予的内部救济机制,但是我国高校内部的救济机制却存在缺位。

首先,通过文本梳理可以发现,国家立法和高校规定在学位救济方面着墨不多。《学位条例》并未对学位授予救济制度作出规定;《学位条例暂行实施办法》仅在十八条明确了学位评定委员会履行"研究和处理授予学位的争议和其他事项"的职责,同样未对高校内部的救济机制作出宏观上的规定;《管理办法》亦只是要求学士学位授予单位建立相应的学位授予救济制度以处理申请、授予、撤销等过程中出现的异议,从而保障学生权益。但是,高校似乎亦未在建立学位授予内部救济机制上给予足够的重视。36 所高校中,有15 所高校并未明确救济机制,只是依照《学位条例》及《学位条例暂行实施办法》规定了学位评定委员会研究及处理争议的职能;另有 9 所高校只是在其学位授予的相关规定中明确了由学位委员会等机构处理学位申请人的申诉,并且其规定并未全面覆盖本科生和研究生;仅有 12 所高校较详细地规定了学位授予的救济机制,并且有 8 所高校或只规定学士学位授予的救济,或只规定硕士和博士学位授予的救济机制。

其次,高校未能合理设置救济机制中的体制,对层级架构及职能分配考虑不足。许多高校规定学位委员会及分委员会均有权研究和处理学位授予中的争议,体制设置不够清晰;亦有高校仅明确规定校学位委员会有处理学位争议的权力,但其难免鞭长莫及;更有高校采取与学位授予程序相同的模式,由学位分委员会进行研究,校学位委员会最终决定,但这一做法的合理性值得商榷;还有高校规定由各级学位工作机构逐级处理申诉,而内部繁复的处理并不能有效保护学位申请人权利。此外,有高校规定学生可以向申诉委员会等申诉,但学位授予存在专业性,学校申诉委员会作为处理各类申诉的机构使得其不适于承担学位争议处理的职能。

---

① 周详、延然:《学位授予行为的法律性质及制度创新——基于司法审判的反思》,载《清华大学教育研究》2020 年第 2 期。

② 见北京市第一中级人民法院行政判决书,(2017)京 01 行终 277 号。

第三节　高校学位管理体制的革新与完善

大学是我国学位管理体制最为基础的层级,对学位制度能否正确实施有着最直接的影响。因此,面对高校学位管理体制暴露出的种种问题,在理论层面有必要积极回应。毋庸置疑,大学有其特殊性,但其也并非超然于世。这就提示我们在完善高校学位管理体制时处理好共性与个性之间的关系,既要借鉴其他领域治理的一般经验,也要认识到大学治理的特殊之处。

一、理念革新

(一)高校自治化

大学自治应当是现代大学治理的基本原则,我国的大学治理模式改革也贯彻了这一基本理念,"办学自主权"成为改革的关键词。[①]大学自治包括两个方面:一是要处理好高校与其外部之间的关系,因为高校也处于一个更大的系统之中;二是要实现良好的内部治理,这是其应有之义。

府校关系是当前高校外部治理的重中之重:无论是洪堡的大学理念,还是"特别权力关系"理论,都昭示出大学地位的特殊性;但将现代大学视为"象牙塔"同样不可取,因为其已经成为现代社会的重要支点,是国家与社会繁荣和发展的动力源泉。此种情况下,更应该考虑的是如何达成平衡:"大学和政府之间存在着不可分割的联系,正是这种相互依赖、相互促进的关系,使大学与政府能够在自主和控制的矛盾冲突中,去寻求合作的关系。"[②]因此,在处理高校与政府的关系时,既要发挥政府积极保障和宏观调控的作用,又应当给予高校受限但充分的自主权。高校学位管理亦是如此,其在体制安排上必须实现政府监管与高校自主之间的统一。其次,确保社会适当参与也是高校外部治理的着力点。现代大学对于社会的重要意义已经毋庸讳言,社会对大学的支持也是后者发展的重要依靠,因而保证社会参与治理是正确处理高校外部关系的应有之义。"无论是就全球经济、社会与科技发展趋势还是国际高等教育体制的改革取向而言,加强产研融合与产教融合,沟通大学与行业与产业界间的联系,建构有效的社会参与治理渠道与机制,业已

---

①　参见张翔:《大学章程、大学组织与基本权利保障》,载《浙江社会科学》2014 年第 12 期。

②　蒋洪池:《欧美大学与政府权能关系的演变及其对中国的启示》,载《清华大学教育研究》2004 年第 4 期。

成为当下我国高校管理体制变革所必须面对且亟待解决的问题。"①换言之,在推进大学自治的过程中,从体制上保障社会适度参与高校学位管理工作亦是完善高校学位管理体制的关键。

大学是一个组织化的系统,存在内部治理,并且当然需要良好的内部治理以使大学能够和谐有序地进行学术研究及承担社会责任。同时,我国高校治理危机突显,表现为大学内部高度行政化,教学研究突显功利化,校内潜规则层出不穷,学校行政部门与教师、学生之间的关系持续紧张等现象。②因此,大学自治必然要追求良好的内部治理以应对危机,实现自身有序、高效及合理运行。就体制设计而言,体制统一是系统有序运转的基本前提,割裂、分化必将影响系统的长足发展;层级清晰、职责明确及目标导向则是实现自治的核心内容,亦是体制高效运行的必然要求;一个自治的系统即应当功能完备,以实现自我运转。具体到高校的学位管理上,核心要求就是要实现学位管理体制的内部统一、有序,促成体制的各方参与、高效运转,确保各方面工作公开透明,妥善、公正地处理各方的利益诉求。

(二) 治理法治化

大学自治彰显的是我国大学改革的目标和基本原则,包括外部治理与内部治理两方面内容;而大学"妥善"的外部治理与"良好"的内部治理之达成需要借助于"具体的方式",那就是法治。"现代大学的治理首先是法治下的治理。一方面是由于法治是当前国家和社会的通行治理模式,大学也在其中;另一方面是由于大学治理越来越世俗化和权力化,需要法治的约束和规制。"③法治意味着"良法善治"。一方面,法治要求有制定出的良好的法律,这也是法治的前提;另一方面,"徒法不足以行",法律必须得到普遍遵守。就大学治理的法治化而言,国家应当坚持科学立法,高校制定内部章程及其他规定也应遵循依法、科学及民主的基本原则;同时,政府、社会方主体及高校内部有关主体必须遵守法律,并且高校内部各方主体要严格遵守高校规定。

相应地,法治亦应是高校学位管理体制完善及发展的基本理念。法治要求政府、高校、社会及高校内部主体必须在"法的统治"之下活动,亦即学位管理体制的建构、运行以及各方主体的行为应当贯彻公平、正义和民主等理念。首先,国家应当积极推进学位方面的高质量立法,为与高校学位管理体制有关的主体提供科学合理的基本遵循:立法应当依法而行、民主协商,要贯彻大学自治的基本原则,妥善协调高校与外部的关系,合理建构高校学位管理体制。同时,高校制定学位管理的规定也要在法的尺度内、法治精神的统摄下进行,并在此前提下积极发挥主观能动性,建构起层级清楚、架构合理和职能完

① 阎光才:《关于当前大学治理结构中的社会参与问题》,载《清华大学教育研究》2020 年第 1 期。
② 参见湛中乐主编:《高校行政权力与学术权力运行机制研究》,北京大学出版社 2018 年版,第 238 页。
③ 湛中乐主编:《高校行政权力与学术权力运行机制研究》,北京大学出版社 2018 年版,第 281 页。

备的内部学位管理组织体制。其次,政府应当依据法律活动,明确自身职能定位,法无授权不可为;高校应根据需要适度引入社会方主体参与到内部的学位管理体制中,社会方则应依法、依"规"参与高校学位建设、学位授予以及质量监督等工作。最后,高校内部各主体应当依法、依"规"参与到学位活动之中,践行法治以实现学位管理工作公正、公平、公开。

二、体制完善

(一)平衡校外参与

事实上,无论是政府职能定位转型的趋势,还是学位管理的现实需要,政府与高校之间的关系都应当加快转变。然而,正如有观点指出,"我国当下的培养体系、评价体系并不适合全面转为大学学位形态"[①],并且政府在学位管理方面承担必要职能同样不可或缺。因此,应当在国家学位制度下充分发挥高校的自主性。高校作为直接从事人才培养、进行科学创新的主体,理应在学位管理工作中发挥主要作用;而政府在国家学位管理体制中的角色应当定位为提供公共服务者,履行为学位授予等学位管理工作制定规范、负责监督检查及处理争议纠纷等非管理性职能。[②]首先,在学科及专业设置上,鉴于科学技术的迅猛发展、学科交叉融合的逐渐普遍以及人才需求的日趋多样,国家应给予高校一定的自主性;已有相关学科、专业的高校可以基于实践自主设置新兴学科,但由政府在事后进行评估和认证。其次,在授权审核上,国务院学位委员会应当进一步开放授权从而给予更多高校自主权,适当"轻"审批而"重"监管;要改变因历史条件及当前"从严控制新增学位授予单位数量"要求形成的不平衡、不充分的发展现状,根据现实需要合理统筹国家学位建设;并须对失范的授权审核工作进行规制,实现学位授权审核的法治化,从模式、程序和救济等方面抑制行政权力的恣意性。最后,在高校学位建设的管理方面,政府权力应当明确自身定位,更多履行作为调控者的职能;其职责更多地体现为制定基础规则、监督规则实施及裁决争议纠纷,尤其是学位委员会应当承担起作为行政复议机关的职能。当然,行政主体传统的监管功能亦是不可或缺的,但其应始终保持谦抑性,而非进行全面性、常规化监督。这种转变非一日之功,但这是政府职能转变的必然趋势;就此而论,新学位法需要具备前瞻性,而不能仅仅着眼于当下。

"在公众参与和参与制民主兴起、高校治理机制转型的时代背景下,加强学位授予过程中的社会组织建设、扩大社会组织的参与是学位法回应时代需求的必然,也有利于减少政府开支、节约工作成本,提高学位认证、学位质量评估等学位授予服务工作的专业性

---

① 蔡蕾:《研究生学位授予制度改革的关键问题与路径选择》,载《杭州师范大学学报(社会科学版)》2022 年第 4 期。

② 参见马怀德、林华:《论学位管理体制的立法逻辑》,载《教育研究》2014 年第 7 期。

和服务性,优化学位授予管理体制中的政府与社会关系,加强社会对学位授予工作的监督。"①高校面向社会自主办学是三十多年来国家一贯的政策意图,加强高校与社会之间的沟通以改变高校长期封闭办学的格局也大致经历了一个缓慢的由虚到实的过程,但我国社会参与治理高校的成效并不显著。②针对这一问题,未来或可以采取如下策略:首先,立法应对社会主体参与学位管理活动作出原则性规定,为社会方主体监督学位授予、进行学位认证、开展学位质量评估以及进入学位建设工作提供法律规范层面的依据。其次,政府应当依法逐步转变学位管理中的角色,向社会力量"放权"。我国可以借鉴美国"办学许可——认证——认可"的模式,学位认证及质量评估工作交由社会主体承担,而由政府对其活动进行监管。③同时,政府还应在政策上引导有需求的主体进入高校学位建设工作,支持公众对学位授予等工作进行监督,积极推动适于承担学位认证和质量评估职能组织的建设,重视高校学位工作的社会参与度。在这一点上,《学位法(草案)》值得肯定,其第三十二第二款指出"具有相应专业能力、资质的专门机构或者组织可以依法开展学位质量的监督、评价等活动"。最后,高校需要积极主动地引入社会方力量参与高校学位管理工作,在自身章程及有关规范中作出相应规定,并为之创造有利条件。具体而言,在学科专业的设置、学位点的建设上主动、开放地面向社会需求,在学位的认证和评估方面交由社会组织开展相关活动,在学位授予过程中面对社会方主体保持适当透明。事实上,这些举措并非对高校自治的侵蚀,而是为了高校更好地自治。正如有观点指出:"高等教育治理的实质在于建立市场原则、公共利益和认同之上的合作。权力向度是多元的、相互的,而不是单一的、自上而下的。这种权威是多元的权威,其形式不是外力要求的束缚,更多的是内外合作。"④社会参与高校学位管理符合合作治理的趋势,有益于高校提高竞争力,以实现自身持续良性发展。

(二)统一内部体制

"学术委员会和学位评定委员会作为大学治理的基本组织形态,其权力运行制度的良好构建直接维系大学治理的合法性、有效性与科学性。"⑤ 随着大学治理的现代化进程不断推进,高校学术权力组织正逐渐去至其本应所处的位置,这就要求各方妥善处理高校学术委员会与学位评定委员会之间的关系,从而避免潜在的冲突发生。鉴于学位管理工作在高等教育制度中的特殊地位,高校内部设置专门机构是必要的,并且学位管理工作的复杂性质又使得作为高校内部学术权力组织的学术委员会不能当然统摄这方面工

---

① 林华:《论我国学位管理体制的困境与革新》,载《学位与研究生教育》2014 年第 5 期。

② 参见阎光才:《关于当前大学治理结构中的社会参与问题》,载《清华大学教育研究》2020 年第 1 期。

③ 参见湛中乐、李烁:《学位形态变革与〈学位法〉的制定》,载《行政法学研究》2020 年第 3 期。

④ 高桂娟、朱佳丽:《从治理角度看我国学位管理体制的改革》,载《华中农业大学学报(社会科学版)》2007 年第 2 期。

⑤ 徐靖:《高等学校学术委员会与学位评定委员会的法律关系》,载《高等教育研究》2019 年第 2 期。

作；然而，以学术委员会为核心的组织体制又确乎是高校的核心学术权力组织。概言之，二者之间既有重叠，又有各自的不同指向。联系是普遍的，有分离也有交织的关系正是大学内部治理的常态①，关键在于厘清关系；毕竟，唯有建构起完备、清晰和合理的体制基础，方能确保有序、高效和正当地完成学位管理工作。对此，应妥善处理两者间的关系。首先，法律规范应当着眼于高校未来发展，改变现有规定由于位阶和时间因素造成的模糊关系，采取以下原则对两类组织之间的关系进行明确：高校学术委员会负责对高校学科建设规划、学科专业设置以及学位授予标准等事项进行审议或者审议后直接做出决定，学位授予的实施细则、学位授予程序的设置、学位争议的处理以及其他与学位管理有关的行政性工作则由高校的学位评定委员会负责；院系学术委员会或者其他基层学术组织同样需要在自身权限范围内发挥在学位管理方面的辅助性作用，主要负责对院系内部有关学位事务进行研究从而为校学术委员会提供建议，并且对学位授予过程中实质性判断过程进行监督。就此而言，《学位法》在制定过程中有必要明确学术权力组织在学位管理方面的相关职能，从而为高校实践划定基准。其次，高校要落实学术权力组织的建设，使学术委员会切实发挥在高校学术事务中的核心作用，从而为高校学术权力组织与学位管理机构之间既相互配合又相互制约的关系奠定基础。当然，这也离不开"主管部门、校内各利益主体、校外相关组织等各方力量多维度、多视角、多层次的大力监督和推进"②。同时，高校还应当通过制定高校内部规定细化法律的原则性规定，并积极落实法律规范和校内规定的实施，进而推动学位管理体制中分别以高校学术委员会和学位评定委员会为核心的组织之间的协调运作。

国家在学士学位管理上的不同有其特殊考虑，这是国家发展高等教育的需要，是普及高等教育的必然结果，而对于学士学位的管理权能又是高校作为学位授予单位的基础。但是，在提升高等教育质量的背景下，统一高校学士学位及硕士、博士学位管理体制是提高高校学位质量的有力举措，是高校治理自治化、法治化的体现。然而，由于学士学位申请人的巨大数量导致的庞大工作量，学士学位的授予机制亦并非可以完全适用研究生学位授予的机制。既然学士学位授予的机制不可能与研究生学位授予机制完全相同，就必须对学士学位的管理体制作适当变通以符合实践要求。换言之，学士学位管理体制整体上与研究生学位管理授予的体制应当统一，但在学士学位的授予方面存在区别。在这一点上，《学位法（草案）》征求意见稿相较于《学位条例》有了进步，前者在体例上将研究生学位授予与学士学位授予统一归入"学位授予程序"一章，并且明确学位评定委员会对申请学士学位组织审查。但这一规定仍有可斟酌之处：具体而言，学位授予体制整体上沿用硕士和博士学位授予的体制，即校学位评定委员会作出最终决定，并且在校学位

---

① 参见徐靖：《高等学校学术委员会与学位评定委员会的法律关系》，载《高等教育研究》2019 年第 2 期。

② 王玉学、吴楠、谢金华：《试论学术委员会、学位委员会及教学指导委员会的关系——以广东首两批核准 23 所公办高校章程审查为例》，载《高教探索》2016 年第 7 期。

评定委员会下不须单独设置专门的学士学位评定委员会,亦不须由教务处承担职责,而由院系学位评定(分)委员会进行形式审查(具体参见下文)。区别在于,对论文进行实质审查的机构并非单独的论文答辩委员会,而是院系学位评定(分)委员会组织的若干论文答辩小组。

(三)明晰组织架构

面对高校学位管理体制在层级设置和职能分配方面的问题,必须顺应时代发展和现实需求对高校直接负责学位管理的组织的体制进行规制。必须明确的是,在层级设置上不应盲目增加层级架构,而应致力于对现有的组织体制进行改造。在校学位评定委员会下设置两级组织的意义并不大,因为其仍常常未带来合理性,反而导致了体制的冗余、臃肿。因此,笔者认为完全可以沿用现有的层级结构。

首先,论文答辩委员会虽然不属于固定构成,但在学位授予过程中负责对学位论文进行实质审查。"论文答辩以合议制、学位申请人参与和答辩公开为基本特征,根据学位论文与答辩情况综合判断申请人的论文是否达到授予学位要求的学术水平。"[1]同时,为确保实质审查的正当性,尤其要注重论文答辩委员会在组成上的专业性、相关性和中立性,并应保证答辩过程的程序正当。

其次,学位评定分委员会基于二级学院独立设置而不宜作为高校学位评定委员会的附属机构,但其必须接受校学位评定委员会的指导和监督,这有别于当前《学位条例》的做法以在某种程度上袪除其行政隶属性,并确保学位管理的一致性。在学位授予过程中,学位评定分委员会的职能在于管理、监督和形式审查,而不得侵蚀论文答辩委员会的学术判断权力。具体而言,院、系学位评定(分)委员会的职能包括:其一,负责审查学位申请者的材料以决定是否同意其参加答辩,并组织答辩委员会及答辩小组对学位申请人的论文进行实质审查,自身则对论文答辩过程进行监督;其二,"从形式上审查学位申请者的相关材料,包括成绩、获奖、发表论文情况、学位论文的形式等,而不再对学位论文的内容等专业性问题进行再次重复审查"[2],并根据学位论文答辩委员会的决议作出授予、缓授或者不授予学位的决议并报校学位评定委员会通过;其三,经研究作出撤销学位的决议后,报校学位评定委员会决定。在学位授予工作之外,院系学位评定(分)委员会亦负有保障学位质量、细化学位授予规定、制定培养方案、研究院系学位管理事务、遴选研究生导师及完成校学位评定委员会委托的事务等职责。

最后,校学位评定委员会承担宏观上管理监督的职能,在学位授予过程中则作为"虚位决定者"。一方面,学位评定委员会在高校内部的学位管理工作中发挥"宏观调控"的

---

① 靳澜涛:《高校学位评定委员会的权力错位及其立法归位》,载《高等教育研究》2020 年第 11 期。

② 王春业:《论法治视野下学位评定委员会职责的变革——兼论〈学位条例〉的修改》,载《东方法学》2019 年第 6 期。

作用,负责学校学科建设规划的研究制定、学位质量的监督评估、学科专业学位授权的申请及调整、学位授予标准的提出及学位授予实施细则的制定等工作,并对下级学位评定分委员会的工作进行指导和监督。另一方面,学位评定委员会作为具体学位授予工作中的决定作出者,由于学位评定委员会处于学位授予的末端环节,其组成缺乏学术评判要求的专业相关性,并且本身也缺乏相应的工作能力审查,因而其审查对象限于院系学位评定(分)委员会的决议,并对前端环节在形式和程序上是否符合法律规范和高校规定进行审查,不得越位行使其他主体的审查权能。同时,由于学位评定委员会及分委员会在学位授予过程中的职能发生了转变,其决定制度也应相应转变。换言之,二者一般应当通过协商讨论的方式做出集体决定,仅在院系学位评定(分)委员会决议撤销学位或者在对某一事项不能达成一致的情况下进行投票表决。

(四)完善救济机制

习近平总书记指出:"要推动更多法治力量向引导和疏导端用力,完善预防性法律制度,坚持和发展新时代'枫桥经验',完善社会矛盾纠纷多元预防调处化解综合机制,更加重视基层基础工作,充分发挥共建共治共享在基层的作用,推进市域社会治理现代化,促进社会和谐稳定。"[①]在学位纠纷的解决上同样应当秉持这种理念,即坚持用多种途径来化解学位纠纷,高校内部的争议处理机制的意义就在于此。然而,正如上文所指出的,我国高校在学位争议的内部处理上存在很大不足,这就需要对当前的高校学位管理体制进行针对性完善。

首先,学位评定分委员会负有听取当事人陈述和申辩的职责。正当法律程序原则是行政法的基本原则,其含义是行政机关作出影响行政相对人权益的行政行为时,必须遵循正当法律程序;其对行政主体作出行政行为提出了以下三项要求:不作自己的法官,说明理由,听取陈述和申辩。[②]其中,听取陈述和申辩对当事人而言便发挥着重要的救济作用。学位在当代社会的重要性不言而喻,其已经成为学生获得一定的社会地位,并且常常是谋求生存的必备条件;加之我国实行的是国家学位制度,学位授予行为完全符合遵照这一基本原则之要求,故学位授予行为的作出应符合程序正当的基本原则。事实上,立法者已意识到这一点,《学位法(草案)》征求意见稿第三十五条就作了原则性规定。同时,由于校学位评定委员会在一般情况下仅仅是行使程序上的决定权,实质影响学位申请人权利的决定实际由学位评定分委员会作出,为学位申请人权益考虑,应当在这一环节设置一定的机制以最大限度地保障学位申请人的权益。因此,应当赋予学位评定分委员会主持听证的职能,即在其审查后拟作出对学位申请人不利的决议,则应听取陈述和申辩。具体而言,在院系学位评定(分)委员会综合论文答辩委员会作出的实质审查决

---

① 习近平:《坚定不移走中国特色社会主义法治道路 为全面建设社会主义现代化国家提供有力法治保障》,载《求是》2021 年第 5 期。

② 参见姜明安主编:《行政法与行政诉讼法》(第 7 版),北京大学出版社 2020 年版,第 77-79 页。

议及自身进行形式审查的结果后,如果准备作出不同意学位申请人的申请或者不授予、暂缓授予学位的决议,或者研究决定撤销已获得学位者学位的,其应当听取学位申请人的陈述和申辩后作出;如果学位申请人针对论文答辩委员会的决议申请听证的,其应当组织双方当庭辩论,并据之作出决议。

其次,学位评定委员会作为学位争议处理机构承担进行复议的职责。除上文所述的职能外,校学位评定委员会作为校内学位工作的权威机构还应担负起争议处理的职责;相较于学术委员会,其在学位工作上的专业性和全面性是前者无法比拟的。对此,事实上当前《学位法草案(征求意见稿)》也总结实践经验作了原则性规定,明确学位申请人向学位授予单位申请复核的权利,而这一规定仍可以进一步细化。一方面,当学位申请人对院系学位评定(分)委员会进行形式审查的结果不服,其可以申请校学位评定委员会进行复议。亦即学位申请人对院系学位评定(分)委员会作出的不同意学位申请的决议、院系学位评定(分)委员会行使学位授予过程中的"形式审查权"的结果或者院系学位评定(分)委员会作出的非因学术评价而撤销学位的决议不服的,有权向校学位评定委员会申请复议;校学位评定委员会应当根据申请再次对这些形式部分是否符合法律及高校规定作出决议。另一方面,如果学位申请人对于学位授予过程中的实质审查结果或者撤销学位时的学术性评价不服,其同样可以向校学位评定委员会申请复议,校学位评定委员会应当对此进行复议。由于这一问题需要学术判断,故不应由校学位评定委员会作出判断,而应由其委托学术委员会对学术争议进行评判。学位评定委员会则根据学术委员会经调查、裁决程序而作出的认定结论与学位获得的关联程度,参考程序性因素,最终作出授予或撤销学位的决定。[①]此外,高校内部的救济机制需要与外部的争议解决机制衔接,从而加强对高校内部行为的监督,以更好地保护学位申请人的权益。无论是学位评定委员会作出的各种决定,抑或是院系学位评定(分)委员会作出的决定,如果其实质上已经终止学位授予程序,均应视为高校的行政行为;学位申请人向学位授予单位申请复议后,对复议结果仍不服的,可以向各级学位管理机构复议或者向人民法院提起诉讼。

本章小结

教育强,则国强。相较于基础教育,高等教育更直接地体现着一国的软实力。而谈及高等教育制度,学位制度便是不得不提的内容,毕竟后者在一定程度上决定着高等教育的质量。学位管理体制作为学位制度的重要组成部分,其重要性不言而喻。高校作为国家学位管理体制中一个最核心、最基础的层级,其学位管理体制直接影响着国家的学位制度预期效用能否转化为现实,也影响着高校学位授予制度的良性运行与协调发展。对于高校学位管理体制的研究能够从体制机制层面进一步激活我国高校学位授予制度,进一步助力我国高等教育现代化发展。

---

① 参见靳澜涛:《高校学位评定委员会的权力错位及其立法归位》,载《高等教育研究》2020 年第 11 期。

第四章

高校学位授予标准

近年来,我国高校学位授予纠纷频发,其中因高校在学位授予实施细则中设定的标准引发的争议更是成了诉讼争议的重点。究其原因在于《学位条例》规定的学位授予标准过于模糊,导致高校和学生之间对法条有不同的理解。高校究竟可以设定哪些标准,成了亟待解决的问题。

本章主要对高校学位授予标准问题展开研究,讨论哪些标准应当属于高校学位授予标准的范畴,对"高校学位授予的标准应当是怎样的"问题作出回答。然而研究发现,对这一问题的讨论必然离不开对高校学位授予标准设定问题的探讨。高校学位授予标准设定问题主要包括权力、程序等。学界目前对两个问题分开讨论得较多,如若对高校学位授予标准这一问题论述周延,必然需要对两个问题共同论述,否则这一问题的探讨必将成了无源之水,无本之木。二者之间应当是一种承上启下、相辅相成的关系。但本书仍将围绕高校学位授予标准这一中心问题讨论,对涉及与本书中心问题有关的学位授予标准设定问题,本书也将作一论述。

对高校学位授予标准问题的研究,首先要明晰四个层面的问题:一是国家学位授予标准究竟是学位授予的全部标准还是最低标准;二是高校制定的学位授予标准是对国家学位授予标准的细化还是创设;三是高校制定的标准是仅限于单一的学术标准,还是双标准;四是如果坚持双标准,那高校设定学位标准的权利(力)来源为何,以及制定标准的权利(力)边界在哪里。对这些问题的明晰将对"高校标准应当是什么样的"这一问题作出直接回答。同时,标准目前可分为肯定性标准和否定性标准、学术标准和非学术标准,本章将对上述不同类型的标准范围一一论述,即肯定性标准和否定性标准、学术标准和非学术标准应当囊括哪些具体标准。

本章对学位授予标准问题研究,主要从三个部分展开:第一部分对高校学位授予标准及其分类作介绍,主要围绕标准的概念、设定及设定的权力(利)、类型展开论述。第二部分是对学位授予的学术标准展开论述,对高校学术标准的设定现状和司法中因学位授予标准引发的诉讼问题归纳分析,并对出现的问题"溯源",提出解决方案,具体包括明确学术标准设定的权利(力)来源和边界以及讨论具体学术标准如何适当设定,对标准问题予以明确。第三部分对学位授予非学术标准展开论述,主要明确非学术标准具体表现形式及标准的权力来源与边界以及对高校设定非学术标准现状及问题归纳分析,并对具体的非学术标准的适当性设定具体讨论,明确考试作弊、学术不端等行为达到何种程度才不被授予学位。

第一节　高校学位授予标准及其类型

一、高校学位授予标准的概念

学位授予标准,按照字面意思理解就是学位申请人要获得学位所要达到的标准和要求。目前,我国的学位授予标准可以分为国家学位授予标准和高校学位授予标准。国家学位授予标准指的是《学位条例》第二、四、五、六条的原则性规定和《学位条例暂行实施办法》对标准的进一步规定。高校学位授予标准,是指学位授予单位(高等学校和科研机构)评价学位申请人能否获得学位的标准,即学位授予单位依据《学位条例暂行实施办法》第二十五条①的授权,在本校的学位授予工作细则中所设定的具体标准。由于高校设定学位授予标准会影响到学生的权益,按照无授权即无行政的观点,高校标准设定要有法律或法规的具体明确授权,没有上位法的授权(上位法规定的标准应当明确具体),高校就不能随意设定标准。因此高校设定学位授予标准的范围应是在《学位条例暂行实施办法》规定的标准范围内去细化标准②,以防随意设定标准对学生权益造成侵害,但在实践中高校却可以自主制定学位授予标准,那高校自主制定学位授予标准的权力(利)来源为何,是否有法律规范依据,需要明晰。因此本章需要对高校学位授予标准设定权的法律属性具体讨论。高校学位授予标准设定权的法律属性界定能够对高校制定标准的自治范围、法院纠错机制的审查强度进行明确。

目前高校存在着将英语四、六级成绩,资格论文发表等事项作为学位授予标准,法院

---

① 《学位条例暂行实施办法》第二十五条:学位授予单位可根据本暂行实施办法,制定本单位授予学位的工作细则。

② 《学位条例暂行实施办法》分别对学士、硕士、博士标准作了具体规定:学士学位的获得需要完成课程学习和学位论文;硕士学位获得需要掌握马克思主义理论课、基础理论课和专业课、一门外国语和硕士学位论文;博士学位获得需要掌握马克思主义理论课、基础理论课和专业课、两门外国语。高校只可在这些标准内对标准细化。

认为这属于学术自治范围,司法审查保持对其尊让,而有学者①以及学生②都认为高校没有制定这些标准的权力(利)。对考试作弊、打架斗殴等高校设定的道德品行的标准,法院审查依据也不一,有法院依据标准的制定属于高校学术自治范围认可这些标准的合法性,而有的法院对标准高强度的审查,审查这些标准是否符合上位法的规定来论证合法性,法院在粗疏的法律规定中艰难寻求更为公正的判决。正是由于高校学位授予标准设定权的权限范围不明确,导致高校出现两种极端。一方面高校超越法律规定创设标准,对学术和非学术标准不作区分,全部纳入学术自治范围,不当行使学术自治权;另一方面,高校不敢正当行使学术自治权,为减少诉讼争议,而故步自封。

二、高校学位授予标准的设定

"高校学位授予标准设定属于学位授予权的重要体现,也是高校行政案件的主要争议所在。"③高校对标准的设定关涉到学生的基本权利,如果不当行使,极易产生侵权行为,这也是近年来学位争议诉讼频发的原因之一。标准的设定与学校的人才培养质量密切关联,实践中有的高校为了提高本院校的人才培养质量,会设定较高的学位授予标准,导致很多标准饱受争议。诸多不合理,甚至不合法的标准设定在了高校学位授予实施细则之中。然而标准的设定不是没有限制的自由设定,因此明确高校设定学位授予标准的权力(利)来源为何,边界在哪里,以及何种标准可以设定成了关键问题。下文将展开对高校学位授予标准设定权的讨论。

"目前法律体系中,尚未出现'学位授予标准设定权'一词,但是《学位法草案(征求意见稿)》第十八条赋予学位授予单位制定标准的权力,而且学界对其权力属性的研究已经展开。"④有学者对学位授予标准设定权作了界定,其指出"学位授予标准设定权是指对授予各级学位所需达到的学术水平和条件进行设定的权能,为了防止学术评定权的随意性,通过设定具体的评判基准来对学位评定权进行规范与制约"。⑤ 从概念可知,学位授

---

① 该学者认为博士学位论文是证明博士生学术水平的凭证,大学只能在法律设定的学位授予学术标准之下制定具体的实施细则,以防自行增设的学术标准增加了学生获得学位的义务负担。参见张颂昀、龚向和:《博士学位授予资格论文要求的法理分析——以 40 所法学一级学科博士点院校为例》,载《学位与研究生教育》2019 第 8 期。有的学者认为,可以将学位条例规定的获得学位的条件看成是法定的基本条件,而不是充分条件。参见邹荣:《高等教育活动中的法律关系探析》,载《教育发展研究》2005 年第 13 期。

② 在柴某某诉上海大学不履行博士学位评定纠纷一案中,原告认为上位法未规定在核心期刊发表论文才能申请学位,立法本意是重点审查在校成绩和学位论文情况,科研量化指标的制定是学校的行政管理行为,而非学术自治范畴。参见上海市浦东新区人民法院行政判决书,(2009)沪 0115 行初 362 号。

③ 伏创宇:《高校学位授予标准的正当性逻辑》,载《法学》2022 年第 6 期.

④ 李东宏:《由谁来设定学位授予标准?——〈学位法草案(征求意见稿)〉相关条款解读》,载《中国人民大学教育学刊》2023 年第 7 期。

⑤ 周慧蕾:《从规范到价值:高校学位授予权法律性质的定位》,载《法治研究》2014 年第 12 期。

予标准的设定是为了能够对学生的学术水平予以客观公正的评价,避免没有明确具体的标准造成高校对学生的学术水平恣意评价,侵害学生权益。因此学位授予标准设定权的法律属性界定主要对学术标准的设定范围予以明确,对于打架斗殴、考试作弊等违反道德的品行问题不受其制约。

学位授予标准设定的主体包括国家和高校,当然有学者认为也应包括学院。"标准由谁设定的问题背后实际是各个主体之间的博弈与衡量。"①国家制定学位授予标准一方面是为了保障公民受教育的基本权利,防止第三方的不当干预;另一方面是希望高校能发挥作为学位授予主体的最大价值。② 高校作为制定学位授予标准的主体则是希望自己能充分发挥大学自治的功能,推动高校的学术发展,为国家培养所需要的人才。二级学院作为学术"前沿",与学生接触较多,它制定学位授予标准的目的则是希望充分发挥自己的专业性,推动学生质量的培养。三者之间构成了一个统一整体,为学术发展、人才培养贡献着自己的力量。当然如果高校和二级学院之间设定标准的权力(利)来源、关系不明晰,将会导致高校乃至学院恣意设定学位授予标准,极大损害学术发展、侵害学生权益。③ 因此高校学位授予标准设定权的法律属性为何亟待明确,法律属性的确定将直接指明高校设定学位授予标准的权利(力)边界。学院是否有权设定学位授予标准需要结合授权理论释明。

高校学位授予标准设定权作为高校学位授予权的一项子权力(利),认识其法律属性首先需要认识高校学位授予权。"学位授予权是学位管理制度的核心,它是国家或某种公认的教育机构对具备一定学术水平或受教育水平的公民授予相应学位的一种法定权力。"④目前对高校学位授予权的法律属性的认识主要有"权力说""权利说"和"双重属性说"。如果认可"权力说"的观点,即高校学位授予权是行政权力,具体标准实际上是由国家设定,高校设定的标准是对法律的执行,是在法律授权范围内细化标准。如果认可"权利说",那高校作为学术自治组织,有权自主设定学术标准。高校自主设定标准也有法律规范上的依据,我国《宪法》第四十七条的规定"中华人民共和国公民有进行科学研究、文学艺术创作和其他文化活动的自由",《高等教育法》规定"自主办学"、《教育法》第二十八条规定"学校有权按照章程自主管理"、《高等教育法》第三十四条规定"自主制定教学

---

① 张颂昀:《学位授予标准设定权:基本内涵、核心争议与制度构设》,载《中国高教研究》2021 年第 6 期。

② 目前《学位条例》规定的是概括性的学位授予标准,标准具体化的权利由高校行使,也只有这样才能实现高校各具特色的发展。

③ 由于国家学位授予标准规定的过于原则,实践中,出现了有的高校增设标准,甚至有的高校为了提高毕业率,降低了学位授予标准的情况发生。当然实践中也出现了二级学院创设学位授予标准情况,二级学院有无创设标准的权利亟待明确。

④ 石正义:《论学位授予权——法理学的视角》,载《咸宁学院学报》2005 年第 1 期。

计划、选编教材、组织实施教学活动"，事实上都是法律赋予高校大学自治的依据。① 高校学位授予权的"双重属性说"是目前的主流观点，认为高校学位授予权兼具学术权和行政权的双重法律属性。② 因此作为子权利的高校学位授予标准设定权也应具有行政权力③和学术自治权利的法律属性，高校不仅可以基于学术自治的权利自主设定（创设）标准，而且在国家标准的"监督下"，高校基于行政权力依法设定（细化）标准，细化标准本身也是在行使学术自治权的过程。并且《学位法草案（征求意见稿）》第十八条规定"学位授予单位应当根据本法规定的基本条件，结合本单位学术评价标准，制定具体的学位授予标准"，该法条明确了高校可以在上位法规定的基本条件上，根据自身的教学水平、发展特色、招生质量等因素设定更高的学术标准，这一法条的规定无疑是对高校行使学术自治权的认可。国家在高校设定学术标准上发挥着"框架立法"的功能。正如有学者所说："一方面立法机关不得以高密度的法律规范，巨细靡遗地将所有大学事项予以规范，以致过度介入大学的自治领域，甚至掏空大学的自治立法权；另一方面，国家立法机关又不得完全将所有事项交由大学订定，卸却立法的职责，其至少应设定'构成地位（身份）的基本规范'"。④ 并且随着学位制度的发展，学科类别以及教学研究呈现着多元化发展的趋向，各个学科不再是以哲学、经济学、法学等固定化的学科类别的形态存在，而是出现交叉的趋势，如经济学科和法学学科的交叉融合。这一趋势变化更彰显出高校制定学位授予学术标准要有较大的自主权，在国家标准基础上细化、补充、增设其他具体、符合学科特色的标准以适应未来学位制度的发展。

综上，高校学位授予标准设定权实际上兼具行政权力和学术自治权利。但高校基于

---

① 学术自治是大学自治的核心，大学自治是学术自治的保障。高校自行制定学位授予标准的权利来源于学术自治权，这一权利来源于法律的授予；从大学的起源来看，大学就已有学术自治的权利，因为当时的大学是由中世纪的教师行会发展而来，由于当时没有统一的学位制度，各个大学就根据自身的情况设置学位授予标准；从现在各高校的情况来说，各高校在教学方面、课程安排、学位论文的发表方面都享有自治权；在司法实践中法院出于对学术自治的尊重，对高校学位授予的司法审查也以有限审查为原则。

② 众多学者都认为学位授予权具有双重属性。参见刘丽华：《对我国学位授予权性质的几点认识》，载《中国高教研究》2005 年第 11 期。参见龚向和：《高校学位授予权：本源、性质与司法审查》，载《苏州大学学报（哲学社会科学版）》2018 年第 3 期。

③ 《学位法草案（征求意见稿）》第十八条"学位授予单位应当根据本法规定的基本条件，结合本单位学术评价标准，制定具体的学位授予标准"就明确了法律赋予学位授予单位制定基本标准的权力，实际上就是高校行使行政权力的体现。并且目前生效的《学位条例暂行实施办法》第二十五条也明确授权高校制定学位标准的权力。

④ 倪洪涛：《论法律保留对"校规"的适用边界——从发表论文等与学位"挂钩"谈起》，载《现代法学》2008 年第 5 期。

学术自治权①是否可以不受限制地随意设定标准呢？答案是否定的。学位授予单位基于学术自治权设定学术标准并不是在一个不受法律调整的真空地带、自由领域。在一个高度自治的"社区"里，虽可以享受高度自治带来的自由，但也必须服从法律的约束。正如有学者所言："传统的高等教育自治现在不是，也许从来都不是绝对的。"②目前，高校学位授予标准设定权不仅受到宪法的内在限制，而且也受到来自普通法律的外在规制。③ 但这些规制尚还不足，需要由学术自治原则、考虑相关因素原则（不得考虑学校评选等无关因素）和比例原则对其在权利的行使中进行监督。本章所主张的对学术自治权的规制能够很好地平衡国家和高校的关系。

同时，对高校学位授予标准设定权法律属性的明确能够很好地解决受教育权和科学研究自由权这两种基本权利矛盾冲突。为防止高校降低或者恶意增设标准的情况出现，而导致学生的受教育权受到侵害，国家通过"国家标准"来监督高校。同时，国家赋予高校享有基于学术自治设定学术标准的权利，这也体现了对高校学术自治的尊重，保障了高校和学生进行科学研究，避免了第三方的不当干预。

总之，高校学位授予标准设定权的法律属性界定能够回应高校在设定标准时的权力（利）来源和边界问题，这也为下文高校学位授予标准问题的研究奠定了理论基础。

三、高校学位授予标准的类型

（一）肯定性标准和否定性标准

以条款内容为划分依据，学位授予标准可分为肯定性标准和否定性标准。目前上位法没有规定高校能否设定否定性标准，那否定性标准能否规定在校规中呢？从高校实践来看否定性标准设定在细则中已成为惯例。肯定性标准和否定性标准成了校规的组成部分。但肯定性标准和否定性标准的内容设定上都有着各自的边界。首先对学位授予的肯定性标准而言，允许高校对学术事项设定正面积极的肯定标准，同时，允许高校选择性地规定与学术有关的"否定"标准，如学位论文，英语四、六级考试未通过，资格论文未发表，学习成绩未达到相应绩点等。有学者认为肯定性标准就是对学位授予标准的正面资格描述，否定性标准是指学位授予标准中关于暂缓授予学位、不授予学位、撤销学位的

---

① 有学者从高校学位授予标准性质的角度去认识高校设定学位授予标准的自主性，认为高校学位授予标准的制定属于高校自主权的范畴，是大学自治的延伸，认可高校学位授予标准的设定是大学所享有的自治权的一部分。参见杨铜铜：《高校学位授予标准的合法设定——兼论〈学位条例〉的修订》，载《东方法学》2020 年第 3 期。

② 姚启和：《自主办学：高等学校自身发展规律的要求》，载《高等教育研究》1999 年第 5 期。

③ 参见刘璞：《高校学位授予标准设定权的法律属性与权利边界——兼论〈中华人民共和国学位条例〉的修改》，载《学位与研究育》2020 年第 8 期。

相关规定。① 然而，实际上肯定标准中的"否定"和否定标准中的否定意义不同。在否定性条款前加上"未通过""未发表"等简单的语词前缀，即加上否定词并非真正意义上的否定性标准，只是其申请学位资格的条件上的不满足。否定性标准实质应是公众不能容忍的限度，是对道德伦理的违反，其范围覆盖面包含触犯刑事法律、发表反党反社会言论、受到治安管理处罚、严重违反校规校纪、学术舞弊作伪、学术不端的事项等。否定性标准的设定极易影响到学生的权益，应当坚持法律保留原则，依法设定。

因此，肯定性标准、否定性标准的内涵与学术标准和非学术标准具有一致性，在内容上两类标准互相对应。

（二）学术标准和非学术标准

高校学位授予标准可以分为学术标准和非学术标准两类，这一划分也是以内容为依据的划分。学术标准指的是学位申请者获得学位所要达到的学术水平，具体指的是掌握本门学科的基础理论、专门知识和基本技能，有从事科学研究工作或担负专门技术工作的能力，在科学和专门技术上作出创新性成果，等等。非学术标准指的是对学位申请人政治品行的要求，即指学位申请人获得学位要拥护中国共产党的领导、拥护社会主义制度、遵纪守法等。我国的学位授予标准是坚持单一的学术标准，还是坚持学术标准与非学术标准的双标准制，目前存在着不同的认识。由于对学位授予标准分类产生了争议，导致高校与学生的学位纠纷诉讼频发，司法实践中出现案件争议相同、判决不同的情况，司法权威受到侵害。标准认识不统一的根源实质在于，非学术标准是否应当包括道德品行标准。我国《学位条例》第二条规定："凡是拥护中国共产党的领导、拥护社会主义制度，具有一定学术水平的公民，都可以按照本条例的规定申请相应的学位。"从对该法条解读，学位申请者获得学位要求"拥护党的领导""拥护社会主义制度""有一定学术水平"，即获得学位要满足两个条件：一是政治条件，二是学术条件。国务院学位办发布的《关于对〈中华人民共和国学位条例〉等有关法规、规定解释的复函》（以下简称《复函》）中明确指出，该条款"涵盖了对授予学位的人员的遵纪守法、道德品行的要求"。因此非学术标准应当包括道德品行标准，而且道德品行标准作为学位授予标准有着诸多积极意义。首先，道德品行标准作为学位授予标准是对社会道德期许的坚守；其次是对学位荣誉的维护；同时也是与国际实践接轨，目前诸多国家的学位管理实践均明确了对学位申请人非学术标准的要求。② 道德品行标准作为学位授予标准也有利于提高人才培养质量，维护正常的教学、学术秩序。我国法律规范也对学生道德作出了一些要求。《普通高等学校学生管理规定》（以下简称《学生管理规定》）第一条规定"培养德、智、体、美等方面全面发展的社会主义建设者和接班人"，第三条规定"要坚持以立德树人为根本"。

---

① 参见徐靖：《论高等学校学位授予标准中的否定性条款》，载《学位与研究生教育》2020 年第 2 期。

② 参见徐靖、张敏：《论学位授予中的非学术标准设定》，载《复旦教育论坛》2020 年第 4 期。

《高等教育法》第四条规定了"使受教育者成为德、智、体、美等方面全面发展的社会主义建设者和接班人"。《教育法》第六条规定"教育应当坚持立德树人"。法律法规是国家意志的体现,这些法律法规中明确要求高校在人才培养方面要高度重视学生品行的发展,突出了国家对学生树立正确品行的高度重视。举轻以明重,学生在日常的学习中就要重视道德品行的树立,作为能影响学生生存权的学位的获得更是需要对学生的品行标准提出高要求。同时学位证的发放也是以国家和高校的信誉为担保,试想一个接受了高等教育但品行不过关的学生进入社会无疑会对社会产生更大的危害,也会让国家和高校的信誉受到侵害,例如轰动一时的吴某弑母案就是一个例证。党的十八大提出的将"立德树人"作为教育的根本任务,也体现出国家对学生树立正确道德品行的重视。国务院学位委员会和教育部联合发布的《关于做好应届本科毕业生授予学士学位准备工作的通知》指出:"在授予学士学位工作中……遵守纪律和社会主义法制,品行端正,方可授予学位。"即非学术标准除了要求学生满足政治条件外,对学生的道德品行也有一定的要求。总之,学术标准和非学术标准共同构成了我国学位制度有机组成部分。

第二节　高校学位授予的学术标准

一、高校学位授予的学术标准现状及问题分析

"学术"一词最早出见于汉代《史记·张仪列传》:"始尝与苏秦俱事鬼谷先生,学术,苏秦自以不及张仪。"①这里的学术主要指治国之术,与我们现在所称的"学术"并不等同。现在所称的学术主要指学问、学识的意思。现代意义的学术是从西方引进而来。对在《牛津高阶英汉双解辞典》《剑桥国际英语辞典》《美国传统辞典》中"academic"的所有释义进行归纳总结,可以发现有这样两个共同点:一是与学院有关,二是非实用性。② 因此对学术可从两个维度理解。一是学术与大学的起源密切相关;二是学术研究属于高校内部追求真理的过程,即为求得真知而从事学术,并无其他实用之意。也即如此才可保持学术之纯粹性。由此可确定相对非学术评价而言,对学生的学术性评价是学位制度的初衷和本源。

在对学术标准认识上,有学者认为:"学术标准是学术评价的客观参照,从字面意义

---

① 司马迁主编:《史记》,中华书局 1982 年版,第 2279 页。
② 李伯重:《论学术与学术标准》,载《社会科学论坛》2005 年第 3 期。

上可以解释为评价学术水平高低的标尺。"①学术标准在学位评价中居于核心地位,而非学术标准随着时代发展亦发挥着举足轻重的作用,二者相互补充,共同构成了我国学位制度的有机组成部分。

(一)高校学位授予学术标准的现状分析

1.高校设定标准的上位法律规范依据

我国目前规定标准的法律文件主要有《学位条例》对标准的原则性规定、《学位条例暂行实施办法》对标准的进一步的规定,以及《学士学位授权与授予管理办法》第十二条规定:"学士学位授予单位应制定本单位的学士学位授予标准,学位授予标准应落实立德树人根本任务,坚持正确育人导向,强化思想政治要求,符合《中华人民共和国学位条例》及其暂行实施办法的规定。"《高等教育法》第二十二条规定学位申请人如果学业水平达到国家规定的学位标准,可以向学位授予单位申请授予相应的学位。《教育法》第二十三条规定了国家实行学位制度,在此前提下,学位授予单位依法对达到一定学术水平或者专业技术水平的人员授予相应的学位,颁发学位证书。从上述法律规范可以明确的是,上位法规定的标准大部分都是概括性、原则性的规定,标准具体化的权利给了高校,高校可以将法律法规中规定的标准细化为具体标准。但高校细化标准的范围在哪里,是否会出现以"细化"标准之名,行创设标准之实,如果这样可以说高校是在一个自由的王国中,不受任何干预和限制的"合法"侵犯学生权益。② 正如何某诉华中科技大学拒绝授予学位案中③的二审法院认为,《学位条例》对学位授予标准的规定是原则性规定。被上诉人华中科技大学也称:"《学位条例》第四条第一款'较好掌握本门学科的基础理论、专门知识和基本技能'这是一个原则性规定,至于哪些是基础知识专门技能并未明确表述,实际上也不能明确表述。"实践中,也有学生因为没有通过高校设定的英语四级考试而不被授予学位,学生们认为学校这样的规定是违反上位法的。但也有学校管理者认为,学校制定的相关管理条例与《学位条例》是不相矛盾的,"完成课程、修满学分不能证明学业优良。我们借用国家四级考试的公正性和科学性来衡量学生学业优劣,这也是考核学生的一个标准。"目前的《学位法草案(征求意见稿)》学位授予标准部分的规定仍是较为原则。事实上,作为上位法的《学位法》不可能将学位授予标准部分进行详尽规定,否则就会侵害高校的学术自治权。因此本书就高校可以设定哪些标准、哪些标准可以有、哪些标准不可以有的讨论就极具意义。出于深度讨论的需要,本节首先梳理出部分高校设定的标准情况,并对之进行归纳与分析。

---

① 李伯重:《论学术与学术标准》,载《社会科学论坛》2005年第3期。

② 并且学术自治和法律授权关系的不明确导致了学术自治产生工具主义,司法审查无法对高校学位授予标准产生约束。

③ 见湖北省武汉市中级人民法院行政判决书,(2009)武行终字第61号。

2. 部分高校设定学位授予学术标准的情况

学术标准是学术评价的客观参照,学位授予中学术标准的性质大致可分为三类:一是语言类标准;二是课程(学分)类标准;三是论文(作品)类标准。以 7 所高校学位授予标准为例,梳理出标准设定的情况,作出归纳、分析(见表4-1)。

表4-1　高校设定学位授予学术标准的设定

高校名称	学术标准	课程(学分)类标准	论文(作品)类标准	语言类标准
北京大学	学士学位标准	1. 在校期间完成教学计划的各项要求 2. 掌握本学科的基础理论、专门知识和基本技能	具有从事科学研究工作或担负专门技术工作的初步能力	
	硕士学位标准	1. 满足培养方案所规定的要求,成绩合格 2. 掌握本学科坚实的基础理论和系统的专门知识	具有从事科学研究工作的能力	熟练运用一门外国语
	博士学位标准	1. 满足培养方案规定的要求,成绩合格 2. 掌握本学科坚实宽广的基础理论和系统深入的专门知识	1. 具有独立从事科学研究工作的能力 2. 在科学或专门技术上做出创造性的成果	熟练运用一门外国语
清华大学	学士学位标准	较好地掌握本门学科的基础理论、专门知识和基本技能	具有从事科学研究工作或担负专门业务工作的初步能力	
	硕士学位标准	在本门学科上掌握坚实的基础理论和系统的专门知识	具有从事科学研究工作或独立担负专门业务工作的能力	熟练运用一门外国语
	博士学位标准	在本门学科上掌握坚实宽广的基础理论和系统深入的专门知识	1. 具有独立从事科学研究工作的能力 2. 在科学或专门技术上做出创造性的成果	熟练运用一门外国语

续表4-1

高校名称	学术标准	课程(学分)类标准	论文(作品)类标准	语言类标准
郑州大学	学士学位标准	课程学习的成绩表明确已掌握本学科的基础理论、专业知识和基础技能,并具有从事科学研究工作或担负专门技术工作的初步能力(曾不及格的课程超过16学分(不含任选课)且学习成绩平均绩点低于2.0者)	毕业论文(毕业设计或其他毕业实践环节)的成绩表明确已掌握本学科的基础理论、专业知识和基础技能,并具有从事科学研究工作或担负专门技术工作的初步能力	
	硕士学位标准	在本门学科上掌握坚实宽广的基础理论和系统深入的专门知识	具有从事科学研究工作的能力、具有承担专业工作的能力	
	博士学位标准	在本门学科或者专业领域掌握坚实宽广的基础理论和系统深入的专门知识	1.具有独立从事科学研究工作的能力、具有独立承担专业工作的能力 2.在科学研究方面、专业领域取得创新性成果	
上海大学	学士学位标准	1.完成指导性教学计划的各项要求,经审核准予毕业 2.理论必修课和实践教学环节,必须修满规定学分,其中经重修取得的学分数文科累计不超过28学分、理工科不超过32学分。若重修绩点达到3.0及以上,则该课程不计作重修学分3学习期间,全部课程(含实践环节)平均绩点不低于1.5		基础英语达到学校对国家大学英语四级(CET-4)考试的要求标准(其他语种应达到相应水平)
	硕士学位标准	扎实掌握好本学科基础理论系统的专门知识	1.具有从事科学研究工作或独立担负专门技术工作的基本能力 2.发表一定数量的学术论文	熟练地运用一种外国语
	博士学位标准	原则性规定	1.学位论文在科学或专门技术上做出创造性的成果,表明作者具有独立从事科学研究工作的能力 2.发表一定数量的学术论文	熟练地运用一种外国语

续表 4-1

高校名称	学术标准	课程(学分)类标准	论文(作品)类标准	语言类标准
复旦大学	学士学位标准	较好地掌握本门学科的基础理论、专业知识和基本技能	具有从事科学研究工作或担负专门技术工作的初步能力	
	硕士学位标准	原则性规定	1. 发表(含录用)一定数量和水平要求的、与学位论文内容相关且作者(学位申请人)的第一署名单位为复旦大学的学术论文 2. 完成规定的课程合格且学位课成绩达到 70 分,补考及格的课程不超过 2 门,学位课程不超过 1 门	
	博士学位标准	原则性规定	原则性规定+发表一定数量学术论文	熟练地运用一种外国语
安徽师范大学	学士学位标准	原则性规定+必修课程的平均学分绩点达到 2.0	原则性规定	
	硕士学位标准	课程成绩全部合格,学位课程成绩 75 分为合格,课程考试不合格者可申请重修 1 次,经重修仍不合格者不能授予学位	鼓励研究生在读期间,以第一作者(含导师为第一作者的第二作者)、我校为第一署名单位发表有价值的学术论文(或音乐、绘画等艺术作品)。各学院以及相关学位点在培养方案中可设置有关发表论文等学术成果的个性化规定	熟练地运用一种外国语
	博士学位标准	与硕士标准相同	1. 学术学位博士研究生在国外学术期刊或国内核心期刊上发表不少于两篇与本专业相关的高水平学术论文,其中至少有一篇学术论文被 SCI、EI(核心)、SSCI、A&HCI 或 CSSCI 收录或被我校二级以上期刊收录 2. 专业学位博士研究在国外学术期刊或者国内核心期刊上至少发表 1 篇以上与本专业相关的学术论文	熟练地运用一种外国语

续表 4-1

高校名称	学术标准	课程(学分)类标准	论文(作品)类标准	语言类标准
广西师范大学	学士学位标准	文学类专业达到课程总学分绩点达到 2.0;理科类达到 1.8	非计算机专业学生应通过高校非计算机专业计算机联合考试一级考试	初步掌握至少一门外国语,根据所学专业按相应要求参加全国大学英语四级统一考试、高等学校英语应用能力测试、英语专业八级统一考试,成绩达到学校的要求

在这 7 所高校中大部分高校规定的学术标准都较为原则,原则性标准在一定程度上沿用了《学位条例》的规定,部分高校依据《学位条例暂行实施办法》对标准进行了细化。其中课程成绩和重修成绩部分高校作出了不同规定。在论文发表数量上,部分高校除了要求学生发表学位论文外,还要求学生发表一定数量和级别的学术论文。在语言类标准上,大部分高校都要求学生具有熟练地运用一门外国语的能力,有的高校则要求学生通过英语四级或者其他能证明英语能力的考试。由于高校在设定学位授予标准时没有统一的依据,各高校设定的标准不一。

(二)司法争议检视:问题分析

司法裁判分析是检视高校学位授予标准现状和问题的有效方式。在中国裁判文书网上以"学位授予标准""行政案件"为关键词全文检索,共检索到行政判决 18 件。整理发现学位授予标准纠纷案件涉及不同的标准,有些是细化的标准,有些是创设的标准。在这 18 件判决中,因学术标准(高校是否可以设定该标准)引发的诉讼争议共 6 件,本书首先仅对学术标准引发的诉讼争议进行分析(见表 4-2、表 4-3)。

表 4-2　案件判决结果

案由	案件争议数量	判决结果与数量	
课程成绩、学分(课程补考)	1	驳回原告(上诉人)请求	
		撤销、确认违法	1(法院以程序违法为由判决确认违法)
英语等级考试(计算机考试)	4	驳回原告(上诉人)请求	4
		撤销、确认违法	

续表4-2

案由	案件争议数量	判决结果与数量	
博士资格论文的发表	1	驳回原告(上诉人)请求	1
		撤销、确认违法	

表4-3　案件具体争议焦点

案件名称	标准问题争议焦点	法院观点
符某诉海南大学不履行授予学士学位法定职责纠纷案	上诉人符某称:其完全符合《学位条例》第四条规定的授予学士学位要求。《实施办法》第二十五条明确授权被上诉人制定本单位授予学位的工作细则,并不授权其增设获得学士学位的前置性规定,《海南大学关于全国大学生英语考试成绩与学士学位挂钩的规定》在内容上则增设了"英语四级与学士学位挂钩"的前置性规定,已经超出《实施办法》第二十五条授权的范围,属于无效力之规定。《实施办法》对外语与学位挂钩的规定是出现在学生攻读硕士学位和博士学位期间的法定要求,并授权学校机构对外语设置相关规定,但并未授权学校机构对于本科生攻读学士学位阶段对外语等门槛与学位挂钩进行设置前置性规定 被上诉人海南大学称:海南大学自行对所培养的本科生教育质量和学术水平作出具体的规定和要求,是对授予学士学位标准的细化,并没有违反上位法的原则性规定	法院认为学位授予单位在授权范围内将全国大学英语四级考试成绩与学士学位挂钩,属于学术自治的范畴。高等学校依法行使教学自主权,自行对其所培养的本科生教育质量和学术水平作出具体的规定和要求,是对授予学士学位的标准的细化,并没有违反《学位条例》第四条和《学位条例暂行实施办法》第二十五条的原则性规定
李某诉西安外事学院教育其他行政行为案	上诉人李某称:西安外事学院根据授权制定的《普通本科学士学位授予工作实施细则》规定的学生在校期间必修课程补考门次超过(含)5门次以上者不授予学位违反了《学位条例》第二条、第四条关于授予学士学位实质条件的规定,对上位法授予学士学位的条件擅自进行了限制解释,侵害了上诉人的合法权益 被上诉人外事学院辩称:其制定的实施细则符合上位法的规定,是在上位法授权范围内根据学校的教育自主权制定的合法有效的规定	法院以程序违法为由判决确认违法,未对标准争议问题进行论述

续表 4-3

案件名称	标准问题争议焦点	法院观点
佘某诉湖北民族学院颁发医学学士学位证书案	上诉人佘某称:根据《学位条例》第四条应为其颁发学士学位证书,而原审依据《湖北民族学院学士学位授予工作细则》第六条第(八)项"到四年级上学期末通过大学英语四级考试者不授予学士学位"但针对上诉人5年临床医学学科,要求大四上学期取得英语四级考试证书显然不合理,不合法 被上诉人湖北民族学院未予以答辩	法院认为高校依据《学位条例暂行实施办法》第二十五条授权可根据暂行实施办法制定本单位学位授予工作的细则。该校制定的《湖北民族学院学士学位授予工作细则》符合上位法的规定,《学位条例暂行实施办法》第二十五条赋予了学士授予单位在不违反《学位条例》授予学士学位基本原则的基础上,在学术自治范围内制定学士学位授予标准的权力,被上诉人将"到四年级上学期未通过大学英语四级考试者不授予学士学位"的条件与授予学士学位挂钩,属学术自治范畴。是高等院校依法行使教学自主权,对授予学士学位的标准的细化,与上位法不冲突
孙某诉电子科技大学中山学院履行授予学士学位法定职责案	原告孙某诉称:根据《中华人民共和国学位条例》第四条规定,其并未对英语能力作出明确规定。电子科技大学中山学院不应以英语四级成绩不合格为由拒绝颁发学士学位证书 被告电子科技大学中山学院辩称该项举措与国家法律法规及上位规则不冲突,具有合法性,符合高校自主办学于学术自治的原则	法院认为根据《学位条例》第四条,《学位条例暂行实施办法》第二十五条规定,电子科技大学中山学院制定的有关标准规定与上述规定不相抵触。该校在授权范围内将全国大学英语四级考试成绩与学士学位挂钩,属于学术自治的范畴。高等学校依法行使教学自主权,自行对其所培养的本科生教育质量和学术水平作出具体的规定和要求,是对授予学士学位的标准的细化
王某诉广西大学不履行授予博士学位法定职责案	原告王某诉称:《学位条例》第六条规定的博士学位授予标准,即通过博士课程考试和学位论文答辩且具有博士学位学术水平是授予博士学位的唯一硬性标准,该标准中并没有科研量化指标的规定,也没有关于博士学位证书申请年限的规定。被告以未达到科研量化指标驳回原告的博士学位申请与上位法明显冲突 被告广西大学辩称:根据《学位条例》《学位条例暂行实施办法》有权制定该标准。本校在此行使的是法律授予的学术自主权和自治权,不存在原告所称"学位的授予标准由国家制定,任何高校均不能提高或降低"的法定情形	法院认为《学位条例暂行实施办法》赋予学位授予单位在不违反《学位条例》所规定的授予博士学位基本原则的基础上,在学术自治范围内制定博士学位授予标准的权力和职责。被告广西大学在此授权范围内将发表论文作为授予博士学位的要求,属于学术自治的范畴,是对授予博士学位的标准的细化,并没有违反《学位条例》第六条和《学位条例暂行实施办法》第二十五条的规定

续表 4-3

案件名称	标准问题争议焦点	法院观点
何某诉重庆第二师范学院不予授予学位决定一案	上诉人何某认为:仅凭《学位条例暂行实施办法》第二十五条就认定《重庆第二师范学院本科学生学士学位授予实施办法》及补充规定合法,该法律没有授权其制定、创设、修改授予学位的标准 上诉人重庆第二师范学院请求撤销一审判决,驳回何慧娴一审的诉讼请求	法院认为,《学位条例暂行实施办法》第二十五条规定:"学位授予单位可根据本暂行条例实施办法,制定本单位授予学位的工作细则。"该办法赋予学位授予单位在不违反《学位条例》所规定授予学士学位基本原则的基础上,可在依法行使教学自主权和自治范围内对授予学士学位的标准进行细化,制定学士学位授予标准的权力和职责

在标准问题争议中,法院态度是明朗的,几乎都认可高校制定标准的合法性,认可高校依据学术自治权制定标准,最高人民法院在指导案例中也认可了这一做法,但为何高校和学生间对标准问题争讼不断? 这一问题实际上是上位法律规范存在一定程度的缺漏,具体来说就是没有明确高校享有学术自治的具体范围,对学术标准解释尺度多大无法确定,存在界限不清,范围不明的情况,由此引发诸多问题。

二、高校学位授予的学术标准争议:问题溯源

(一)法律授权和学术自治关系不明确

法院认为,高校学位授予标准是在法律授权下的自行制定,即高校在不违反法律的原则性规定下有权对学位授予标准进行自主设定、细化(实则会出现增设标准情况),而学位授予标准的"细化"属于学术自治的范畴,将学术自治置于法律授权之下。法院的这一观点极易导致法律授权和学术自治关系的混乱,导致学术自治产生工具主义,司法审查无法对高校设定学位授予标准产生约束。正如有法院认为,高校设置英语四、六级标准是在学术自治范围内制定学位授予标准的权力和职责,属于学术自治的范畴,是对授予学士学位标准的细化,没有违反《学位条例》第四条和《学位条例暂行实施办法》第二十五条的原则性规定。[1] 何某诉华中科技大学履行法定职责纠纷案中法院判决同样认为"将英语四级考试成绩与学士学位挂钩,是在法律法规的授权范围之内,并没有违反《中华人民共和国学位条例》第四条和《中华人民共和国学位条例暂行实施办法》第二十五条的原则性规定"[2]。以上判决实质上都错误地理解了《学位条例》《学位条例暂行实施办法》和学术自治的关系,将学术自治理解为法律授权下的自治。这种理解导致高校在《学位条例》规定的原则性标准基础上对标准细化中,其制定的标准几乎都可统摄

---

[1] 参见海南省海口市中级人民法院行政判决书,(2018)琼 01 行终 96 号。

[2] 参见湖北省武汉市中级人民法院行政判决书,(2009)武行终字第 61 号。

于原则性标准之内,自行设定的标准产生违法的可能性几乎微乎其微。如果淡化法律授权逻辑,标准的设定只承认是依据学术自治权设定,高校也可以以标准的设定属于基于学术自治为理由回避司法的审查,实现标准设定"正当性"①。总之,由于上位法以学位授予标准的规定为原则,在对国家学位授予标准细化的过程中,不同的高校有不同的看法,高校标准的制定违法的可能性极其小,高校校规的制定属于细化还是创设的区分已无意义。以上情况极可能造成法律的空转,高校完全是在一个"自由国度",在这样的环境下也将极大助长高校官僚、强势的作风。学术自治的工具化使得学位授予标准的设定异化为国家行政权的裁量运用,行政裁量本应依法通过明显不适当标准予以监督,但实践又以学术自治为名予以尊重而背离法律授权逻辑。②

法律授权和学术自治关系的混淆,不但本身就存在矛盾,而且被理解为法律授权下的学术自治也与授权理论相悖。法律授权应当明确标准设定的具体范围,而《学位条例》规定的标准过于原则,正常逻辑应是《学位条例暂行实施办法》第七条、第八条对学术标准的语言、课程及论文要求所做出的相应的明确规定,第二十五条的条款与这两条相结合也就使得各高校在学术标准的制定问题上有了明确的范围限制,第二十五条对学术标准的制定事实上是"概括式明确授权"。即高校在第二十五条授权下有权对《学位条例暂行实施办法》规定的语言、课程、学位论文标准作出进一步的细化规定,而不是将这一条款理解为是与《学位条例》规定的标准相结合。但是带来另一个问题是,如果将高校设定标准的行为理解为法律授权下的细化(不出现增设标准情况)行为,高校在没有上位法规定的情况下对学位授予设置了具体条件的行为,如英语四、六级,资格论文的发表等行为就无法获得合法性。这时高校可以依据学术自治权去创设标准。但学术自治和法律授权的关系到底为何仍需澄清。

目前有学者认为,"高校学位授予标准的制定是立法赋予的细化空间,且空间十分有限,高校不得设定法律法规所没有明确的学位条件,甚至不得作出各具特色的差异化规定"③。有学者主张,"高校学位授予标准基于学术自由,可以'千校千面'形式呈现,但要求遵循法律保留原则与比例原则"④。无论是何种观点,都没有明晰法律授权和学术自治的关系。二者关系的明确是要承认学术自治相对独立性,承认其本身独立价值,学术自治并不当然从属于法律授权,学术自治目的本身也在于保障学术研究不受公权力的不当干预。并且"作为基本权利的学术自由,在其历史发展的脉络中特别强调'少数'保护,其

---

① 众多法院都认为学位授予单位在不违反《中华人民共和国学位条例》所规定授予学士学位、硕士学位基本原则的基础上,拥有在学术自治范围内制定学士学位授予标准的权力和职责。参见重庆市第五中级人民法院行政判决书,(2020)渝 05 行终 514 号。南宁铁路运输中级法院行政判决书,(2020)桂 71 行终 297 号。

② 伏创宇:《高校学位授予标准的正当性逻辑》,载《法学》2022 年第 6 期。

③ 王春业:《高校办学自主权与学生学位获得权的冲突与平衡——以博士学位授予需发表论文为视角》,载《东方法学》2022 年第 1 期。

④ 参见徐靖:《论高等学校学位授予标准中的否定性条款》,载《学位与研究生教育》2020 年第 2 期。

宪法保障的核心,本质上就在于通过学术组织的自治与自律避免学术活动被国家予以'多数决'化"①。但这并不意味着学术自治权是"治外法权",对学术自治权的行使也应当适当监督,因为其本身会产生功能不彰和自治异化的问题。②

因此,学术自治也要在法律框架内进行,法律对其适当监督,如高校制定学术标准是否贯彻学术自治原则、比例原则和考虑相关因素原则③。学位授予标准是学术自由下的高校有限设定。

(二)标准模糊:国家学位授予标准是全部标准还是最低标准

因高校学位授予标准问题而引发的诉讼争议频发,就学术标准而言,原因在于上位法规定的标准过于模糊。高校在享有学术自治权设定标准情况下,标准细化的权限不明确,极易造成对国家标准的僭越,出现随意创设标准的情况。国家学位授予标准是全部标准还是最低标准问题需要明确。如果认为国家标准是全部标准,那高校只能在《学位条例暂行实施办法》规定的标准范围内对标准细化,对标准的细化就是行使学术自治权的体现,那英语四、六级成绩,资格论文发表以及考取证书等作为学位授予标准就不具有合法性。如果认可国家标准是最低标准,那高校即可依据学术自治权对标准创设。因此问题的解决在于为同时兼顾高等教育的一体化、教育高质量和各高校"千校千面"、各具特色的发展,既需要国家制定一个基本标准,也需要高校可以基于学术自治权创设标准。《学位法草案(征求意见稿)》规定的标准可以视为是基本标准,也是国家学位授予的最低标准,具体包括"通过规定的思想政治理论课、基础理论课和专业课等课程考核并取得规定的学分""通过学位论文(毕业设计或者其他毕业实践环节)审查""完成科研或者实践训练""通过学位论文答辩"等。虽然高校可在基本标准上创设标准,但标准的创设不能是没有边界的创设,需要符合学术自治原则和合理行政原则。

(三)标准空洞,缺乏可操作性

《学位条例》规定的标准过于抽象和原则,是不确定的法律概念,如"较好地掌握本门学科的基础理论""具有独立从事科学研究工作的能力并在科学或专门技术上做出创造性的成果"等,标准的陈述过于简单化导致条款缺乏可操作性,各高校和学生对标准都有着各自的不同理解。以博士论文发表为例,高校认为要求学生发表资格论文是证明学生具有独立从事科研工作能力的体现,而发表的期刊级别越高,似乎越能体现出科研成果的创新性,因此高校对论文发表级别作出了高要求,从而出现了很多不合理的情况。"增强高校学位授予标准的明确性,提高其可操作性是《学位条例》修订中必须关注的核心问

---

① 许育典主编:《法治国与教育行政》,元照出版社 2013 年版,第 133 页。

② 参见伏创宇:《高校学位授予标准的正当性逻辑》,载《法学》2022 年第 6 期。

③ 学位授予标准设定只能考虑相关因素,不得考虑学校评选、行政管理等无关因素。不能脱离法律的立法精神和原则,不得将与学位不相关的因素和条件加入其中。

题。"①因此如何实现标准的可操作性是亟待解决的问题。事实上,上位法不可能将标准规定得过于具体、详尽,否则将干涉到高校的自主办学,但是上位法可以将学生应当达到的基本标准作出明确具体规定,在国家基本标准之上高校可具体规定高校标准,但规定的标准不能脱离上位法规定的原则性标准范围。同时,本文对高学位授予标准问题研究,将回答标准的可操作性问题。

三、学术标准的权利(力)来源与边界——兼论具体学术标准的适当性设定

(一)学术标准的权利(力)来源与边界

(1)学术标准应当具有行政权力和学术自治权利的双重法律属性。高校行政权力的获得是基于法律的授权,依据是《学位条例暂行实施办法》第二十五条的规定:"学位授予单位可根据本暂行实施办法,制定本单位授予学位的工作细则。"按照授权理论,高校设定具体的学术标准应当有上位法律的明确规定,即《学位条例暂行实施办法》对标准的规定。然而实践中,高校设定了各具特色的标准,显然违反了上位法,即以细化标准之名,行创设标准之实。那高校创设标准的权利依据何在? 实际上,这是属于高校学术自治权的行使,即高校依据学术自治、自由可以自行设定有关标准。总之,高校可以依据行政权力对标准设定,设定的标准是基本标准,即现行有效的《学位条例暂行实施办法》规定的标准,以及未来出台的《学位法草案(征求意见稿)》规定的标准,并可以对基本标准进一步细化。高校可以在基本标准设置更高标准,属于基于学术自治权对标准的创设。标准的创设也需要对其予以规制,需要符合学术自治原则。有学者主张学术自治原则包括合议原则、专业原则与参与原则。② 合议原则要求标准的制定的内容要充分体现民主集中制,制定的学术标准最后要经过合议机关组织参与,通过合议确定,合议机关应当由校学位评定委员会担任。专业原则是指具有专业水平以及较高学术素养的教师可以参与学位授予标准的制定,作为学校的学术专业群体的教师,承担着大学的教学与研究任务,与学生交往密切,对学生学术水平的培养以及教学任务的安排都有较为明确的认知,由他们参与到学术标准的制定,能够更好地"对症下药"。参与原则强调特定利益群体需要参与到学位授予标准的制定,如学生的参与,使学生能够充分表达意见,使学术标准的制定能够充分地反映学生的意志。

(2)标准依据学术自治权创设还应当遵循比例原则。比例原则包含适当性原则、必要性原则和狭义比例原则三个子原则。

适当性原则是指学术标准的制定应当促成制定该标准所追求的学术目的的实现。如高校设置英语四、六级成绩作为衡量学生英语水平的方式并与学位获取挂钩,而英语四、六级成绩作为学位授予标准能够对学生的外语水平客观评价。学校的课程安排应与

---

① 杨铜铜:《高校学位授予标准的合法设定——兼论〈学位条例〉的修订》,载《东方法学》2020 年第 3 期。

② 参见伏创宇:《高校行政案件中正当程序适用的困境与基础重述》,载《求索》2020 年第 4 期。

学生获得学位证书所掌握的基础知识相符合,如学校将概率论与数理统计作为物理学与信息技术学院的学生的必修课程就与本专业获得学位证书所应掌握的基础知识相符,但将其作为法学院的必修课程显然不符合法学院学生学位证书所证明的专业知识。也有高校将学术讲座和学术会议作为学术标准,这一做法既不科学,也不客观,显然侵犯了学生权益。

必要性原则是指高校所要达到目的与其采取的手段对相对人造成的损害最小。如对于学生"轻微"的考试作弊行为,学生将与考试复习内容有关的纸条夹带进入考场,但没有证据证明抄袭,而给予开除学籍的处分,剥夺学位获得的权利,尽管对其他学生有一定的警示作用,但严重侵犯了学生的受教育权,没有考虑学生的悔改态度、情节轻重等情况。并且高校依据学术自治权设定标准,标准的制定范围应当被含摄在《学位法草案(征求意见稿)》第十五、十六条的一、二项和第十七条的一、二、三项,即"掌握本门学科或者专业领域的基础理论、专门知识和基本技能""具有从事科学研究工作""具有承担专业工作的能力"等原则性标准,以其为指引。避免毕业时被录取为国内全日制硕士研究生、毕业时被录取为公务员、毕业时应征入伍、违反宿舍管理行为等一些不合理的标准也能被高校制定。

狭义比例原则是指通过法益衡量使高校制定的学位授予标准所要实现的公共目的与学生的权益保障之间实现利益平衡。如高校规定计算机专业的学生要通过英语六级考试才能获得学位,而高校并没有给该专业的学生提供英语辅导,导致学生通过英语六级考试的可能较低,即高校无法提供优良的教育资源却设置了较高的学位授予标准显然违背了标准合理制定的要求。

综上,高校基于学术自治制定学术标准享有较大的自主权,高校制定学术标准时要遵循比例原则,要充分考虑制定该条款的目的,该目的的实现所采取的手段是否对公民的权利造成损害最小,对学生基本权利的限制所造成的权利的侵害是否大于所实现的公共目的。比如博士学位的获得需要以发表一定数量的资格论文为前提,但资格论文的发表作为学位获得的条件之一,是否能正确地评估学生的学术水平。亦或需要通过一些考试来对学生基础理论和专门知识进行评估,但这些考试与学生的专业不挂钩,那这样设置是否合理。比例原则的适用对高校制定学位授予的学术标准起到了一定的监督和规制作用。我国《学位法(草案)》第三十五条规定"学位授予单位应当根据本法规定和本单位实际,制定本单位的学位工作实施办法",其中就体现了学校可自主设定不同水平的学位授予标准,但要结合学校具体的实际情况,这包括高校的教学质量、师资水平等,从而实现标准的合理设定。当然高校在制定标准的过程中也应受到考虑相关因素原则的约束。

法律授权下规定的学位授予标准最低限度标准,是对高校标准制定的外在约束,高校可以在法律授权下对基本标准细化。学术自治是高校学位授予标准制定的内在必然要求,高校可以根据自身情况,激发学术自治活力,创设新标准。

(二)具体学术标准的适当性设定

1. 高校要求研究生发表论文是否具有合法性、合理性

当前关于学术论文能否作为学位授予标准在学界展开了诸多争议。有学者认为,"授予单位对发表论文的要求属于额外要求,不属于高校办学自主权范围内的权限,也不属于法律对学位授予的要求"[①],因此不能将论文发表作为获得学位的限制性条件。而有学者却认为,"高校设置博士学位申请者的学术论文发表要求,具备充分的逻辑正当性"[②]。实践中,多所高校要求硕士研究生在校期间公开发表论文、博士研究生在一定等级的刊物上发表资格论文作为申请学位的前提,高校这样做的目的是评估学生的学术水平是否达到规定的学术标准,但由此引申出来了高校设定这些标准是否具有合法性,以及学术论文作为学位申请的前提是否符合现实的合理性问题。在合法性问题上首先需要找到该标准的制定是否符合法律的规定,在合理性问题上需要知道该标准的制定是否具有现实的可行性。

在对合法性问题的认识上,首先需要知道学位授予标准设定权的法律属性为何,前文所述,学位授予标准设定权兼具行政权力和学术权利的双重属性,高校基于学术自治权可以制定学位授予的学术标准,对发表论文的要求属于对学生学术水平的评价,高校可以基于学术自治在符合国家规定的基础标准之上创设该标准。在合法性问题上有学者主张,"《高等教育法》第二十二条规定了申请授予学位的标准,即'学业水平达到国家规定的学位标准,可以向学位授予单位申请授予相应的学位'以及《学位条例暂行实施办法》对标准的细化规定,学位论文是证明学位申请者达到学术水平的凭证,大学只能在法律设定的学位授予学术标准之下制定具体的实施细则。"[③]即高校不能设定学术论文作为学位授予标准,该学者的主张还是将高校对标准的制定视为是对国家标准的细化,《学位法草案(征求意见稿)》已经说明国家制定的学位授予标准是基础标准,其中就暗含着高校对标准可创设,而且高校可以依据学术自治权去创设标准以及《高等教育法》第二十二条规定"学业水平达到国家规定的学位标准"中"国家标准"的理解上可作扩大解释,由于高校制定的学位授予标准可以理解为依据上位法的规定去制定,"国家标准"自然包括高校设定的标准。

柴某某诉上海大学要求履行法定职责案中[④],法院在判决中说:"通过规定发表论文数量和期刊载体的方式评价博士的学术水平,历来颇受争议,是否科学合理,各方意见不

---

① 王春业:《高校办学自主权与学生学位获得权的冲突与平衡——以博士学位授予需发表论文为视角》,载《东方法学》2022 年第 1 期。

② 徐雷:《作为博士学位授予标准的学术论文发表:逻辑正当性与误区澄清》,载《学位与研究生教育》2020 年第 7 期。

③ 张颂昀、龚向和:《博士学位授予资格论文要求的法理分析——以 40 所法学一级学科博士点院校为例》,载《学位与研究生教育》2019 年第 8 期。

④ 见上海市浦东新区人民法院行政判决书,(2019)沪 0115 行初 362 号。

尽一致,但此属高校学术自治的范畴,本院予以充分尊重。"因此对资格论文的发表合理性问题的讨论就较具意义。在对合理性问题认识上,目前存在着有的高校自身的学科水平不高,但要求发表资格论文难度畸高情况,高校自身的学科水平不够却要求学生发表较高难度的资格论文,那是否就能说明高校设置资格论文作为学位授予的前提就不合理了呢?答案是否定的,这只能说明高校对标准的制定没有贯彻学术自治的原则和比例原则,高校恣意设定标准,正如有学者指出的:"高校应该坚持比例设定的原则,设置的论文发表要求应当符合博士学位对于博士生学术水平的内在规定,不可在超出博士生能力范畴的情况下设置过高的要求。"①高校将发表资格论文作为学位授予的前提,这在实践中导致了学生买版面、花钱发论文等现象,而且以研究生公开发表论文的数量为标准判断研究生学术水平的定量考核机制,难免有简单化、形式化之嫌。有的学者做了测算,我国目前的期刊容量,根本无法满足学校对学生发表论文的要求。②以论文发表数量和期刊等级作为评价学生学术水平的指标是否能真实反映学生的学术水平呢?我们的确需要正视这些问题,但这些问题出现的根源并不是设置资格论文这一标准本身存在瑕疵,而是对资格论文进行评价的机制存有瑕疵。如《求索》杂志社原主编乌某利用职务之便,以收取"版面费"的名义收受贿赂,滋生了学术腐败。对这一问题解决则需要完善相关的法律法规,健全对资格论文进行评价的机制。但是对于资格论文评价机制如何完善,由于牵涉面甚广,本书不再精细化研究。但值得肯定的是,将资格论文作为学位授予的前提,有其必要性、合法性及合理性。目前期刊容量无法满足学校对学生发表论文的要求这一问题,不应当归于合理性问题去思考。博士作为我国最高级别的学位,国家对博士培养也高度重视,学生在申请博士时也要有不能毕业的心理准备,博士学位获得体现着"优胜劣汰",博士学位获取不应当也不可能"大众化",因此期刊容量不足问题不能成为资格论文发表作为学位授予标准的否定因素。目前来说,期刊的发表作为学术水平的重要证明有着不可替代的作用,并且资格论文在期刊上的发表已经保证着学位授予评价工作的客观公正。同时,在国家号召破除"五唯"③的背景下,破除"唯论文",可以不将资格论文发表作为唯一标准,可以建立健全多元化的学术评价体系。高校有必要优化博士学位授予标准,改进单一的以发表论文为评价标准的要求,吸纳多元化的学术成果作为学术评价内容,从而增强制度设置的弹性。④因此,对于硕士研究生除发表学位论文外,高校可以根据高校的教学水平视情况规定要求其发表一些学术论文,但对发表数量和刊物级别不能作出强制性规定,对于博士研究生可以作出更高要求,但不能违背比例原则,只有这样

---

① 魏庆义:《论文发表作为高校博士学位授予标准:理论争议、现实困境与优化策略》,载《上海教育评估研究》2023 年第 12 期。

② 参见丁伟、阎锐:《以论文发表数量作为学位论文答辩前提的法理追问》,载《政法论坛》2008 年第 2 期。

③ 教育部等多部门发文,要求关高校开展"唯论文、唯帽子、唯职称、唯学历、唯奖项"清理,要求教育评价要回归教育的本质、教育的初心,立德树人成为高校的首要任务。

④ 魏庆义:《论文发表作为高校博士学位授予标准:理论争议、现实困境与优化策略》,载《上海教育评究》2023 年第 2 期。

才能让学术回归学术,而不是让学术研究成为提高高校"GDP"和大学排名的工具。最后需要提到的是,在实践中对于学校在学位授予中增加前提条件等规定,司法机关等应当为维护当事人权利提供必要的救济渠道。[①]

2. 课程标准和证书设定的适当性

课程标准包括课程内容和课程成绩。课程内容指学生在学期间学科专业培养计划内的课程,包括公共必修课、专业基础必修课、实践性课程和相对应的选修课四种。实践性课程可以规定学生在校期间需要进行一定时间的实践训练,将理论运用于实践之中,提升学生的专业水平和社会实践经验。专业基础必修课和相应的选修课各高校应当根据不同专业要求进行设置。课程成绩是学生取得学位的最基础、最重要的条件之一,课程成绩主要包括课程考试的最终成绩、课程学时学分的要求、课程成绩绩点。学分是对学习"量"的反映,绩点是对学习"质"的衡量。[②] 高校在国家规定的标准上对课程成绩可以适当地提高。如学位办《关于制定工程类硕士专业学位研究生培养方案的指导意见》规定课程学习不少于 24 学分,课程学习 16～20 学时可计作 1 学分。高校在课程标准的设定中可以设定高于规定的学分,以满足高校培养人才的需求。对平均学分绩点设定问题上,目前高校对绩点的要求不一,高校可根据本校教学质量等情况,设定适当的绩点。

对于语言类标准,《学位条例》规定的较为原则和模糊,英语四、六级等语言类考试是否属于与学术水平相关的考试存有质疑。《学位条例暂行实施办法》规定了,"要求熟练地阅读本专业的外文资料""要求有阅读本专业外文资料的初步能力"。《高等教育法》第十六条规定:本科教育应当使学生比较系统地掌握本学科、专业必需的基础理论、基本知识,掌握本专业必要的基本技能、方法和相关知识,具有从事本专业实际工作和研究工作的初步能力。上位法并未明确规定将英语四、六级和其他级别的语言类等级考试作为学位授予标准,那高校设定这些标准是否违反上位法律的规定呢? 这就要看这一标准设定是否能够科学合理并合法地反映学生的英语水平。就全国英语四、六级考试而言,其是由教育部教育司主持的全国性教学考试,目的就是希望对学生的英语能力水平给予客观公正的评价,而英语作为大学生的公共必修课,每所学校都予以高度重视,而以英语四、六级成绩作为衡量学生英语水平的方式属于高校行使学生自治权的范畴,设定这一标准无可厚非。但是其设定是否具有合理性应予以充分重视。需要通过原则予以检视。"公权力限制人民基本权利的'阻却事由',一般约可分为'形式阻却违宪事由'与'实质阻却违宪事由'二种,前者着重于限制基本权利的形式要件,通常以所谓'法律保留原则'检验之;后者着眼于限制内容的正当性,审究其原因及侵害程度的合理性,其中'比例原则'为主要检视工具。"[③]也就是说高校有权依据学术自治权对英语四、六级成绩予以设定,并未违反"形式阻却违宪事由",而设定这一标准还需合理设定,需要通过"实质阻却事由"

---

① 丁伟、阎锐:《以论文发表数量作为学位论文答辩前提的法理追问》,载《政法论坛》2008 年第 2 期。

② 湛中乐主编:《公立高等学校法律问题研究》,北京法律出版社 2009 年版,第 400 页。

③ 参见陈建良:《宪法理论与实践(三)》,学林文化事业有限公司 2004 年 7 月版,第 184 页。

检验。总之,高校基于学术自治权可以设定与学术有关的标准,只不过标准的设定要遵循学术自治等相关原则,其他证书的设定也是如此,如计算机等级证书。具言之,标准的设定要符合社会公认的学术评价标准,如果对于计算机专业的学生要求其通过法律职业资格证书,或者不是会计专业的学生要求其获得初级会计师证书作为获得学位证书的条件则有侵犯学生权益的嫌疑。

四、院系制定高校学位授予标准是否具有正当性、合理性

"柴某某诉上海大学要求履行法定职责案"首次将二级学院纳入学位授予争议诉讼中来。由此学界产生了关于二级学院是否有权制定学位授予标准的争议。二级学院制定高校学位授予标准是否具有正当性、合理性需要从法律规范的立法目的、高校的内部组织结构和司法实践中有关判决的思路中去具体释明。

首先从法律规范的立法目的去看,学位授予权是国家或者教育机构对达到一定学术水平的公民授予学位的权力。也就是说不是任何高校都有权对公民授予学位,高校授予学位的前提是必须要有学位授予权。法律依据是《学位条例》第八条规定:学士学位,由国务院授权的高等学校授予;硕士学位、博士学位,由国务院授权的高等学校和科学研究机构授予。由于学位授予标准设定权被包含在了学位授予权之中,因此拥有学位授予权的高校和科研机构有权设定学位授予标准。然而无论是《学位条例》《高等教育法》亦或是《教育法》等法规都没有明确规定二级学院有权制定学位授予标准,但是随着高校权力的不断下放,经过高校的授权,二级学院也在行使着制定学位授予标准的权力,如《清华大学研究生申请学位创新成果标准规定》第七条规定:"分委员会具体规定应当报学校学位评定委员会核准,自学校学位评定委员会核准之日起执行。"

其次从高校内部组织构成来看,二级学院是高校的内设机构,高校和自己所属的二级学院之间是整体和部分、委托与被委托的关系,二级学院行使的学位授予权力最终的法律后果的承担者也是高校。二级学院有权制定学位授予标准,但其制定学位授予标准的权力来源于高校的授权。具言之,"如果二级学院经过高校的合法授权,依合法合规的程序,由学院学术委员会制定了与该专业学术标准相关的规范性文件,且该文件经过高校的审核批准,那么即便该文件是以二级学院的名义发布,也应当认可其法律效力"①。倘若未经高校审核批准,那么学院制定的规范性文件不产生任何法律效力。二级学院并不是享有学位授予权的主体,如若未经高校授权和审核批准,就允许二级学院自行制定标准,这也是高校不负责任的表现。由此可以理解为二级学院依高校授权制定的标准属于高校内部自治的范畴。因此又引申出来一个问题:学院设定的学位授予标准是在对高校的授予标准进行"执行性细化",那么学院通过"标准加码"演变成了"创新性设定"是否具有法律效力?

---

① 任海涛:《高校二级学院"规则"的法律效力研究——从"柴丽杰诉上海大学不履行法定职责案"谈起》,载《教育发展研究》2020 第 7 期。

最后,在柴某某诉上海大学要求履行法定职责案中,二级学院规定要在核心期刊上发表三篇与学位论文有关的学术论文,学校规定发两篇。从该案中引发院系制定的学位授予标准和高校制定的学位授予标准不一致时,院系是否有权在高校的标准上创设新标准的思考。该案法院在判决书中写道:"各学科标准高于或低于学校标准,应在学校规定中予以体现,高校在学位授予方面的程序规制并未否定各学科制定具有本学科特点科研标准的自主性。"①法院的思路是二级学院可以制定学位授予标准,标准的制定可以高于或低于学校标准,但需要高校规章的授权。有学者主张,"二级学院细化学校学位授予标准应依法设定,清晰区分执行性标准与创新性标准"②。二级学院在细化学校学位授予标准时应当对标准区分,遵循与校级学位授予标准不抵触的原则,制定本学院执行性标准。对于二级学院制定的与学术有关的"创新性标准"在高校授权的情况下具有法律效力,但创新制定的标准范围应当在高校所能够设定的标准范围之内。法院将高校和二级学院之间的关系视为授权和被授权的关系。即在这种情况下,二级学院制定学位授予标准的权利关系实质上属于高校内部权利关系,标准制定后的后果承担者也是高校。简言之,法律法规授权高校设定学位授予标准,高校享有标准设定权,现行有效的法律法规和《学位法草案(征求意见稿)》并没有授权院系制定学位授予标准的权利,院系制定的标准应属于高校学位授予标准的组成部分。二级学院创新设定标准的权利来源于高校的授权(实质更像一种委托关系),而不是法律法规的授权,且高校的学位授予标准设定权本身就是通过国家立法授权而来,学位授予标准设定权不能二次授权。"依照授权立法原理,再授权要有授权法(母法)的明示规定,否则,作为被授权者不得(在子法中)进行(制定孙法的)再授权。"③正如有学者认为,"高校规范性文件具有'准法'效力,现行法律法规并未授权二级学院可以制定规范性文件,因此二级学院不是学位授予标准设定权的主体"④。可以明确的是上位法律规范立法目的主要是想解决国家和高校之间关于学位授予标准设定的权限划分的问题,立法不可能对院系是否有独立制定标准的权利予以规定。总之,二级学院不是自主办学权的主体,不具有独立设定标准的资格。

第三节　高校学位授予的非学术标准

非学术标准指的是对学位申请人品行的要求,即学位申请人获得学位要拥护中国共

---

① 见上海市浦东新区人民法院行政判决书,(2019)沪行初362号。
② 刘永林:《高校二级学院学位授予权力行使的边界及其规范——从柴某某诉上海大学博士学位评定纠纷案切入》,载《中国高教研究》2021第8期。
③ 参见陈伯礼:《授权立法研究》,法律出版社2000年版,第242页。
④ 张显伟:《高校规范性文件法治化的诉求》,载《政治与法律》2019年第11期。

产党的领导、拥护社会主义制度、遵纪守法、遵守道德等。学位授予标准可分为学术标准和非学术标准。这一区分具有重要意义,理论上不同标准对应的司法审查途径、强度都有所区别。"在司法审查过程中,要件区分是第一步,也是判断审查深度的前提,如此才能把握该类案件中的利益平衡,既保障高校学术自由的必要空间,又避免学位授予要件的司法审查被轻易导向"学术自治"的判断余地。"①法院坚持司法对学术的尊让,以不抵触原则低强度地审查学术标准;高校依据法律设定非学术标准,不得增设其他非学术标准,法院依据法律保留原则高强度地审查非学术标准,防止学生权益受到侵害。② 学术自治主要保障学术自由,注重"学术"的发展,"非学术"侧重于对学生品行的评估。如果将非学术标准与学术标准混同极易侵害学生权利,而且也与学术自治的目的相悖。实践中,有的法院认为考试作弊不授予学位的行为属于高校自主办学所享有的自治权范畴,但又将其视为是违反了道德品行标准,也即是法院将道德品行标准视为依自治权设定。因此非学术标准是依据何种权力设定有必要进一步细致论述。

一、非学术标准具体表现形式及标准的权力来源与边界

(一)非学术标准的具体表现形式

如前所述,非学术标准应当包括政治标准和道德品行标准。道德品行标准包括考试作弊③、"常规"违反道德的行为④(违纪违法行为)和违反学术道德行为(学术不端)。现在需要厘清的是,是否只要有打架斗殴等常规违反道德的行为、亦或是论文抄袭的学术不端行为或者是考试作弊一律视为是违反了道德品行标准,将其与学位挂钩,不授予学位。因此本节将具体讨论以上情形达到何种程度,高校可以不授予学位,符合上位法律的规定。具言之,对于高校非学术标准的设定要从上位法中找出依据,明确学位授予单位在学生违反道德品行达到何种程度可以作出不授予学位的决定,否则就有违背上位法的危险。

(二)非学术标准设定的权力来源与边界

"非学术标准的设定来源于'管理自治',即'大学具有维护大学内部的安全与秩序

---

① 张亮:《高校学位授予要件之区分审查论——对指导性案例 39 号的质疑与反思》,载《行丛》2016 年第 19 卷。

② 参见刘璞:《高校学位授予标准设定权的法律属性与权利边界——兼论〈中华人民共和国学位条例〉的修改》,载《学位与研究生教育》2020 年第 8 期。

③ 当前对于考试作弊是否属于学术不端还有争议,笔者认为考试作弊不应纳入学术不端范畴。

④ "常规"违反道德的行为是指违反学术诚信外的构成违法犯罪行为和违纪行为(包括因考试作弊构成刑事犯罪行为),与学术无关。

之管理职责,并排除外界干预'。"①赋予大学管理自治的意旨在于防止国家借由行政事务干预和影响学术自治,将大学校园内部安全和秩序交由大学的管理部门自行负责,大学作为公法社团与国家设施,享有对其设施的自主经营管理权,对其内部秩序的自主管理权,进而排除国家权力的不当干预。②"虽然高校对校园秩序的维护具有一定的自治属性,但是非学术标准的设定应当遵循严格的法律保留,并且不能逾越国家学位授予非学术标准的规定。"③如若给予高校设定非学术标准的自主权利,将极易侵害学生权益。非学术标准的设定不同于高校管理中对学生作出的普通惩戒行为。非学术标准的设定具有更强的权利侵害性和主观可责性。④"高校在学位授予细则中设定非学术标准时,应当遵守学位授予标准设定权的外在界限,严格遵循法律保留原则。"⑤高校设定非学术标准要严格依据上位法去制定,这些法律是《普通高等学校学生管理规定》第五十二条⑥、《学位条例》第二条⑦和第十七条⑧等法律法规规章。

二、高校学位授予的非学术标准现状及问题分析

(一)高校学位授予非学术标准的现状分析

本书随机选取了六所高校,并对这些高校设定的非学术标准情况进行归纳(见表4-4)。通过分析,有的高校对政治标准进行了细化规定,由于政治标准关涉政治立

---

①　许育典、林姁嬿:《大学自治下对学生基本权保障的探究》,载《当代教育研究季刊》2013 年第 2 期。

②　参见倪洪涛:《论法律保留对"校规"的适用边界从发表论文等与学位"挂钩"谈起》,载《现代法学》2008 年第 5 期。

③　杨铜铜:《高校学位授予标准的合法设定——兼论《学位条例》的修订》,载《东方法学》2020 年第 3 期。

④　参见戴国立:《析论高校教育惩戒权的法律控制》,载《东方法学》2019 年第 2 期。

⑤　刘璞:《高校学位授予标准设定权的法律属性与权利边界——兼论〈中华人民共和国学位条例〉的修改》,载《学位与研究生教育》2020 年第 8 期。

⑥　《普通高等学校学生管理规定》第五十二条:"学生有下列情形之一,学校可以给予开除学籍处分:(一)违反宪法,反对四项基本原则、破坏安定团结、扰乱社会秩序的;(二)触犯国家法律,构成刑事犯罪的;(三)受到治安管理处罚,情节严重、性质恶劣的;(四)代替他人或者让他人代替自己参加考试、组织作弊、使用通讯设备或其他器材作弊、向他人出售考试试题或答案牟取利益,以及其他严重作弊或扰乱考试秩序行为的;(五)学位论文、公开发表的研究成果存在抄袭、篡改、伪造等学术不端行为,情节严重的,或者代写论文、买卖论文的。(六)违反本规定和学校规定,严重影响学校教育教学秩序、生活秩序以及公共场所管理秩序的;(七)侵害其他个人、组织合法权益,造成严重后果的;(八)屡次违反学校规定受到纪律处分,经教育不改的。"

⑦　《学位条例》第二条:凡是拥护中国共产党的领导、拥护社会主义制度,具有一定学术水平的公民,都可以按照本条例的规定申请相应的学位。

⑧　《学位条例》第十七条:"学位授予单位对于已经授予的学位,如发现有舞弊作伪等严重违反本条例规定的情况,经学位评定委员会复议,可以撤销。"尽管该条规定的是学位撤销标准,但通过该法条的解读,也可视为是对非学术标准的规定。

场,应当由国家作出统一规定,高校不能细化,更不能创设该标准。因此高校只能以《学位法(草案)》第五条规定的"拥护中国共产党的领导、拥护社会主义制度"作为政治标准的内容予以设定。

表4-4　高校设定非学术标准情况

校规	政治标准	考试作弊	学术不端	违纪违法
《郑州大学授予学士学位规定》	政治的言行造成严重后果且不改正	考试作弊被记过		遵守宪法法律法规;违反校纪受记过
《浙江大学学位授予工作细则》	拥护中国共产党的领导,拥护社会主义制度;热爱祖国,积极为社会主义现代化建设服务;具有良好的道德品质		学术论文严重造假、舞弊	遵纪守法
《武汉大学学士学位授予工作实施细则》		考试违纪受到记过及以上处分的		受刑事犯罪或行政拘留处分;受到两次以上违纪处分
《南昌大学本科毕业生授予学士学位实施细则》	存在违反四项基本原则的言论和行为拒不改正			记过未解除
《兰州大学授予学士学位工作实施细则》	拥护中国共产党的领导,拥护社会主义制度,无反动言行			受到警告、严重警告、记过、留校察看处分;违反学术诚信受到记过、留校察看处分(毕业时处分未解除)无违法行为
《许昌学院学士学位授予工作实施细则》	热爱祖国,拥护中国共产党的领导,拥护社会主义制度	考试作弊	毕业论文(设计)不合格者或出现购买、由他人代写、剽窃或者伪造数据等作假情形者	受到留校察看(不含)以下纪律处分两次以上(含两次)或留校察看及以上纪律处分;在校学习期间遵守国家法律、法规

　　部分高校直接将考试作弊作为学位授予标准,而有的高校将考试作弊和纪律处分挂钩,实则是将纪律处分作为不授予学位的标准。在纪律处分的设定上,高校将纪律处分作为不授予学位的标准已是常态。但受纪律处分后的惩戒幅度各高校规定的却不相同,有的高校并未将违反纪律处分作为学位授予标准,何种程度的纪律处分与学位授予挂钩认识不一,如许昌学院规定受到留校察看(不含)以下纪律处分两次以上(含两次)或留校察看及以上纪律处分不授予学位,武汉大学则规定只要受到两次以上违纪处分就不授

予学位。同时武汉大学也将触犯刑事犯罪或者行政处罚作为不授予学位的标准。目前我国的法律法规并未将纪律处分作为学位授予标准,尽管有《复函》可以作为解释,但复函的解释主体(国务院学位委员会)并不是法定主体,有学者对《复函》的效力提出质疑。[①] 因此纪律处分作为学位授予标准的合法性值得商榷,其合理性亦值得衡量。浙江大学规定学术论文造假、舞弊达到严重程度不授予学位,而有的高校规定只要有学术不端情形就不授予学位,那是否只要学生有学术不端情形就不授予学位正当性值得考量。

(二)司法争议检视:问题分析

在中国裁判文书网上以"学位授予标准""行政案件"为关键词全文检索,发现其中因考试作弊不授予学位引发的诉讼争议有三件[②],在这三件判决中,有高校将该标准和纪律处分挂钩,法院一致判决驳回原告的诉讼请求,认可该标准设定的合法性。对于该类案件的判决法院的论证理由是高校享有学术自主权,有权制定。对于常规违反道德行为,如打架斗殴行为,以杨某案为代表,法院对于学生因打架受到学校纪律处分不被授予学位,认为学位管理和学籍管理是两种不同的法律关系,学生的打架受到的处分属于因学术水平问题和思想道德之外的其他不当行为而受到的处分,支持学生的诉求。法院实质认为学生的打架行为是属于"小打小闹",不能作出剥夺学位的严厉处罚,不能上纲上线。然而有的法院却认为打架受处分属于品行存在瑕疵而支持了不授予学位的决定。[③] 因此需要明确非学术标准是否依据学术自治权去设定,以及打架斗殴、考试作弊等行为达到何种程度才能不被授予学位。

1.非学术标准自主设定存在质疑

伍某诉被上诉人星海音乐学院案中[④],伍某在《中国近现代史纲要》考试中替考作弊,学校根据该校《细则》拒绝授予其学士学位,法院判决认为学校根据《学位条例暂行实施办法》第二十五条的条款授权规定了对品德行为的学位授予条件,是对《学位条例》细化并未违反上位法原则性规定。法院这一认定实际有两个误区:一是《学位条例暂行实施办法》第二十五条的授权规定应是与该条款中所明确的学术标准相结合,而不是与《学位条例》规定的概括性标准,由于《学位条例暂行实施办法》并未规定非学术标准,那第二十五条对于非学术标准的授权事实上不成立;二是如果将非学术标准设定理解为依据学术自治权自主设定没有依据,因为学术自治权并不是非学术标准设定所天然具有的权利,同时学生考试作弊、论文抄袭等违反学术诚信、道德的行为与学术并无关联,应与学生的

---

① 有学者对国务院学位委员会文件的法律效力提出质疑,认为国务院学位委员会并非相应法规的制定主体,其作出的解释并非有权解释,更不属于司法解释。参见伏创宇:《论校规在行政诉讼中的适用》,载《河北法学》2014 年第 9 期。

② 参见广西壮族自治区梧州市中级人民法院,(2019)桂 04 行终 52 号。参见南京铁路运输法院行政判决书,(2018)苏 8602 行初 1205 号。参见西安市碑林区人民法院行政判决书,(2015)碑行初字第 00215 号。

③ 见天津市河西区人民法院行政判决书,(2016)津 0103 行初 128 号。

④ 见广州铁路运输中级法院行政判决书,(2020)粤 71 行终 1815 号。

思想品行相关,因此不属于学术自治范畴。在许某诉南京邮电大学一案中,①南京邮电大学将考试作弊作为学位授予的否定条件,法院认为该条款内容属于学术自治并未违反上位法。这种审查逻辑将直接导致道德品行标准的设定没有限制。高校在法院这种审查逻辑下,将恣意设定非学术标准。

2. 纪律处分作为学位授予标准之疑

在"武某诉华中农业大学教育行政行为案"中,华中农业大学以武某课程考试作弊受警告处分为由不授予硕士学位,法院认为标准的制定与上位法不抵触,以华中农业大学对武某作出的处分决定程序违法为由认为处分不成立。在该案中,华中农业大学制定的细则明确规定学生考试舞弊作伪的不得授予硕士、博士学位。而在对待武某考试作弊行为的处理问题上,该校以其课程考试作弊受警告处分为由不授予硕士学位。学校将受警告处分作为考试作弊和不授予学位的关联要件,而细则并没有这样规定,那该校对武某作出的不授予学位的行为决定是否合法呢? 本案学校在拒绝向学生授予学位的理由主要是学生受到过学校规定的纪律处分,而不是考试作弊本身。原被告虽并未就这一问题争论,但实际上该问题亦值得进一步探讨。有学者主张除了对处分决定的程序合法性审查外,还需对处分的内容是否合法进行审查,不能违背上位法的原则和精神。值得肯定的是该学者认识到了纪律处分与学位授予挂钩极易造成对学生权利的侵犯,然而该学者主要从具体的司法裁判怎么做去论述这一问题,并主张对处分的合理性法院不能过多干涉。而正视处分的合理性问题才是解决处分与学位授予挂钩争议的关键所在。因为我国《普通高等学校学生管理规定》第五十一条②规定了纪律处分的五个等级,第五十二条对开除学籍处分的具体情形作出了明确规定,但对其他纪律处分的具体情形法条没有明确规定。高校在《学生管理规定》中除了开除学籍纪律处分外,其余处分给予了高校较大的裁量权。如对于学生打架,高校既可以给予警告的处分,也可以给予留校察看的处分,这就涉及处分的合理性设定问题上来,如再将这些处分与学位授予挂钩,就极易可能造成学生的任何过错行为都因受到处分而不能获得学位,导致学生受教育权、生存权受到侵害。对于处分的合理性认定目前较难形成统一的认识,不同的人对学生的过错行为有不同的看法,就连高校也是如此,有的高校规定学生在校怀孕或者打架斗殴将给予纪律处分并不授予学位,有的高校则将打架斗殴归于普通的违纪进行处理。这就引申出来一个问题,纪律处分能不能与学位授予条件挂钩? 如果能,那何种程度纪律处分能与学位授予标准挂钩? 同时,有的法院认为对于高校规定学生因品行原因而不能获得学位只要不违反上位法的原则规定就可自行设定,将品行标准的设定归于高校自治权的范畴,在司法上对其是一种尊让的态度进行审查,在这种情况下高校可以恣意设定学位授予的品行标准,只要看起来符合社会一般"认知"即可,这一看法确实不合理。如因普通的违纪

---

① 见南京铁路运输法院行政判决书,(2018)苏 8602 行初 1205 号。

② 《普通高等学校学生管理规定》五十一条:"对有违反法律法规、本规定以及学校纪律行为的学生,学校应当给予批评教育,并可视情节轻重,给予如下纪律处分:(一)警告;(二)严重警告;(三)记过;(四)留校察看;(五)开除学籍。"

行为就剥夺学生学位,将影响学生接受教育的权利及就业发展,甚至能影响学生的人生轨迹。因此理想状态应当是上位法是完善、健全的,明确规定了品行标准。然而由于上位法对标准规定的较为原则,我们只能从有关的法律规范中寻求高校制定非学术标准时应当是一个什么样的状态。如前所述,高校应该对标准慎重规定,严格遵守法律保留原则。由此我们需要知道学生的哪些违反道德品行的行为可以不授予学位。考试作弊、学术不端以及"常规"的违法违纪行为达到何种程度能成为学位授予的标准,并且"考试作弊"是道德品行标准,还是学术标准也有争议,学术不端行为的性质也是一个争议问题。同时也有学者对《复函》的效力提出疑问,认为国务院学位委员无权对《学位条例》第二条的条款作出解释。这一看法过于狭隘。国务院学位委员会作为《学位条例》规定的领导全国学位授予工作的行政机关,通过行政规范性文件的形式对《学位条例》相关条款进行解释是领导学位授予工作的应有之义;并且规范性文件制定权是行政机关的重要权限,这是学界的普遍观点,也得到了最高人民法院的肯定。[①] 因此国务院学位委员会有权对《复函》作出解释,其效力问题应是另一个层面的问题,但可以肯定的是《复函》的内容已成了普遍共识。

三、高校学位授予非学术标准的适当性设定

(一)"考试作弊""学术不端"是属于违反了道德品行标准还是学术标准

目前,考试作弊和学术不端的性质还有争议。就学术不端来说,《高等教育预防与处理学术不端行为办法》第二十七条[②]列举了七种情形,这七种情形明显不属于学术标准,实质上是学生违反了诚实信用的道德品行。同样有学者也认为学术不端行为是道德层面上的不良行为,直接违反的是校纪校规。[③] 因此应当将其归于道德品行标准。

考试作弊属于何种"标准"也有着较大争议。如在"褚某案"中,褚某主张"考试作弊"是道德品行标准,法院则认为"考试作弊"属于学术评价标准。对"考试作弊"的标准认定上,本文认为"考试作弊"应当被包含在道德品行标准之中,也就是说考试作弊行为是对学生道德品行的否定评价。考试作弊的学生主观上是希望获得较好的成绩,而希望获得较好的成绩的目的可能是争取获得研究生保送资格或者奖学金等利益,而这一做法

---

① 参见林华:《学位撤销事由要件反思及其完善》,载《政治与法律》2023 年第 8 期。

② 《高等教育预防与处理学术不端行为办法》第二十七条:"经调查,确认被举报人在科学研究及相关活动中有下列行为之一的,应当认定为构成学术不端行为:(一)剽窃、抄袭、侵占他人学术成果;(二)篡改他人研究成果;(三)伪造科研数据、资料、文献、注释,或者捏造事实、编造虚假研究成果;(四)未参加研究或创作而在研究成果、学术论文上署名,未经他人许可而不当使用他人署名,虚构合作者共同署名,或者多人共同完成研究而在成果中未注明他人工作、贡献;(五)在申报课题、成果、奖励和职务审评评定、申请学位等过程中提供虚假学术信息;(六)买卖论文、由他人代写或者为他人代写论文;(七)其他根据高等学校或者有关学术组织、相关科研管理机构制定的规则,属于学术不端的行为。"

③ 参见林玲、胡劲松:《论学位授予中的非学术标准》,载《高等教育研究》2013 年第 2 期。

无疑会侵害其他学生的权益,学生在道德素质上就不过关,因此学生在提升自己时也应尊重他人的权利,将道德和学习放在同等的位置。当然对于考试作弊需要达到严重程度才能对学生作出不授予学位的决定。如果不对考试作弊行为的具体情节以及悔改表现加以区别,一律认定为"品行不端",则缺乏法理依据,会与学位授予制度的目的不符。《学位条例》第十七条规定,学位授予单位对于已经授予的学位,如发现有舞弊作伪等严重违反本条例规定的情况,经学位评定委员会复议,可以撤销。尽管撤销学位是在学生获得学位之后,但我们也可以结合这一法条的目的和《学位条例》的整体文本去对该法条具体释明。从该法条中我们可以理解到对于舞弊作伪需要达到严重违反规定的行为,即基于文义解释的逻辑,舞弊作伪需要达到严重程度,高校可以将已经授予的学位予以撤销。因此同样是对学生学位证书剥夺行为的不授予学位的决定,即考试作弊行为也应当达到"撤销学位"的严重程度才能被"剥夺"学位。因此在学校普通考试中,学生夹带小抄的行为以及其他的影响较小、严重程度较低的作弊行为高校可以给予学生处分即可,但是对于学校普通考试中学生的严重作弊行为(如多人联合作弊,性质恶劣;使用通信设备等器材作弊等情形)以及国家级考试中的作弊行为,高校可以作出不授予学位的决定,甚至可以作出更为严厉的开除学籍的处分。在刘某某诉中山大学新华学院教育行政确认案中[①],法院认为考试作弊作为否定标准与学位授予制度的目的及学位授予行为的性质不符,并对"舞弊作伪"进行了解释,认为必须达到法律所禁止的量级程度。本文看来法院判决实质是认为轻微的考试作弊行为并不能对学生的道德品行作否定性评价。因为在校大学生这一时期尚处在为人和治学的探索阶段,价值观、人生观、世界观以及人格和心理尚未成熟稳定,对规则意识、诚信意识认识程度不够,一时行差踏错,此时需要的是教育者更多的耐心与宽容,通过教育并施以必要的惩戒,引导其培养健全的人格和树立正确的价值观念,以使其能革心易行,逐渐成为社会的有用之材,而不是一次轻微的违反道德或者诚信的行为就对学生的道德品行作全盘否定评价,剥夺学位,影响其受教育权,若这样将有失公理,也有违《学位条例》的立法目的。

(二)高校设定学位授予的道德品行标准的权限

由于政治标准的设定已经明确,本文对非学术标准的探讨主要围绕道德品行标准的设定。道德品行标准除了考试作弊,还包括"常规"违反道德的行为(违纪违法行为)、违反学术道德行为(学术不端)这三类。

非学术标准作为学位获得的标准之一,违反以上情形达到何种程度不被授予学位需要明确。高校制定非学术标准时,应当严格遵守法律保留原则,严格遵守法律法规,不能恣意制定非学术标准。因此需要对道德品行标准设定的边界予以明晰,即高校制定道德品行标准时受哪些法律法规的规制,具体标准的合法设定需要明确。

道德品行标准设立的目的一共有两个方面:一是为了贯彻"立德树人"的教育指导方针,培养德智体美劳全面发展的社会主义建设者和接班人;二是为了维持高校的内部行

---

① 见广州铁路运输中级法院行政判决书,(2016)粤 71 行终 1826 号。

政管理秩序,也是高校在学位授予事项中行使内部行政管理权的体现。从道德品行标准设立的目的中可以知道学位获得者获得学位的前提是要有正确的"三观"。但如何对这一标准进行正确、公平、合理评价则较为困难,如果仅仅因为一般的打架斗殴或者是普通考试中的影响较小的作弊行为等情形作为不授予学位的条件,就对该生的道德品行全盘否定,难免会过于偏激。

对于"常规"违反道德的行为(违纪违法行为)达到相应的程度才能不被授予学位。首先对学生的违纪行为本身(打架等行为)必须构成开除学籍处分才不被授予学位。其次对学生违法行为来说其程度必须达到一般或者严重违法才能与学位挂钩,轻微的违法行为给予学生处分即可,且违反的必须是公法,包括《刑法》《治安管理处罚法》,因为公法是基于公共利益保护出发,而因打架等违纪违法行为不授予学位也是基于公共利益的考量,以防品行不端的高学历学生进入社会造成更大危害,这也符合《学位条例》将品行标准作为学位授予标准的目的。因此对于学生因撒谎等不诚实事实、亦或"小打小闹"、留宿校外行为不能以剥夺学位作为惩戒。

接着,对违反道德品行的学术不端行为作进一步探讨。《高等学校预防与处理学术不端行为办法》第二十七条和二十八条分别规定了构成学术不端行为的情形以及学术不端的情节严重情形并对学生违反这两种情形的处理作了明确规定,第二十九条规定了对学术不端行为人的处理,即"学生有学术不端行为的,还应当按照学生管理的相关规定,给予相应的学籍处分""学术不端行为与获得学位有直接关联的,由学位授予单位作暂缓授予学位、不授予学位或者依法撤销学位等处理"。同时,《学生管理规定》第五十二条第五款规定了学校可以开除学生学籍处分的情形"学位论文、公开发表的研究成果存在抄袭、篡改、伪造等学术不端行为,情节严重的,或者代写论文、买卖论文的"。结合上述法条可以明确的是出现学术不端情形,情节严重的学校可以给予开除学籍,一般情形,学校可结合实际情况(包括行为的性质、后果、主观恶性等因素),作出暂缓授予学位、不授予学位或者撤销学位等处理,高校有一定的裁量空间。《学术规范建设意见》也规定,学位授予单位在处理舞弊作伪行为时,要遵循客观、公正、合法的原则,根据舞弊作伪行为的性质和情节轻重,依据法律、法规和有关规章制度对相关人员做如下处理……其中就蕴含了对"舞弊作伪"情节轻重和严重程度的区分和考量。并且结合《学位论文作假行为处理办法》第七条的规定"学位申请人员的学位论文出现购买、由他人代写、剽窃或者伪造数据等作假情形的,学位授予单位可以取消其学位申请资格",这一法条中的"可以取消"学位,不是"应当取消"学位,表明该条款是裁量性条款,不是羁束性条款。因此可以理解到一般情节的学术不端行为可能(不是必须)不会被授予学位,情节轻微的学术不端行为高校可能会作出暂缓授予学位处理。由此可明确对于高校轻微的学术不端行为,可以暂缓授予学位,以给予学生改过自新的机会。

四、纪律处分能否与学位授予标准挂钩

学位授予标准分为学术标准和品行标准,相应的,纪律处分也分为学术性的处分和非学术性的处分。学术性处分与学术有部分关联,但实质还是对学生道德品行的否定评

价,主要包括诸如考试作弊、论文抄袭等给予的处分。[①] 非学术性的处分主要是因违法违纪行为受到的处分或政治信仰出现问题给予的处分。实践中只要是受到处分的学生就有面临被剥夺或者不授予学位的可能。然而学位对学生的影响是巨大的,如果高校随意设置不授予学位的纪律处分,将严重影响学生的权利。《学生管理规定》规定了学生受到处分的情形,因此纪律处分能否和学位授予标准挂钩需要结合《学生管理规定》的立法目的去理解。

《学生管理规定》第一条规定:为规范普通高等学校学生管理行为,维护普通高等学校正常的教育教学秩序和生活秩序,保障学生合法权益,培养德智体美等方面全面发展的社会主义建设者和接班人,依据《教育法》《高等教育法》以及有关法律、法规,制定本规定。《学生管理规定》制定的目的主要规范高校对学生的管理行为,维护教育教学秩序和生活秩序。因此《学生管理规定》对处分设定的目的也是以维护教育教学、生活秩序为目标,如果学生因考试作弊或者打架斗殴、学术不端等行为影响到学校教学或生活秩序将会被学校给予相应的处分。但是由于立法对开除学籍处分外的学生受处分的具体情形没有规定,导致高校享有较大的裁量权,因此高校对学生行为作出处分的决定极易侵害学生权益。尽管《学生管理规定》第五十四条规定,学校给予学生处分,应当坚持教育与惩戒相结合,与学生违法、违纪行为的性质和过错的严重程度相适应。但实践中,有的学校将考试作弊作为纪律处分,有的学校将打架斗殴作为纪律处分,甚至有的高校将在校期间怀孕作为纪律处分,当然还有些高校将其他原因作为纪律处分,并将这些纪律处分与学位证书挂钩,同时也有高校直接将纪律处分作为不授予学位的原因。在这种情况下,高校可能会将学生受到不同处分的相同原因或者是将设置相同处分不同原因,亦或不同处分的不同原因与学位授予标准挂钩,间接导致诸多不合理不合法的标准成了对学生学位获得的否定条件,无疑会对学生的权益造成侵害。而法院在对纪律处分作为学位授予标准影响学位获得案件中,是对学生受到处分的原因的合法性进行审查,而标准本身目前都存在争议。正如杨某诉济南大学不履行授予学士学位法定职责案[②]中,二审判决认为打架属于因学术水平和相关思想道德之外的其他不当行为而受到的处分,与学位授予条件无关,撤销一审判决。而武某诉华中农业大学教育行政行为案[③]中,武某因考试作弊受到处分而不被授予学位却没有违背上位法。两个案例学生都是受到了处分并不被授予学位,却出现不同判决,尽管可以将其解释为受处分的原因不同为判决的合法性进行论证,但是否可以思考处分和学位授予标准挂钩本身意义不大,将会增加法院诉累。而在"刘某某诉山东师范大学不履行授予学士学位法定职责案"[④]中,原告因受过留校察看处分而没被授予学士学位,法院审查时却以学术自治来论证高校标准设定的合法性,

---

① 有学者认为学术性处分的设定属于高校学术自主权范畴。参见于志刚:《学位授予的学术标准与品行标准——以因违纪处分剥夺学位资格的诉讼纷争为切入点》,载《政法论坛》2016 年第 5 期。
② 见山东省济南市中级人民法院行政判决书,(2011)济行终 29 号。
③ 见湖北省武汉市洪山区人民法院一审行政判决书。
④ 见山东省济南市中级人民法院行政判决书,(2020)鲁行终 319 号。

无疑扩大了学术自治的范围,导致司法无法对其合法审查。

由于高校对处分的原因有较大的自主裁量权,部分高校规定"受记过以上处分的不授予学位",导致法院对于高校将学生受到处分的原因和纪律处分的等级挂钩是否违法无法作出实质性的审查,即给予学生的纪律处分本身是否合法都难以甄别,而纪律处分的等级又与学位证书的获得相关,由此造成了一种司法审查的"空白地带"。如在肖某诉西安建筑科技大学教育行政管理案[①]中,法院认为"将在校期间受过留校察看处分者的授予学士学位平均学分绩点由 1.5 提高到大于等于 3,属于学术自治的范畴"。表面看将学生平均学分绩点与学位授予标准相挂钩的确属于学术自治,但实质是该案是由于学生受到处分而未获得学位,而学生受到处分的原因却是考试作弊。溯其根源是学生因考试作弊而未获得学位,如前文所述,考试作弊需要达到严重程度才能不授予学位。因此在这种境况下,高校极易侵权。甚至有的法院判决,高校规定受到留校察看处分的不授予学位的标准属于"各学位授予单位根据自身实际情况,有权制定本单位学士学位授予工作实施细则"来论证其合法性。实际上,除开除学籍处分外的纪律处分与学位授予标准挂钩既不合法,也不合理,因为对于重大侵益行为必须要有法律的明确规定,必须严格限制高校的裁量空间,将纪律处分与学位授予挂钩,相当于变相地给予高校设定非学术标准的自主裁量的空间。

目前众多高校规定受"记过"以上处分者不授予学位,实则是违反了禁止不当联结原则。该原则要求不得将不合理关联的事项与其欲采取的措施或决定相互结合,尤其是行政机关对公民课以一定的义务或负担,其采取的手段和所追求的目的有联结关系[②]。学校将对学生的管理手段和学位授予建立了不当的关联。因此,对于学位授予这种对影响学生重大权益的行为,校规对待学生一般的违纪行为和轻微的违法行为可以留有一定的包容空间,不可一刀切,只要有悔过、改正的态度,学校是可以包容的。而危害较大的违纪行为以及一般或者严重的违法行为,学校可以作出不授予学位的决定,也符合"立德树人"的教育方针。《学生管理规定》中高校对学生处分主要是维护教学秩序为目的,对待轻微的违法和一般的违纪行为(高校对严重违纪行为可视情况开除学籍或不授予学位),学生的过错程度相对较小,可以给予处分作为学生作出过错行为的不利后果,以使学生能够警戒、高校秩序能够平稳良性运行,如果将所有处分都与学位授予挂钩,实则是违反了《学生管理规定》的立法目的。此外,"现实中将纪律处分一律与学位挂钩等条件设定也突破了《中华人民共和国学位条例》的规定和范围,应当属于违法的条件设定"[③]。《学生管理规定》中的五种处分是由轻到重的排列,并且第四种留校察看处分的严格程度是仅次于开除学籍处分,留校察看处分设立的目的也是希望学生对自己的过错行为能够改过自新,试想如果将留校察看处分与学位授予挂钩是否会与留校察看这一处分设立的

①　见陕西省西安市碑林区人民法院行政判决书,(2015)碑行初 00215 号。

②　参见李建良:《行政法上不当联结禁止原则》,载《月旦法学杂志》2002 年第 3 期。

③　王霁霞、张颖:《设定学位授予条件的边界与标准——基于近三年 34 起学位授予案件的分析》,载《学位与研究生教育》2018 年第 11 期。

目的相抵触。最后可以思考一下如果处分和学位授予挂钩,相当于将学生的一个过错行为作出了两次否定评价,是否违反了一事不二罚原则。但开除学籍处分是比不授予学位更为严格的惩戒行为,不授予学位剥夺的仅仅是学生获得学位证书的权利,而开除学籍处分剥夺的则是学生获得毕业证书和学位证书的权利。《学生管理规定》第五十二条规定了开除学生学籍的具体情形,其中前三项是指行为人违反《宪法》《刑法》以及《治安管理处罚法》的情形,第四、五项是指行为人有考试作弊、学术不端且情节严重的情形,后三项可以概括为违反了纪律处分,后果较为严重的行为。正如前文所述,可以明确的是对于严重的违纪行为以及一般或者严重的违法行为可以不授予学位,到底对学生是作出相对严格的开除学籍处分还是剥夺其获得学位证书的权利需要具体结合学生的悔过表现、主观过错、社会影响等情节综合评定。综上所述,除开除学籍处分外,其他处分都不能与学位授予标准挂钩,对于学生的剽窃、打架斗殴等违反道德品行的行为,只要达到要求的标准直接取消其学位获得的资格即可。并且现行有效的《学位条例》第二条规定"拥护中国共产党的领导""拥护社会主义制度"的要求,《学位法草案(征求意见稿)》第五条则在此基础上新增了"遵守中国宪法和法律的中国公民"的要求,这是明确提出学位授予标准应当涵盖政治素养、遵守法纪的非学术标准。从对法条解读中并未发现其有将纪律处分作为学位授予标准要求,因此纪律处分作为学位标准也不符合立法本意。

本章小结

随着我国高等教育的发展,现行《学位条例》的弊端已经突显,因高校学位授予标准引发的诉讼问题尤为突出。高校对标准的设定过程中存在着法律授权和学术自治关系界定不清,是坚持单一标准、还是双标准不明确等诸多问题。在实践过程中,导致各高校标准设定不一,法院审查标准差异较大,以致学生对标准存在质疑,由此使标准问题成为学位诉讼的高发地带。标准的设定关涉到学生的基本权益,如若高校随意设定,恐有违宪、侵权的嫌疑。因此本文就高校标准问题进行研究就显得尤为必要,以使高校明确对标准如何合法合理设定,以为高校标准的设定提供方向指引,从而实现我国高等教育的蓬勃发展。然而,溯其本源,学位授予争议频发问题的最终导向还是法律规范存在缺陷。法治的真谛在于良法善治,良法是善治的前提,只有好的法律规范的出台,"善治"的实现才有可能。在通过法释义学无法解决规范与事实的差距时,《学位法》的出台在高等教育普及化和提高高等教育质量战略目标背景下显得尤为重要。

第五章

高校学位授予程序

　　本章研究的是学位授予程序的一般理论。在阐述学位授予程序概念、特征和功能的基础上,从不同侧面对学位授予程序分类并逐一分析,然后重点论述其中的运行程序。在学士、硕士、博士等 3 种学位授予程序中,博士学位授予程序最为完整、全面,硕士学位授予程序是简易程序,而学士学位授予程序则更加简化,减少了某些步骤和阶段。完整、全面的运行程序包括学位申请与审查、论文评阅、论文答辩以及学位评定四个主要阶段(具体见图 5-1)。

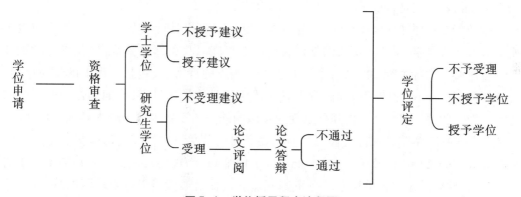

图 5-1　学位授予程序流程图

　　学位授予程序是学位授予制度的程序性规定,是实现国家和学位授予单位授予学位、保障各学位授予法律关系主体权益实现的手段,并成为学位监督和救济制度关注的对象,因此学位授予程序是学位授权制度和学位救济制度的连接纽带,在学位制度中起着支柱性作用。本章先后介绍了当代学位授予程序的主体和参与者以及四个主要程序的现状和存在的问题,最后提出了解决问题和完善程序的建议。

第一节　高校学位授予程序的内涵

一方面,学位授予程序与其他程序制度相比突出了其学术性的特征,与学位授予制度和学位救济制度相比突出了过程性的特征,具有丰富的内涵。另一方面,学位授予程序从不同的角度分析,可以分解出不同的组成部分,体现出各部分自身的特质。对于高校学位授予程序内涵和构成的解剖有助于从宏观和微观两个层面深入理解学位授予程序。

一、学位授予程序的概念和分类

(一)学位授予程序的概念

学位授予程序是指学位授予单位对学位申请者的知识水平、学术能力和道德操守进行审查、考核,决定是否授予学位的步骤和方法。

学位授予程序体现出过程性,包含步骤、顺序、方式和期间等要素。正式的学位授予行为涉及全部要素,某些非正式的学位授予行为可能只具备部分要素。[①] 步骤是学位授予过程中必备的各个阶段以及每个阶段中前后相连的行为。[②] 包括宏观上的学位申请、论文评阅、答辩和评定等阶段和微观上各阶段中的具体操作过程,比如学位论文答辩的程序。对于程序中步骤制度的违反表现为步骤的缺失。重要步骤的缺失导致程序违法。在刘某某与韶关学院教育行政管理案[③]中,由于被告韶关学院没有向法院提交证据证明其学位评定委员会已经按照本校《学士学位工作细则》的规定对原告刘某某的学位申请进行审查,法院认定被告单位未履行审查职责。这种情形就属于重要步骤的缺失,细节步骤的缺失导致程序瑕疵。

顺序,是学位授予过程中阶段和行为按照逻辑关系或者发展进程的有序排列。[④] 比如,论文答辩必须在先,学位评定必须在后,而颁发学位证必须在决定授予学位的前提下进行。实践中亦出现过重要阶段颠倒的事例,如章某与沈阳航空航天大学学位纠纷一

---

① 崔卓兰:《行政程序法要论》,吉林人民出版社 1996 年版,第 15 页。

② 应松年、杨小君:《法定行政程序实证研究——从司法审查角度的分析》,国家行政学院出版社 2005 年版,第 110 页。

③ 见广东省韶关市武江区人民法院(2018)粤 0203 行初 2 号行政判决书。

④ 应松年、杨小君:《法定行政程序实证研究——从司法审查角度的分析》,国家行政学院出版社 2005 年版,第 170 页。

案。在该案中,原告章某在大学二年级时就被被告单位教务处作出取消其学士学位授予资格的决定,属于典型的预先决定。[①]

方式,是指学位授予行为和结果的表现形式。行为方式分为秘密与公开、单个人行为与委员会评议、书面与口头等。[②] 结果表现形式是学位授予行为结论的载体,比如纸质的学位证书和答辩委员会以及学位评定委员会的会议记录等。对于程序中方式制度的违反表现为要式行为的违反和不要式行为的违反。前者导致程序违法,后者一般导致程序瑕疵。在王某与烟台大学学位纠纷案中,被告烟台大学作出不予授予原告王某学士学位的决议后,仅以口头的形式通知了学位申请人,属于对行为方式的违反。[③]

期间,是指学位授予程序中期日和期限的规定。期日指程序中某一特定时日,比如学位证书颁发的年月日就是授予程序中的时间;期限是指时期的起止及长短限制。对于重要期间规定的违反可能导致违法或者无效,对于一般期间规定的违反常常导致程序瑕疵。在张某某与莆田学院学位纠纷案中,被告莆田学院在相应期限内未作出是否授予原告张某学士学位的决定,就属于不履行法定职责。[④]

(二)学位授予程序的分类

根据学位授予程序各组成部分或者表现形式的不同特点,可以对其进行不同的分类,以实现学位授予程序的条理化、系统化,发现学位授予程序的规律,为学位授予程序研究提供方向。

第一,根据学位授予程序的制定主体不同,可以分为法定程序和补充程序。法定程序是享有立法权的国家机关制定的具有强制力的规范性文件。补充程序是对法定程序的细化和探索性创新,体现出学位授予工作的地域性和专业性特色,比如我国的高校校规。有学者认为高校校规是体现学校办学特色的规章制度,虽然其施行不以国家强制力为后盾,但是在学校内部具有普遍执行力。持此类观点的学者把对法定程序细化的规范称作法源性规范,把高校根据法律授权对于自主决定的事项制定的规范称作自治性规范。[⑤]

第二,根据学位的种类可以把学位授予程序分为学士学位授予程序、硕士学位授予程序和博士学位授予程序。这种以学位层级分类的方法体现出越高级的学位,其授予程序越复杂、越全面,而低层级的学位授予程序则相对简单。比如,学士学位授予程序就最简单,根本不需要同行评阅程序,有部分学位授予单位对于学士学位的授予并不经过论文答辩程序,等等。

---

① 见辽宁省沈阳市中级人民法院(2018)辽01行终1044号行政判决书。

② 罗豪才主编:《行政法论丛》(第3卷),法律出版社2000年版,第234页。

③ 见山东省烟台市中级人民法院(2016)鲁06行终8号行政判决书。

④ 见福建省莆田市城厢区人民法院(2010)城行初字第22号行政判决书。

⑤ 徐靖:《高校校规:司法适用的正当性与适用原则》,载《中国法学》2017年第5期。

第三,根据学位授予程序的作用,可以分为学位授予运行程序和学位授予保障程序。学位授予运行程序是学位授予的具体行为,是学位授予的核心和关键,根据其进程,又可以分为申请与资格审查、同行评议、论文答辩、学位评定几个主要阶段的程序。在纵向划分程序的背景下,在先的程序是在后程序的前提和基础,只有在先程序完成并符合条件后才能进入下一个程序阶段,否则学位授予程序终止。学位授予保障程序即国家和社会对学位授予单位监督的各种制度,其实施能够保障学位授予单位及工作人员的违法行为被及时发现和纠正。① 根据学位权行使侧重面不同,学位授予保障程序分为监督程序和救济程序。

第四,根据学位申请人身份可把学位授予程序分为一般程序和特殊程序。前者是指对全日制学生适用的学位授予程序,是一般意义上的学位授予程序;后者包括无学位授予权的教学单位委托有学位授予权的教学单位授予学位适用的程序、在职人员申请学位适用的程序、同等学力人员申请学位适用的程序、荣誉博士授予程序等。

上述是从应用的角度对学位授予程序进行的分类,另外,理论研究还对高校学位授予程序进行其他不同类型的分类,比如根据对学位申请人权益影响的大小以及对实现学位授予目的的促进程度分为主要程序和次要程序或称为基本程序和辅助程序;根据学位授予程序主体是否涉及行政相对人分为外部程序和内部程序;根据授予行为方式分为学位授予程序和学位撤销程序;等等。

二、学位授予程序的特点

学位授予程序由一系列参与主体的行为组成,表现出其自身的个性:一是对申请人学习研究过程和成绩的一组相互连接有序排列的考察行为;二是针对申请人学术能力的考核过程;三是对申请人能力和资格的认可与否。这些行为一方面体现为管理性质,具有行政性;另一方面体现为对事实和程度以及能力的确认与判断,具有学术性。

从学位授予程序管理层面讲,学位授予单位对于整个学位授予过程实施控制,学位申请人、评阅专家、答辩委员会和学位评定委员会及其组成人员等等都是在授予单位指引下进行相关活动,履行各自的职责。这种管理与被管理的关系彰显出行政的特点。第一,从学位授予单位的权力来源看,学位授予单位制定并实施学位工作细则的权力来源于国务院《学位条例暂行实施办法》授权,而国务院制定《学位条例暂行实施办法》的权力来源于全国人大常委会在《学位条例》中的授权。第二,从学位授予单位的主体地位看,高等教育学校和科研机构通过法律规范性文件的授权,行使与高等教育有关包括学位授予的国家行政权力和相关的公共管理权力。而且学位授予单位都具有法人资格,能

---

① 关保英主编:《行政程序法学(上册)》,北京大学出版社 2021 年版,第 51 页。

够以自己的名义进行活动,享有权利、履行义务、承担相应的法律责任,因此具有行政主体地位。[1] 第三,从行为的受约束性看,学位授予单位不但要遵从自己制定的学位细则,还要遵守法律规范性文件规定的程序,更要遵守行政程序法规定的原则、规则和法律规范。第四,更进一步讲,从外观上看,学位授予行为是一种应申请的行政行为。学位授予程序总是从学位申请人提出申请开始,与接下来的审查、考核和决定各个阶段前后有序连接、环环相扣,符合应申请行政行为"申请—审核—决定"的表现形式。最后,从结果上看,学位授予行为属于行政确认行为。学位授予单位根据法律法规授权代表国家对学位申请人的学术能力进行考察,最终作出是否符合授予标准,决定是否授予学位,具备行政确认行为的法律特征。[2]

从学位授予程序涉及的行为内容看,学位授予主体及其他参与人的行为主要都是围绕着学位申请人学术能力、学术水平是否符合学位授予标准进行的。首先,参与学位授予活动的大部分主体都是具有学术专业知识的人员或者人员的组合。其次,判断学位申请人是否符合条件的标准具有学术性。《学位条例》和《学位条例暂行实施办法》规定了授予各级学位的基本条件,学位授予单位也根据本单位的教育特点和学术特色制定出更详细甚至更高的附加条件。再次,学位申请人的学术成果体现出较强的专业性,对其评判的行为必须符合学术行业规范。最后,学位本身就是"一种标志高低级学科毕业标准的荣誉资格证书,兼具执教、营业资格和大学学术标准的双重证明[3]。"

综上可知,从学位授予单位与学位申请人之间的主体地位看,学位授予程序属于调整法律法规授权的组织与行政相对人之间应申请行政行为过程的行政程序;从学位授予单位的行为方式看,学位授予程序是对学位申请人学术能力、学术水平的确认,属于行政确认程序;从学位授予涉及的教学、科研和学术内容看,学位授予程序属于教育行政管理程序。

通过以上分析,可以归纳出学位授予程序如下三个特征。

(1)学位授予程序是行政程序与学术程序的统一。学位授予程序是行政程序,具备行政权的国家意志性和政治性,[4]其运行和完善应当符合行政程序的一般规律。学位授予程序还是学术程序,仅凭国家行政权不能保障其应有的质量,特别需要专业的学术审查判断,依托专业的学术评价彰显其水平。之所以如此,是因为学位授予是"以专家、教授、学者为核心,以各种学术委员会、教学委员会等学术组织为特征的"。[5] 学位授予权的双重属性也能体现出"学术权力作为一种内在力量发挥着支配作用,行政权力则作为一

---

① 柳文彬、张传:《学位评定和授予的行政程序控制》,载《江苏大学学报(社会科学版)》2011年第6期。

② 丁伟、阎锐:《以论文发表数量作为学位论文答辩前提的法理追问》,载《政法论坛》2008年第2期。

③ 余俊、王少仁:《学位条例修改引入学术规范的法理依据与制度构造》,载《安徽师范大学学报(人文社会科学版)》2021年第1期。

④ 罗豪才:《行政法学》,北京大学出版社2001年版,第3页。

⑤ 夏再兴:《什么是学术权力》,载《咸宁师专学报》2001年第1期。

种外在的结构形式维系着高等学校组织的存在和发展"。①

（2）学位授予程序是外部程序和内部程序的统一。如果按照是否包含当事人进行分类，一般认为，"包含当事人参与的程序称为'外部行政程序'，而没有当事人参与的程序称为'内部行政程序'"②。学位授予程序主要体现在学位授予单位的内部文件中，大多属于内部程序。内部程序的"特殊性主要表现在其权利义务的客体与其权利义务关系形式的相对分割上，即行政执法中内部程序的权利义务客体是行政相对人的权利义务，而关系形式则是内部行政关系"。③ 所以学位授予地位在学位授予过程中，极有必要发挥其内部机构和组成人员的积极主动性，高质量、高效率地完成每一阶段的任务，以保障学位申请人的学位权利。

（3）学位授予程序具有连续性和递进性。学位授予程序的连续性是指学位授予过程的各个阶段前后紧密相连而不间断。这个特征使其与其他行政程序中的阶段间隔区别开来。例如离婚登记程序中设置了三十日的"协议离婚冷静期"就把申请阶段与登记阶段间隔开来。④ 再如《中华人民共和国行政复议法》第三十九条规定行政复议期间的行政复议中止及恢复审理也把中止前后的复议阶段隔离开来。程序的连续性要求适度的期限规定保证行政行为的效率。

学位授予程序的递进性是指学位授予的各阶段"一层比一层深入"，前一阶段是后一阶段的基础和前提，不得略过前置程序选择进入下一个程序阶段。这个特征使其与其他程序中可选择性区别开来。例如依照《中华人民共和国行政复议法》第五十三条规定，行政复议选择适用简易程序的，一般不再适用普通程序。无论适用哪一种程序，就排除了另一种程序的适用。

三、学位授予程序规范及其隐含的正义

学位授予程序规范既包括法律规范，也包括学术规范、学术习惯等调整学位授予关系的行为规则，主要表现为各级规范性文件的规定以及规范性文件所体现的程序原则。

（一）规范性文件

学位授予程序规范首先表现为规范性文件，包括立法机构制定的法律规范性文件、国家机关等公权力组织制定的政策性文件以及学位授予机构法律授权制定的学位授予程序规范。

---

① 秦惠民：《学术管理活动中的权力关系与权力冲突》，载劳凯声主编：《中国教育法制评论（第1辑）》，教育科学出版社 2002 年版，第 171 页。

② 何海波：《内部行政程序的法律规制（上）》，载《交大法学》2012 年第 1 期。

③ 张淑芳：《论行政执法中内部程序的地位》，载《吉林大学社会科学学报》2008 年第 1 期。

④ 《中华人民共和国民法典》第一千零七十七条："自婚姻登记机关收到离婚登记申请之日起三十日内，任何一方不愿意离婚的，可以向婚姻登记机关撤回离婚登记申请。前款规定期限届满后三十日内，双方应当亲自到婚姻登记机关申请发给离婚证；未申请的，视为撤回离婚登记申请。"

在域外，包含学位授予程序的立法首先是国家立法机关制定的学位法律，比如法国的《大学与国立多学科技术学院的教学组织及学籍规定》、德国的《德意志联邦共和国高校总法》、苏联的《学位评定及学衔授予程序条例》、俄罗斯的《俄罗斯联邦最高学位评定委员会条例》、日本的《学位规则》等。其次是地方立法，比如德意志联邦共和国《巴登—符腾堡州大学法》。还有最高教育管理行政机关制定的法律规范性文件，比如俄罗斯联邦国家高等教育委员会《关于批准俄罗斯联邦多级高等教育制度硕士培养（硕士制度）规定的决议》等。另外是学位授予单位制定的有关规范性文件，比如英国《伦敦大学攻读神学、文科、法学、音乐、科学、工商管理和教育硕士学位研究生一般条例》、德国《慕尼黑大学物理学系博士学位条例》、加拿大《麦吉尔大学1994—1995年研究生院一般情况、研究生院管理规定和研究准则》、韩国《汉城大学学位授予规定》等。

在我国，有关学位授予立法主要表现为各级立法机关在立法权限内制定的学位法律、法规和规章中的学位授予程序条款。法律层级的有《教育法》《高等教育法》《学位条例》，行政法规层级的有《学位条例暂行实施办法》，部门规章层级的有《国务院学位委员会学士学位授权与授予管理办法》《国务院学位委员会关于在职人员申请硕士、博士学位的试行办法》《国务院学位委员会关于授予成人高等教育本科毕业生学士学位暂行规定》等。国家政策方面的规范性文件有国务院学位委员会《关于学位与研究生教育改革的若干意见》和原国家教育委员会《关于进一步改进和加强研究生工作的若干意见》等。地方政策方面的规范性文件有江苏省学位委员会和江苏省教育厅颁发的《江苏省学士学位授权与授予管理办法》（苏教规〔2020〕3号）、北京市学位委员会和北京市教育委员会颁发的《北京市学士学位授权与授予管理办法》（京学位〔2021〕1号）。各学位授予单位都根据本单位的实际情况分别制定了包含学位授予程序的规范性文件，比如《中南大学授予学士学位规定》《中南大学学位授予工作条例》《北京大学学位授予工作细则》《电子科技大学学士学位管理及实施办法》《南京大学关于学位论文的评阅、评议及答辩的说明》《南开大学学位评定委员会章程》《山东大学学士学位授予要求》《西安交通大学研究生学位申请指导意见》，上述文件虽名称不同，内容相似。

目前，由于法律规范性文件层面的程序性规定相当薄弱，授予单位细则作为学位授予最主要的程序载体，规范着学位授予大量具体工作。学位细则属于行政规范性文件，在性质上属于无行政立法权的法律法规授权组织制定的行政规范性文件，既属于执行性行政规范性文件又属于补充性行政规范性文件，既属于授权性行政规范性文件又属于自主性行政规范性文件。[①]

（二）正当程序：隐含的程序正义

学位授予除了遵守成文的规范性文件规定，还要遵守行政法中隐含的正当程序原则。

———————

① 关保英主编：《行政程序法学（上册）》，北京大学出版社2021年版，第339—340页。

正当程序是指行政主体在行使行政权时为保有法律的纯洁性必须符合最低程序要求。在学位授予程序中贯彻遵守正当程序原则,其目的在于:首先,实现学位授予的实体公正;其次,促进学位授予秩序的完善;最后,保障学位申请人的学术权利。[①]

正当程序原则首先体现在各级法律规范性文件之中,还体现在有关学位授予的政策性文件中,除此之外,在缺乏前述两种具体规定的情况下,学位授予单位制定的学位授予实施细则应当补足正当程序的相关规定。

一般说来,行政法中的正当程序原则体现在以下几个方面:公开、回避、告知、说明理由、听取陈述和申辩、送达和对救济权的保障等。[②]

在学位授予过程中,授予单位遵循正当程序原则,除了遵守一般的公开、回避、告知等正当程序,在作出影响学位申请人权利义务的决定时,"必须听取本人意见,给予其陈述、申辩和对质的机会",[③]所作出的决定中必须对学位申请人说明理由,向申请人实际送达决定书,告知其申请救济的途径和期限。如果"学位授予单位在实践中没有遵守它们,那么对于违反了作为正当程序的内部程序的行为,法院可以违反正当程序为由,依法予以撤销"。[④]

在学位授予过程中贯彻正当程序,具有较高的公法价值:首先是保障学位申请人以及学位授予利害关系人的合法权利;其次是规范学位授予单位权力的行使;最后是提高学位授予工作效率。[⑤]

四、学位授予程序法律关系

学位授予程序法律关系,是学位授予单位与学位申请人在学位授予过程中所要解决的问题、达到的目标以及各自享有的权利和承担的义务,包括学位授予程序的主体、客体和内容。

学位授予程序的主体是学位授予程序法律关系的主要参与者,能够以自己的名义参与学位授予活动,独立享有权利、承担义务并具有责任能力,包括学位授予单位和学位申请人。比如学位授予单位以自己的名义组织审查、考核学位申请人的学术水平,决定授予或不授予其学位;学位申请人是以自己的名义提出申请,取得的学位也归属于其本人。学位授予过程中虽然有外单位专家应邀参加论文评阅和论文答辩,但是他们与学位授予

---

① 周佑勇:《法治视野下学位授予权的性质界定及其制度完善——兼述〈学位条例〉修订》,载《学位与研究生教育》2018 年第 11 期。

② 周佑勇:《法治视野下学位授予权的性质界定及其制度完善——兼述〈学位条例〉修订》,载《学位与研究生教育》2018 年第 11 期。

③ 柳文彬、张传:《学位评定和授予的行政程序控制》,载《江苏大学学报(社会科学版)》2011 年第 6 期。

④ 林华:《内部学位授予程序的法律效力》,载《学位与研究生教育》2018 年第 3 期。

⑤ 关保英主编:《行政程序法学(上册)》,北京大学出版社 2021 年版,第 55—57 页。

单位之间并不具有行政管理与被管理性质的关系,而是基于委托产生的民事法律关系或者行政协助关系,属于学位授予单位内部行为的组成部分。

值得注意的是,学位授予过程中还有一些组织机构和自然人参与授予活动,被称为学位授予程序的其他参与者,主要包括学位授予单位的内设机构和员工,比如论文答辩委员会和学位评定委员会及其成员。他们根据单位的指派和安排履行职务,不能以自己的名义参与学位授予活动,其人格和行为被学位授予单位所吸收,其行为后果由所在单位承担。

学位授予程序的客体是指学位授予活动指向的对象。比如从宏观方面而言,整个学位授予程序的客体就是学位申请人的学术水平,包括申请人的学习成绩、研究能力、论文水准以及其操守品格。从不同阶段来看,各阶段有其特定的客体,比如答辩阶段的客体是申请人的论文水平和研究能力,不包括其在培养阶段的学习成绩、操守和政治品格。

学位授予程序的内容是指学位授予程序法律关系的主体享有的程序权利和程序义务。比如学位申请人享有学位申请的权利,相应地,学位授予单位负有接受申请并进行审查的义务;再比如,学位授予单位有权要求学位申请人提交反映其真实水平的学位论文,相应地,申请人承担向授予单位提交亲自撰写的学位论文,不得存在学术不端情形的义务。

学位授予单位与学位申请人在学位授予过程中的关系由学位授予程序预先设定。这些关系规定得越详尽、越具体,双方之间的联系越密切、态势越均衡、结果越公正。[①] 这是学位授予单位依照法律规范性文件的授权制定学位细则的价值所在。

五、学位授予程序的价值功能

学位授予程序和其他程序一样,是为了实现特定社会关系主体的目标和价值追求而专门设计的。学位授予单位通过学位授予程序,把学位授予标准与具体学位申请人的资格联系起来,以验证教学和培养质量,并以颁发学位证的形式确认并公示教学和培养成果。

总的来说,学位授予程序具有以下功能。

第一,调整学位授予关系。一方面,对学位授予法律关系的调整表现为对学位授予主体权益的保护。国家既要保障作为个体的学位申请人的学术自由,还要保障作为团体的学位授予单位的学术自由,避免公权力的恣意行使。[②] 在学位授予单位与学位申请人之间,申请人又处于弱势地位,其权益更值得重视。"学位授予程序的核心制度是要完善学位授予中申请人权利保护机制中的程序保障制度。程序规则的完善可以最大限度地

---

① 关保英主编:《行政程序法学(上册)》,北京大学出版社 2021 年版,第 8 页。

② 靳澜涛:《修改〈学位条例〉应当处理好的八对关系》,载《学位与研究生教育》2020 年第 7 期。

保障实体权利不受侵害,填补因实体规则缺失而造成的法律漏洞。"①另一方面,对学位授予法律关系的调整表现为对学位授予主体行为的规范。学术问题,特别是学术水平涉及专业判断,但是,"毕竟学术水平评价见仁见智……于是,面对可能完全相反的学术判断,无论是国家介入还是学校介入,正当程序都是一种最为妥当的选择,这就使得程序合法性在学位制度中具有了更高的价值"②。更何况"学术权力也逐渐具有了某种一般性权力的特征,即学术自由要求学术自治,但学术权力同样存在滥用的可能,学术自治虽然是大学自治的核心内容,并不因此而不受监督,但这种监督首先并且主要是程序意义上的。当学术自由及大学自治表现在对学位申请人学术评定和学位授予可能的不公正时,首先要求的就是程序保障,因为只有程序尤其是事前的程序保障才可能最大限度避免不公正结果的产生"③。

第二,保证学位授予公正高效。这一功能主要体现在以下四个方面:一是克服各学位授予主体学术活动各行其是、杂乱无章;二是公平对待所有的学位申请人;三是体现学术规律,实现学术正义;四是提高学位授予工作效率,降低学位授予成本。

第三,保证学术质量。制定科学完善的学位授予程序并认真贯彻执行,一方面能够提高学位申请人对学位授予的认可和信任,心无旁骛地专心研究;另一方面专家根据程序规则评审,判断申请人的学术水平是否符学术标准,防止不合格申请人蒙混过关。

第二节　当代中国高校学位授予程序

整体性的学位授予程序制度规定在法律、法规、规范性文件之中,而各种子程序则是通过具体条款予以呈现的。

一、学位授予当事人和其他参与人

在学位授予程序中,其主体和其他法律关系的主体一样,必须能够以自己的名义实施行为并承担相应的后果,除此之外的参与者都是服务于学位授予程序的其他参与人。

广义的学位授予主体是指承担学位授予程序权利和义务,对学位授予程序起决定性影响的单位和个人,包括国务院学位委员会、国务院学位与研究生教育主管部门、省级学

---

① 郑翔:《论我国学位授予程序的法律规制》,载《文教资料》2017年第4期。
② 马怀德主编:《学位法研究——〈学位条例〉修订建议及理由》,中国法制出版社2014年版,第78-79页。
③ 马怀德主编:《学位法研究——〈学位条例〉修订建议及理由》,中国法制出版社2014年版,第78-79页。

位委员会、学位授予单位和学位申请人。①

狭义的学位授予主体仅指具体参加学位授予全过程的主体,包括学位授予单位和学位申请人。学位授予单位在学位授予过程中发挥着主导性的作用,所以学位授予程序大多体现为规范学位授予单位行为的程序,"但这并不影响……对设定和规范……相对方参与……程序的关注和重视"②。

其他学位授予参与人或是属于学位授予主体的内部机构或工作人员,或是属于受学位授予单位委托的具有特定学术能力和资格的组织和自然人。

学位授予单位的内部机构主要包括学位授予单位中的学位评定委员会和答辩委员会。其中,学位评定委员会是学位授予单位的常设机构,根据法律和本单位的授权进行工作,对外以本单位名义进行学位授予的各种行为,其本身不属于行政主体,所以在学位授予纠纷诉讼案件中基本没有将学位评定委员会作为被告的。而答辩委员会是临时机构,对内组织进行的答辩会是本单位学位授予行为的组成部分,对外没有独立的主体地位,也没有责任能力。

需要注意的是,学位授予单位委托的组织或个人以学位授予单位的名义进行遴选专家、评审学位论文等行为,行为后果由学位授予单位承担。

学位正当程序必须注重参与。相关人员参与到学位授予程序中,一方面有助于提高学位授予质量,保护学位申请人和利害关系人的合法权益,另一方面使授予单位与申请人双方之间的"联结点除了事实和法律之外,又增加了'信息'和'社会评价'这样两个因素。在这种联结关系下,双方可以借助某种外部的力量实现知识信息的反复交流以及权利义务的合理分配,最终达到程序正义和实体正义"③。

学位申请人必须参与到学位授予程序的相关阶段,达到展示其学术水平,保障其知情权、陈述权、申辩权、申请救济权等程序权利的实现。

专家参与学位授予有助于保证学位的学术质量。由于专家的判断在很大程度上直接关系到审批的结果与学位授予的结果,因而应当高度重视对专家的择选。关于专家的选择要考虑三方面因素:需要参与的事项、专家的学科背景、专家的工作单位。有关学位的诸多事项判断涉及专业判断,学位授予必须尊重专家意见。④

学位授予有时涉及其他主体的人身权和知识产权等,这些人被称为学位授予利害关系人。利害关系人的参与是为了保护其合法权益,促进学位授予的科学决断。为方便利害关系人的参与,学位授予程序应当提供制度保障:授予程序过程公开,便于利害关系人及时了解相关信息;为利害关系人提供提出异议、陈述和申辩的机会;必要的调查和听证

---

①　马怀德主编:《学位法研究——〈学位条例〉修订建议及理由》,中国法制出版社 2014 年版,第 85-86 页。

②　杨海坤主编:《跨入 21 世纪的中国行政法学》,中国人事出版社 2000 年版,第 479-481 页。

③　关保英主编:《行政程序法学(上册)》,北京大学出版社 2021 年版,第 9 页。

④　马怀德主编:《学位法研究——〈学位条例〉修订建议及理由》,中国法制出版社 2014 年版,第 88 页。

程序;必要的救济途径。①

学位授予过程中对外聘专家的遴选往往需要第三方机构的参与。这样能够保障学位授予质量以及授予过程和结果公平公正。

二、学位授予程序的重要制度

(一)公开制度

学位授予程序中的公开是指学位授予单位根据职权或者相对人的申请将与学位授予有关的信息向申请人或者社会公开的制度。学位授予具有学术的特殊性,所以学位信息公开也不同于一般的行政信息公开:一则学位授予过程包括几个不同阶段,各个阶段对信息公开的要求并不一样;二则必须保证在学位决定的客观性和科学性之间进行权衡。②

学位授予信息公开的内容包括:第一,授予标准和条件的公开,以实现学位授予的可预测性和可评价性;第二,机构组成人员的公开,有利于保障学位授予的公平、公正;第三,过程的公开,以便于接受监督、保障授予程序合法合规;第四,结果的公开,以便于相对人学位权利的救济和社会监督。

公开不是绝对的,其例外情形包括:第一,普通的不公开,是指涉及国家秘密、商业秘密和个人隐私的不公开。第二,学术成果的不公开,是指关乎知识产权和尖端、前沿科学技术的不公开。例如,国防科技大学针对部分涉密的博士学位论文,根据有关保密规定,对评审人必须有保密资质等要求,由具有保密资质的专家进行学位论文的盲审。③ 西安交通大学也有同样的保密规定。④ 第三,独立判断的不公开,是指为了保障学术评判行为不受外界影响的不公开,主要包括盲审中论文评阅专家身份和评阅过程的不公开、答辩委员会和学位评定委员会评议过程不公开。

(二)回避制度

回避制度解决的是有利害关系的个人或者组织不能参与事情的决策和处断的问题。利害关系包括利的关系、害的关系和在先参与背景三方面。在利的关系方面,包括亲情

---

① 关保英主编:《行政程序法学(上册)》,北京大学出版社 2021 年版,第 156-157 页。

② 马怀德主编:《学位法研究——〈学位条例〉修订建议及理由》,中国法制出版社 2014 年版,第 89 页。

③ 吴丹、靳冬欢、刘晨、张巍:《优化博士学位论文评阅制度改革博士学位授予管理模式》,载《学位与研究生教育》2021 年第 4 期。

④ 《西安交通大学研究生学位申请指导意见(修订版)》西交研〔2022〕201 号,规定:"完成涉密备案的博士学位论文由所在学院(部、中心)负责在符合保密规定的情况下按常规办法送审,且评审人应是具备评审资格的涉密人员。"载西安交通大学研究生院网站 2022 年 11 月 17 日,http://gs.xjtu.edu.cn/info/1221/9479.htm。

关系、友情关系、利益共同体关系以及被收买的关系。在害的关系方面包括竞争关系、对抗关系以及被对方收买的关系。

在学位授予程序中，回避情形是指围绕学位申请人方方面面的利害关系，包括学位申请人和导师之间的师生关系、学位申请人或者其导师与其他参与学位论文评审专家之间的师生、同门以及校友等关系，还有就是曾经参与前期论文评阅、论文答辩的专家能否参与在后程序的问题。目前，导师和学位申请人的师生关系是讨论较多的问题。这种关系被称作"导学共同体"①"导师与研究生命运共同体"②等。"可以肯定在硕士和博士学位论文答辩委员会导师回避已经成为高校的一种制度化规定"③，只是这一项回避制度执行的程度不同。

（三）救济制度

学位授予救济制度是指对于权利受到侵害的学位申请人、学位持有人、学位异议人（总称学位相对人）排除侵害或者恢复权利的制度。

学位申请人的权利遭受侵害的情形发生在学位授予的各个阶段，包括不服不予受理学位申请决定、不服同行评议或者论文答辩结论、不服不予授予学位或者撤销学位的决定。学位持有人的权利遭受侵害的情形发生在其学位授予之后。学位利害关系人的权利遭受侵害的情形发生在侵权人学位授予过程中，相关的侵权事实主要包括冒名顶替和抄袭剽窃论文。

事中救济由学位授予单位实施，其措施是推翻侵权形成的决定或者结论并重新作出④。事后救济则是在不利于学位相对人的决定作出后，由本单位审核并进行纠正，或者向学位授予单位以外的主体申诉、申请行政复议或者提起行政诉讼。

（四）其他学位授予程序制度

除了以上制度外，学位授予制度还包括事先告知制度、说明理由制度、时限制度、表

---

①　张荣祥、马君雅：《导学共同体：构建研究生导学关系的新思路》，载《学位与研究生教育》2020年第9期。

②　李春根、陈文美：《导师与研究生命运共同体：理念与路径构建》，载《学位与研究生教育》2016年第4期。

③　马怀德主编：《学位法研究——〈学位条例〉修订建议及理由》，中国法制出版社2014年版，第92页。

④　《北京航空航天大学学位授予暂行实施细则》第四十五条规定："对论文评阅意见或答辩委员会、分委员会的决议有异议的学位申请者，可向校学位委员会提出申诉理由，并提交申诉报告。对校学位委员会的决议有异议的学位申请者，可向校学位委员会提出复议理由，并提交复议报告。接到申诉报告或复议报告后，校学位委员会责成分委员会或组织人员进行复审，一般应在3个月内给予答复。如遇重大取证等问题，12个月内应予以答复。"载北京航空航天大学研究生院网站2019年10月10日，https://graduate.buaa.edu.cn/info/1039/6004.htm。

决制度等,都应当在学位授予过程中得到有效落实。[①]

事先告知制度,是指学位授予单位拟作出对学位相对人不利的决定之前,应当告知对方可能的不利后果及依据,以利于其有效行使陈述权和申辩权。告知的内容包括处理过程、认定的事实及根据、处理的意见和理由(包括适用的规范性文件)以及行使陈述申辩权的方式和途径。[②]

说明理由制度,是指学位授予单位在作出涉及学位相对人权利和义务决定时,应当向其解释说明作出决定的事实依据、法律依据和其他正当理由。其目的在于防止学位授予单位的恣意,确保学位相对人合法权益不因学位授予单位滥用职权而受到侵害。[③]《学位法(草案)》规定了说明理由制度。[④]

时限制度,是指在学位授予过程中,学位主体必须在合理期间内完成各自的行为,否则要承担不利的法律后果。其主要目的在于保证学位授予及时作出,更好地保障学位相对人的权益,提高工作效率,并能适当安排其后阶段的工作计划。

表决制度,是指学位授予单位的答辩委员会和学位评定委员会在议事时所采取的一系列民主决策规则。其主要内容包括委员会会议举行的方式、出席人数、投票方式、计票方法以及通过的最低票数等。其中弃权票存在的合法性和合理性是一个争议较大的问题。[⑤]

三、学位授予的主要程序

(一)学位的申请和审查

一切程序过程都是从程序的启动开始。学位授予程序是从申请人向授予单位申请学位开始的。[⑥] 其理论依据在于学位授予属于依申请的行政行为。"依申请的行政执法行为是指行政机关只有在相对一方提出申请之后才能实施的行政执法行为。"[⑦]

---

① 马怀德主编:《学位法研究——〈学位条例〉修订建议及理由》,中国法制出版社 2014 年版,第 85-95 页。

② 高俊杰:《基于学术不端撤销学位的程序制度建构》,载《中国法学》2019 年第 5 期。

③ 关保英主编:《行政程序法学(上册)》,北京大学出版社 2021 年版,第 551 页。

④ 《学位法(草案)》第三十五条:"学位授予单位作出不授予学位或者撤销学位的决定时,应当听取学位申请人或者学位获得者的意见,书面告知决定的内容及事实、理由、依据。"

⑤ 靳澜涛:《高校学位评定委员会的权力错位及其立法归位》,载《高等教育研究》2020 年第 11 期。

⑥ 《学位法(草案)》第二十条:"符合本法规定条件的学生或者受教育者,达到学位授予单位规定的学业要求和相应标准的,可以根据学位授予单位的要求提交申请材料、申请获得相应学位。学位授予单位应当在申请日期截止后六十日内审查决定是否受理申请,并将结果通知申请人。学生或者受教育者对学位授予单位不受理其学位申请有异议的,可以依照相关规定申请复核。非学位授予单位的应届毕业生,由学习所在单位推荐,可以向相关学位授予单位申请学位。"

⑦ 重庆市人民政府法制办公室组织编写:《行政执法实用教程》,法律出版社 2009 年版,第 20 页。

各学位授予单位都规定采取书面申请的形式。书面形式比较正式和规范,有利于档案的整理和保存。书面申请应当注意两个方面的问题:一是要一并提交完整所需的材料,所提交的申请材料要符合学位授予单位规定的条件和标准,体现出其在德、能、勤、绩诸方面的水平;二是随着现代科技发展,网络已经成为一种新媒体工具,通过网络递交"申请"也成为书面申请的另一种形态。一些学位授予单位的专设网络平台、电子邮件等为申请人递交申请材料提供更加快捷方便的服务。① "学生可以通过网络随时看到自己学位申请阶段的实时情况,完全公开透明,即便自己学位申请未能顺利通过,也可以通过网络获知自己存在问题的原因。"②

学位授予单位审查后,对于符合条件的申请予以受理并进行其后各阶段的程序,对于不符合条件的申请决定不予受理。不予受理的书面决定应当送达学位申请人,比如《复旦大学学位授予工作细则》第十二条第三项规定"审查结果为不合格的应通知申请人本人并告知理由",再如《中国农业大学学位授予工作细则》第十条规定"资格审查结果为不合格的,应通知申请人本人并告知理由"。学位申请人不服不予受理决定,有权提出申诉。③

(二)论文评阅

论文评阅是同行评议的一种④,是学位授予单位通过专家判断学术论文是否达到学位授予要求的水平和标准,是否符合学位论文答辩的条件以达到监控论文质量的重要方式。⑤ 论文评阅主要围绕选题、创新性及价值、基础知识及科研能力、论文的规范性进行评定。

论文评阅分为明审和盲审两种方式。其中,明审指的是评阅专家知晓论文作者、导师及相关信息情况下的评阅,一般由导师个人或者按照本院系的二级学科划分将学位论文送至本单位本专业的同行评议人评议。盲审是指将学位论文的作者、导师及相关信息隐去的评阅。以前的学位论文都是采取明审方式,后来随着实践经验的不断总结,评阅

---

① 关保英主编:《行政程序法学(上册)》,北京大学出版社 2021 年版,第 510–511 页。

② 苏兆斌:《中国学位制度的变迁与反思》,中国财富出版社 2017 年版,第 58–59 页。

③ 《同济大学学位授予工作细则》第二十八条:"学位申请人对院系作出不受理申请学位的决定有异议,可以在收到书面决定之日起 15 个工作日内,本人以书面形式向院系申请复核一次。院系应在收到复核申请之日起 15 个工作日内作出复核决定并书面通知复核申请人。"载同济大学研究生院网站,https://gs.tongji.edu.cn/info/1094/3009.htm。

④ 《学位法(草案)》第二十二条:"申请硕士、博士学位,学位授予单位应当在组织答辩前,将学位申请人的学位论文或者实践成果送同行专家评阅。评阅之后,符合学位授予单位规定的,进入答辩程序。"

⑤ 吴雪华:《对博士学位论文盲审的思考与建议》,载《中国科学院研究生院 2010 年研究生教育学术研讨会论文集》,第 68–72 页。

制度进行改革才出现了盲审。① 盲审的一般程序是学位申请人经导师审定同意,向学校提出论文送审要求,由学校隐去论文作者和指导教师等信息后,将评审工作委托给第三方机构,再由第三方机构随机遴选若干相同学科或学科领域的专家评审,评审结论由第三方机构隐去评议专家信息后反馈给学位授予单位。② 比如《华南理工大学研究生学位(毕业)论文工作管理办法》第十条规定:"由学位办公室上传至教育部'学位(毕业)论文网上评议开放平台',选聘 3 位同行专家评阅学位(毕业)论文……"。

当前,盲审方式已经在各学位授予单位广泛应用,特别适用于博士毕业论文的评阅。2014 年 1 月,国务院学位委员会、教育部颁布《关于加强学位与研究生教育质量保证和监督体系建设的意见》特别强调:"论文评阅要保证有一定数量的外单位同行专家参与,加强匿名评阅等适合本单位实际的论文评阅制度建设。"从制度层面看,盲审方式有以下优点:第一,有效规避非学术因素对学位论文评审的干扰,确保论文的基本质量;第二,有利于促进博士学位论文的创新;第三,有利于营造敬畏学术和学术创新的文化氛围。但是,盲审方式还会受到如下因素的影响:一是评审专家的时间精力和认真程度;二是评审专家对学位论文研究领域的熟悉程度;三是评审专家的学术立场或主观偏好。③

论文评审结束后,评审专家的常见反馈方式为"总评+评语"的结论判定式。"总评"反馈主要有 3 种类型:①分数/等级+答辩与否意见,指分数或者等级与答辩与否意见分开给出反馈结论;②分数/等级/答辩与否意见,指分数或者等级与答辩与否意见同时给出反馈结论;③分数,指给出分项分数,结合公式运算出总分数,设定通过分数线,达到最低分数要求即可参加学位论文答辩。"评语"反馈一般从优点、不足与改进建议三个角度提供,由于工作量较大,反馈内容通常比较精炼。

对于论文评审存在异议时救济途径有直接增评和申请增评两种。直接增评是指由学校相关负责部门对评审结果有异议的论文直接增加评审人,例如《北京大学学位授予工作细则》第九条第三款规定:"论文评阅书中如有一名评阅人持否定意见,应增聘一名评阅人进行评阅。"申请增评是指学位申请人对评审结果有异议,"可经过一定程序申请增评。常见程序为'研究生本人申请—导师同意—学位评定分委员会同意—学校学位评定委员会同意(不是必需步骤)'"④。例如《西北工业大学关于学位论文送审及评阅意见的处理办法》第七条第一项规定:"如果申请人和导师对 1 份评阅意见持有异议,可在接到评阅意见后的 14 日内向所在学位评定分委员会提出申诉,由学位评定分委员会组织有关专家进行评议,……如认定为学术争议,可批准同意申诉。研究生院接受申诉材料

①　马玲:《博士学位论文同行评议的实证分析及探索性建议》,载《研究生教育研究》2011 年第 6 期。

②　睢依凡、毛智辉:《关于完善我国博士学位论文匿名评审制度的思考与建议》,载《学位与研究生教育》2022 年第 11 期。

③　睢依凡、毛智辉:《关于完善我国博士学位论文匿名评审制度的思考与建议》,载《学位与研究生教育》2022 年第 11 期。

④　邹维:《博士学位论文评审现状、反思与优化》,载《上海教育评估研究》2023 年第 2 期。

后,重新按照原评阅份数原文进行盲评送审。"

(三)论文答辩

论文答辩是学位授予的关键阶段。[①] 通过答辩,检验学位申请人的论文质量及其学术能力和学术道德,同时检验导师的指导质量。

在答辩会上,学位申请人通过与同行专家的对话和交流,加深对学术规范性的理解,真正认识到学术训练要符合学术传统。学位申请人的学风和治学态度受到考察。论文的真实性以及论文是否申请人独立完成都将受到检验。[②]

1.论文答辩的整体要求

有学者通过对国家和一些学位授予单位相关政策文本进行考察,归纳出对论文答辩的整体要求:公开、公正和实事求是的学术态度;严格、合理的学术标准;气氛民主、流程规范、时间充足、形式庄重的学术氛围;质量保证、学位声誉得以维护的学术尊严。[③]

2.答辩委员会

为了更直观地了解答辩委员会的情况,本文对部分大学学位细则中有关答辩委员会的规定进行整理分析。具体内容详见表5-1。

表5-1 部分大学答辩委员会情况一览表

学位授予单位	委员人数		导师参与	秘书资格	表决比例	备 注
	硕士	博士				
北京大学	3人以上	5人以上	可以	—	2/3以上	
北京航空航天大学	3~5人	5~7人	硕士可以	要求	超过2/3	
北京理工大学	5人	5~7人	可以	—	2/3以上	
北京师范大学	3~5人	5人	不参加	—	超过2/3	
电子科技大学	5~7人	5~7人	不参加	—	2/3以上	
东南大学	3~5人	5~7人	不参加	—	2/3以上	
复旦大学	3~5人	5~7人	不参加	要求	2/3以上	

---

① 《学位法(草案)》第二十三条:"学位授予单位应当按学科、专业组织硕士、博士学位答辩委员会。硕士学位答辩委员会应当不少于三人,博士学位答辩委员会应当不少于五人。博士学位答辩委员会必须有外单位的同行专家参加。学位论文或者实践成果应当在答辩前送答辩委员会委员审阅。除内容涉及国家秘密或者商业秘密外,答辩应当公开举行。答辩委员会应当就学位申请人是否通过答辩形成决议,决议经全体成员三分之二以上同意,方为通过。"

② 杨阳、闻书宁:《关于论文答辩的几点思考》,载《法制博览》2016年第21期。

③ 张文琪、曾国权、朱志勇:《博士学位论文答辩的情境定义及其制度属性:基于政策文本的分析》,载《学位与研究生教育》2020年第1期。

续表 5-1

学位授予单位	委员人数		导师参与	秘书资格	表决比例	备 注
	硕士	博士				
哈尔滨工业大学	5~7人	5~7人	不参加	要求	2/3以上	
华东师范大学	3人以上	5人以上	不参加	—	2/3以上	
华南理工大学	3人以上	5人以上	可以	要求	2/3以上	
华中科技大学	3~5人	5~7人	可以	要求	2/3以上	硕士不要求
吉林大学	5人	5~7人	不参加	要求	2/3以上	
南京大学	3人	5人	不参加	要求	2/3以上	硕士不要求
清华大学	3~7人	5~7人	可以	要求	2/3以上	
山东大学	3~5人	5~7人	不参加	要求	2/3以上	
上海交通大学	3或5人	5或7人	不参加	—	超过2/3	
天津大学	3~5人	5人以上	不参加	要求	2/3以上	
同济大学	3~5人	5~7人	可以	要求	2/3以上	
武汉大学	5人	5~7人	不参加	—	2/3以上	
厦门大学	3~5人	5~7人	不参加	—	2/3以上	
西安交通大学	3~5人	5~7人	可以	要求	2/3以上	
西北工业大学	3或5人	5或7人	可以	要求	2/3以上	
浙江大学	3~5人	5~7人	可以	要求	2/3以上	
中国科技大学	3人以上	5人以上	不参加	—	2/3以上	
中国农业大学	3或5人	5或7人	不参加	要求	2/3以上	
中国人民大学	4人以上	5~7人	不参加	—	2/3以上	
中山大学	3~5人	5~7人	不参加	要求	2/3以上	

从表5-1可以看出,绝大部分学位授予单位硕士学位答辩委员会由3~5人组成,博士学位答辩委员会的人数大都在5~7人之间。

关于学位申请人的导师能否参加答辩委员会,在实践中有两种情况:有些学位授予单位规定导师可以担任答辩委员会委员,但是不能担任主席;另外一些授予单位规定导师不能参加答辩委员会。

答辩委员会设置答辩秘书,参与组织答辩活动,做好答辩记录工作和答辩后的答辩资料整理、建档工作。所以,答辩秘书的选任对于反映答辩过程的真实性和规范性极为重要。

3. 答辩过程

答辩程序由主席宣布开始,然后由主席(或秘书)介绍答辩委员并主持会议,接下来由导师或者秘书介绍答辩人的基本情况,"包括执行培养计划、进行课程学习、从事科学研究以及完成课程考试和学位论文的情况。部分学校在该环节的规定涉及导师推荐意见、论文评阅情况或盲审意见和结论。"①

答辩人陈述报告是正式答辩环节的开始。陈述围绕论文选题的背景和意义、论文探讨的主要问题和逻辑结构、运用的研究方法、论文的结论和创新点以及自我评价和继续深入研究的必要性几个方面的内容展开。

答辩委员在理解学位申请人研究内容的基础上，开始对申请人就论文中的学术问题进行提问。所提问题主要围绕论文以下内容：选题、基本理论和基本观点、文献资料的运用、学术意义和价值、论据与论点之间的联系、薄弱环节。这些问题既包括基础知识、基本理论和基本概念，也涉及理论联系实际以及分析问题和解决问题的能力，以达到考察答辩人知识的广度和深度及其思维水平的目的。

答辩者应当集中精力听清楚所提问题，记录下来，然后按照安排离席准备回答。当答辩人被通知回到现场以后，按照答辩委员所提问题的顺序正式口头作答。回答是根据自己准备的材料陈述，要正面回应问题，做到观点明确、语言专业、条理清晰、简洁明了。②

由答辩委员提问，答辩人回答，在答辩人回答过程中答辩委员也可能进一步发问。答一般是沿着提问者的问题进行回应，也可能是针对问题陈述不同观点，就形成了辩。"通过提问，答辩专家可以敲打、探询直至确认答辩人在论文（设计）中表现出来的或是尚未充分展现出来的知识、能力、素质特征，考察其研究工作的真实性、深刻性、规范性以及临场应变及表达能力；而答辩一方则可以进一步对论文进行陈述和补充，在交锋中展示和发挥自己的才能。"③

4. 评议和表决

答辩结束后，答辩委员会全体成员进行秘密评议和表决。根据学位申请人的答辩情况，首先对是否通过论文答辩作出表决：答辩成绩分为优秀、良好、合格、不合格四种情形，再根据论文的学术水平和答辩情况写出详细的学术评语；其次，作出是否建议授予学位的表决。表决采取无记名投票的方式，经全体答辩委员 2/3 以上同意方可通过（个别学位授予单位规定超过 2/3 同意才能通过，见表 5–1）。表决结果记入"学位论文答辩委员会决议书"。

评议和表决结束后，答辩委员会全体委员回到会场。主席在会场当场宣读决议，然后宣布答辩会结束。

论文答辩结束后，对于通过答辩的，进行其后的评定程序；对于决定修改后重新答辩的，申请人应按照答辩中指出的问题进行修改，在符合条件时重新答辩。对于不予通过的答辩决议，学位申请人如果不服，可以向学位评定委员会或其分会提出申诉。

---

① 张文琪、曾国权、朱志勇：《博士学位论文答辩的情境定义及其制度属性：基于政策文本的分析》，载《学位与研究生教育》2020 年第 1 期。

② 杨阳、闻书宁：《关于论文答辩的几点思考》，载《法制博览》2016 年第 21 期。

③ 龚怡祖：《提问质量——决定学位论文答辩质量的重要元素》，载《学位与研究生教育》2009 年第 3 期。

（四）学位评定

学位评定是综合评判学位申请人资格的程序[①]，也是学位授予单位最高规格的程序授予阶段。学位评定委员会委员都是本单位权威人士，且其成员之多、代表的学科之全是论文评阅和答辩阶段所不能比的。大部分学位授予单位设置学位授予评定委员分会，承担学位评定委员会的部分职责，作为学位评定的前置程序。

从现行各级各类学位授予规范性文件的设定来看，学位评定委员会具有对学位授予进行实质性审查的职权。《学位条例》规定了学位评定委员会对学位授予进行审查、批准和作出决议的职责；《学位条例暂行实施办法》列举的学位评定委员会职责中也包括一些具有实质性审查特点的职责；《国务院学位委员会关于做好博士研究生学位授予工作的通知》[（84）学位字 013 号]对学位评定委员会的职责进一步明确："学位评定委员会……对答辩委员会作出决议授予博士学位或需修改论文者，应逐个对其……进行全面的审核"，"似乎暗含了校学位评定委员会的实质性审查权力。"[②]各学位授予单位制定的学位细则之类的规范性文件规定学位评定委员会对学位申请者资格的审查和决议都具有实质性审查的特点。现实中，学位评定委员会也确实直接对申请者的学位论文写作水平情况进行评议。刘某某诉北京大学一案就典型地体现了这一情况。[③]

所谓实质审查就是对学位申请人所具备的条件与授予单位制定的标准进行比较定性的判断，其行为行使的是《学位条例》授予的行政权力。[④]

学位评定委员会的委员都是相关学科的领头人，教学科研甚至行政事务繁忙，往往影响出席评定会议。但是委员会的议事程序本就是民主决策的形式。民主决策追求的是最大的民主，如果其成员缺席，成员数额形同虚设，就失去了民主决策的意义。从委员的角度说，出席会议参与评定既是权利，更是义务。根据规定，学位评定委员会会议出席会议人数必须达到全体委员的 2/3 以上。

对于答辩委员会建议授予学位的申请人，学位评定委员会逐一全面审议，审议内容包括思想品德状况、学习成绩、毕业鉴定和论文答辩等。关于学位评定表决的人数比例，一般学位授予单位都规定全体委员过半数同意即行通过。

学位评定结束后，学位授予单位会作出是否授予学位的决定，此后就是学位证书的颁发或者不予授予学位决定书的制作和送达。

---

① 《学位法（草案）》第二十五条："学位评定委员会应当根据答辩委员会的决议组织审核，作出是否授予硕士、博士学位的决定。"

② 湛中乐等：《刘某某诉北京大学案——兼论我国高等教育学位制度之完善》，载《中国教育法制评论》2002 年第 1 辑，第 332 页。

③ 王春业：《论法治视野下学位评定委员会职责的变革——兼论〈学位条例〉的修改》，载《东方法学》2019 年第 6 期。

④ 王由海：《我国学位评定委员会的职责定位及完善路径》，载《河北师范大学学报（教育科学版）》2021 年第 4 期。

学位申请人对于学位评定委员会不予授予学位决定不服的,有权向学位授予单位申诉或者依照法律规定提起行政复议或者直接提起行政诉讼。

第三节　高校学位授予程序存在的主要问题

我国《学位条例》已经实施四十多年,随着学位授予实践的不断深入,《学位条例》及《学位条例实施办法》的规定已经不能满足现代学位授予的实践需要,学位授予程序只能靠各学位授予单位制定细则提供制度资源。这样做的缺点一是本应由国家层面立法规定的程序却下放给了学位授予单位,不当扩大了学位授予单位权限,违反了法律保留原则。二是学位授予单位各行其是,造成重要学位授予规范的不统一,损害了法治国家的利益和形象。三是重要制度和重要程序规范的缺失造成学位授予无法可依,无制度可循,比如听证程序、学位撤销程序和学位异议程序的缺失导致各学位授予单位在学位评定过程中对相关争议的处理很不一致,导致学位相对人的权利得不到充分保障;再如,学位授予各个阶段明显存在救济程序缺失也导致学位申请人的权利得不到保障。这些问题应当在今后学位授予实践中切实得到解决。

除了上述这些问题之外,学位授予学位申请与审查、论文评阅、论文答辩和学位评定等各主要阶段存在的问题更应当引起重视。

一、学位申请与审查存在的问题

(一)学士学位申请的决定主体违反《学位条例》规定

按照《学位条例》的规定,学位评定委员会是决定是否授予学位的主体,可是有些学位授予单位在此阶段的行为违反了该规定。其一,高校院系一级的审查主体往往是教务管理人员,相关材料并没有提交到学位委员分会讨论。在向申请人告知其不具备申请资格时,也是教务管理人员口头传达,没有经学位委员会授权的分会决定,也没有书面告知及正式送达。其二,教务部门往往只是将建议授予学士学位的申请人名单上报给学位委员会,不具备申请资格或条件的名单不再上报。这样,教务部门就违法行使了本属学位委员会的职权。[①] 比如《中国人民大学学位授予工作细则(试行)》第五条规定:"各学院……负责审核本学院本科毕业生的……材料,……提出授予学士学位的人员提名名

---

① 刘建银、车霞:《高校学生学位申请资格认定问题研究——以不具备学士学位申请资格的认定为例》,载《现代教育管理》2018 年第 11 期。

单,由教务处、继续教育处等有关部门负责审核,由学位评定委员会办公室上报校学位评定委员会审查。"

(二)研究生学位申请阶段设置时间顺序混乱

主要表现在一部分学位授予单位不是将学位申请人申请学位作为学位授予程序的起点,而是在论文答辩以后才由学位申请人提出学位申请。为进一步对该问题进行研究,本文考察了 24 所大学的学位细则,发现存在学位申请与学位论文答辩顺序混乱的现象(见表 5-2)。

表 5-2　部分高校研究生学位申请和审查一览表

学位授予单位	申请人	受理审查机构	学位申请的顺序	备　注
北京航空航天大学	学生	学位评定分委员会	先申请	
北京理工大学	学生	学院	先答辩	
北京师范大学	答辩委员会	学位评定分委员会	先答辩	
电子科技大学	学生	学院	先申请	
东南大学	答辩秘书	学位评定分委员会	先答辩	
复旦大学	学生	院系	先申请	不受理书面告知
哈尔滨工业大学	学生	学院	先申请	
华东师范大学	学生	学位评定分委员会或专业学位评定小组	先答辩	
华中科技大学	学生	院系	先答辩	院系提前资格审查
吉林大学	学生	学位评定分委员会	先申请	
清华大学	学生	学位评定分委员会	先答辩	
山东大学	学生	学位评定分委员会	先申请	
上海交通大学	学生	学位评定分委员会	先答辩	
天津大学	学生	学位评定分委员会	先答辩	院(部)提前资格审查
同济大学	学生	院系	先答辩	不受理书面通知并告知理由
武汉大学	学生	学位评定分委员会	先申请	
厦门大学	学生	—	先申请	
西安交通大学	学生	学位评定分委员会	先答辩	
西北工业大学	学生	学位办公室	先申请	(博士学位)
		学位评定分委员会		(硕士学位)
浙江大学	学生	学部学位委员会	先申请	

续表 5-2

学位授予单位	申请人	受理审查机构	学位申请的顺序	备　注
中国科学技术大学	院系	学位办	先答辩	院系提前资格审查
	学生			
中国农业大学	学生	学院学位评定委员会	先申请	不合格通知并说明理由
中国人民大学	学生	学院	先申请	
中南大学	学生	院系	先申请	

通过对表 5-2 进行分析,在 24 个学位授予单位中,申请学位在先的有 13 所大学,答辩通过后才申请学位的有 11 所大学。先答辩后申请学位的大学接近 46%。有 3 个学位授予单位不是由学生自己提出申请,而是由答辩委员会及其秘书或者院系代替学生申请学位,其实是取消了学位授予的申请阶段。

从学位论文评阅和答辩的功能看,这两个阶段其实就是对学位论文的考察。《复旦大学学位授予工作细则》第十二条第三项"学位申请的考查"规定的"学位论文考查通过同行专家评阅和组织学位论文答辩进行"表明了这一功能。既然是对学位申请人资格的考察就应当置于申请之后的审查阶段。

从经济学的角度分析,在论文评阅和答辩以后才进行学位的申请和审查,如果申请人不符合学位论文之外的申请条件不予受理,先前的程序过程就浪费了时间和学术资源。

二、论文评阅存在的问题

论文评阅虽然在外观上是外聘专家对论文质量把关的简单程序,其实这一阶段涉及学位授予单位内外机构、人员较多,形成了错综复杂的关系,一旦在某个环节出现异常,必将影响论文评审的效果。

(一)评审专家选择的精准性难以保障

当前学术领域存在着学科高度融合和高度分化,出现许多交叉学科和边缘学科,研究方向朝着精细化发展,大学科同行中包含小学科同行,小学科同行中包含同一研究领域,同一研究领域还有不同的研究方法。所以,评阅专家与学位论文的学科、研究方向、研究领域以及研究方法尚有不同,在评阅时极有可能漠视论文的创新和学术价值,"充其量只能从选题是否有意义、核心概念及其关系是否清晰、研究框架是否逻辑严谨、支撑理论及研究方法是否契合所研究的问题等关系博士学位论文基本规范的方面去审读并评判之,绝难对其是否具有理论水平及创新价值做出客观准确的评价"。"不能鼓励学术创新的学位论文评审制度,是难以培养出敢于挑战学术权威、勇于学术创新的人才的,其结果是博士生培养之学术环境的僵化及具有原创性知识贡献的博士学位论文少之又少。"①

(二)专家的时间和精力难以保障

特别是在双盲审制度中,论文的寄送、回收和反馈评阅意见均由研究生部完成,流转过程周期较长,加之此前学位申请人提交论文的时间往往放在截止的最后期限,导致留给专家评阅的时间非常有限。有的单位最短只给专家留出 10 个工作日的评阅时间。②另一方面,论文评阅放在每年的毕业高峰期,评阅专家的论文评审任务扎堆,工作量大,感到时间十分紧张。③ 除此之外,一些授予单位还存在盲目认同评审专家的现象,在选择专家时热衷于选择与本单位同等类别或者学术地位高于本单位的高校和研究机构的专家作为评审人,这样造成名气越高的单位和专家接受的评审委托越多,甚至不堪重负,带来的后果就是评审任务重、评审质量却很低。④

(三)学位授予单位之间评审标准不一致

不同学位授予单位制定的毕业论文标准和评阅标准各具学术特色,虽然充分体现了学术自治,但是纷乱的标准往往影响评阅专家的准确判断,特别是在同一时期内适用不同标准极易导致思路紊乱,如果再加上专家本人评审习惯及喜好的影响,导致评审结果存在较大差异的现象时有发生,质量高的论文不能通过,质量低的却能通过,难以得出公正的评审结果。⑤

(四)盲审专家无法指导申请人

当前的盲审制度带有明显的"唯结果论"倾向。专家在评审过程中不能与论文作者沟通,遇到文中自己不了解的问题无法沟通暂且不论,作者存在的一些表述不清、阐述不透的问题也无从进一步了解,结果是囫囵吞枣,草草评审结束了事。这样不但漠视了人才培养的渐进性在论文评阅过程的体现,忽视了培养过程⑥,而且评审专家与论文作者隔

---

① 眭依凡、毛智辉:《关于完善我国博士学位论文匿名评审制度的思考与建议》,载《学位与研究生教育》2022 年 11 期。

② 《北京航空航天大学学位授予暂行实施细则》第三十一条:"博士学位论文评阅……2、论文常规评阅周期必须保证 10 个工作日以上……"

③ 吴雪华:《对博士学位论文盲审的思考与建议》,载《中国科学院研究生院 2010 年研究生教育学术研讨会论文集》,第 68-72 页,2010 年 11 月 1 日。

④ 杜学领:《研究生学位论文盲审分歧及评审改进研究》,载《当代教育理论与实践》2021 年第 2 期。

⑤ 李剑红、崔海燕、刘妍:《由博士学位论文盲审数据诱发的几点思考——以南京农业大学为例》,载《教育教学论坛》2021 年第 52 期。

⑥ 眭依凡、毛智辉:《关于完善我国博士学位论文匿名评审制度的思考与建议》,载《学位与研究生教育》2022 年第 11 期。

离起来的评审结果完全受评审者的判断左右,很容易产生争议,不利于双方的学术交流,难以实现"学术助力"的深层效果。①

(五)过度依赖论文评阅结果

按照学位授予步骤的先后顺序,在论文评阅之后,相继进行论文答辩、学位评定分委员会和学位评定委员会的再度评审,才能授予学位。但是,在实际操作中论文评阅通过后,答辩和此后的评定往往把专家评审结果作为重要依据,分别过关并无太大障碍。授予结果过度依赖论文评阅结果存在两方面的问题:一方面,专家评审无非是个人行为,带有极强的主观性和临时性。过度依赖评审结果,弱化了培养单位的教学培养和导师的悉心指导,把结果与过程对立起来,不符合人才培养的规律,其处理过于简单粗暴,处理的结果容易产生争议。另一方面,学位授予之后的论文抽查结果有时导致学位授予单位前后决定的自相矛盾。授予单位依赖论文评审意见决定授予申请人学位以后,如果在论文抽查中出现了不合格论文,就会决定撤销学位,有时还会处理学位申请人的导师。前后两次决定,一是依赖评审意见,一是依赖抽查结论,同一篇论文受到的两次对待大相径庭,做出的决定自相矛盾,显示出学位授予单位在学位授予前后的草率和专断,其结果难以服人。②

(六)导师评审后置引起义务缺失

在盲审制度中,有些导师为了逃避责任,严重依赖评审专家的判断,甚至发生导师在盲审结束以后才进行评审的不正常现象,对于盲审通过与否既不否定也不肯定,显示出怕承担责任的"小聪明",当评审结果不公正时,也不会捍卫学生的正当权利。

在研究生培养过程中,导师承担着全程监督、指导的管理义务,而评阅人只是在培养结束时的评判建议人,所以,导师对于申请人的学术能力和论文水平比评审专家更清楚,因而也更有发言权。

事实上,如果导师一味逃避义务、怕承担责任,最终会反噬自己。如果某一导师培养多年的学生难以通过评审,其学术能力受到质疑,进而影响自己的招生资格。③

(七)申诉与救济存在困境

论文评阅结果关乎学位申请人的学位权利。申请人与评审人不能随意接触,在盲审中甚至不知道评审人的信息,不能为自己的学术能力提供必要的证明和有力的辩护,所

---

① 邹维:《博士学位论文评审现状、反思与优化》,载《上海教育评估研究》2023 年第 2 期。

② 吴丹、靳冬欢、刘晨、张巍:《优化博士学位论文评阅制度改革博士学位授予管理模式》,载《学位与研究生教育》2021 年第 4 期。

③ 杜学领:《研究生学位论文盲审分歧及评审改进研究》,载《当代教育理论与实践》2021 年第 2 期。

以成为学位授予法律关系中的弱者。法律和制度应当由学位申请人对评审结果的异议提供救济,但是在现实中其申诉和救济却存在制度障碍。其一,授予单位自纠机制不健全。在评阅专家给出否定意见时,有些单位将责任推卸给申请人及其导师,而不是直接进入增评或者重审程序。其二,设置的申诉程序烦琐。申请人如果提出申诉,首先要证明其申诉符合严苛的条件,其次需要征得导师同意,最后还得获得学位评定分委员会的批准,等等。其三,申诉通过的难度极高。当仅有一名专家存在不予答辩的意见时,学位授予单位往往为这样一个评审意见增设更多的专家评审,并要求全票通过。[①]

另外,实践中还存在评审人失职责任追究制度缺失问题,已经通过评审的申请人对所得分数和评价不服却不能申诉救济的问题,某些学位授予单位甚至存在将学位申请人的其他论文作为评判学位论文水平、进而影响评审结果的现象,等等。

三、论文答辩存在的问题

论文答辩是学位授予过程中的核心程序,其参与人数较多,运行环节复杂且具有较高程度的公开性和参与性,因此存在的问题也较多。

(一)答辩委员会存在的问题

第一,答辩委员会成员的遴选方式不合理。其主要体现在导师参与答辩委员的选择。导师往往选择自己熟悉的专家,熟悉带来了人情因素,导致专家之间互相照顾各自的学生;熟悉的答辩委员不能自律,对论文"放水",影响了学位申请人的学术品质。还体现在答辩委员会结构单一。在同一个专业,每个研究者的研究方向各不相同,有时存在跨领域研究的情况。如果答辩委员都是单一的专业背景,对于不熟悉的研究方向和论题,在提问时往往提不出实质性的问题,导致对论文的评判不能得出公正的结论。另外,在学位论文针对小领域专门研究时,如果没有知识结构、学术背景与所评论文匹配的专家参与,同样出现实质性提问缺失的情形。

第二,答辩委员缺席、迟到、退席和处理无关事务。有学者对论文答辩规则执行情况的调研中涉及迟到、离场和使用手机方面的内容。经他们统计,在他们参与的 144 场答辩中,答辩委员迟到的现象出现 38 场,821 名答辩委员中有 50 人迟到,最长的迟到时间长达 42 分钟;在 144 场答辩中,答辩委员离开答辩现场的现象出现 60 场,821 名答辩委员中有 99 人离开现场,最长的离场时间长达 39 分钟;在 144 场答辩中,答辩委员中使用手机的现象出现 99 场,821 名答辩委员中有 263 人随意使用手机,单场最长使用手机长达 41 分钟。[②]

---

① 邹维:《博士学位论文评审现状、反思与优化》,载《上海教育评估研究》2023 年第 2 期。
② 周利、姚云:《博士学位论文答辩规则的执行——基于"双一流"建设大学的研究》,载《高教发展与评估》2021 年第 6 期。

第三,答辩委员回避制度不健全。有的学位授予单位不禁止学位申请人的导师参加答辩委员会,只是不能担任答辩主席。表5-1显示,在统计的27个学位授予单位中,有10个单位允许申请人导师参加答辩委员会。由于导师与学生具有密切的师生关系,更是论文能否通过、学位是否授予的利益共同体,所以其参与学生的答辩评判,不利于答辩的公正性。更有甚者,某些导师参加答辩委员会时,常常出现代替学生回答问题甚至直接应对其他委员的质疑、进行辩解的现象。另外,有的学位授予单位尽管规定了答辩中导师回避制度,但是对于其他答辩委员却没有回避的一般规定,同样导致答辩过程中的偏私和评议结果的偏差和不公正。

第四,答辩秘书不称职。这主要表现在:其一,存在非专业人员担任答辩秘书的现象。现实中经常出现其他专业的人员担任答辩秘书。表5-1显示,在统计的27个学位授予单位中,有11个单位对答辩秘书的资格没有限制,他们只是一个记录员。由于秘书对答辩论文的专业术语听不懂,导致在记录时省略专业术语和答辩过程的主要事实,严重影响了答辩笔录的客观性、全面性和准确性。其二,有些答辩秘书记录走过场,没有认真全面详细记录答辩过程的全部内容,导致答辩委员会评议时没有参考依据。更有甚者,有的答辩秘书要求答辩人自己整理答辩笔录,甚至让答辩人在答辩前预先拟制好笔录。此外,有些答辩秘书没有严格执行监督答辩参与人在答辩笔录上签名的制度,损害了答辩笔录的规范性。

(二)答辩过程存在的问题

在个人陈述环节存在的主要问题是答辩人不能准确介绍本人研究的对象和研究方法,不能使用最学术的语言将个人研究成果、特色和创新完整、准确地传达给答辩委员会,只是简单地把论文摘要和目录读一遍,导致答辩委员不能深刻理解答辩人的研究内容,影响了此后的答辩质量。

在提问环节存在的主要问题是答辩委员的提问简单应付和秩序混乱。论文答辩都集中于毕业之前的短暂期间,在答辩高峰期,许多专家忙于应付校内外的论文答辩,少则几场,多则十几场,可是论文堆积如山,当然没有时间仔细阅读和领会,不能认真准备。一些任务过重的委员只是在答辩现场临时翻阅一下论文,看一下章节标题匆忙上阵应战,根本提不出针对性、启发性和有争论价值的问题。如果委员的专长与答辩人论文选题范围联系较少,其提问更是简单,仅仅是一些考察性的问题。[①] 还有一些答辩委员出于与答辩人导师之间的情面或者相互照顾学生的心理,故意"放水",提问一些无关紧要的问题,对论文薄弱环节基本不提问,失去了论文答辩的学术性和权威性。再有就是答辩委员们的提问没有章法、秩序混乱:或者抢着提问,导致答辩人听不清问题,或者互相谦让、冷场,影响工作效率;在答辩委员之间问题数量分配不均衡,有的委员提出七八个问

---

① 龚怡祖:《提问质量——决定学位论文答辩质量的重要元素》,载《学位与研究生教育》2009年第3期。

题,有的竟然没有提一个问题;有些委员在提问环节花费大量时间陈述自己的观点,最终却没有提出需要答辩人回答的问题。

在回答环节,有些答辩人往往避重就轻,对于自己熟悉的问题和简单的问题重点阐述,对于比较困难的问题轻描淡写,一句带过。有些答辩人未逐一回答委员提出的问题。有学者对论文答辩规则执行情况进行调研,其中涉及答辩人回避问题的内容。经统计,在144场答辩中,答辩人没能全部回答委员提出的问题,将近一半的问题被答辩人回避,避重就轻选择性答问。这些学者还发现,答辩人回答问题的时间不充足。答辩委员提问占用的时间超过答辩人回答问题时间的4倍。另外,还存在答辩人对于提问只答不辩,对于答辩委员提出的质疑置之不理,或装聋装哑,或顾左右而言他。更为严重的问题是有些导师参加答辩现场,参与答辩活动,竟然代替学生回答问题,甚至与答辩委员发生争执,强行要求通过其学生的答辩,严重违反学术规范和职业道德,影响学术生态。①

(三)评议阶段存在的问题

由于法律规范性文件和学位授予单位学位细则对学位论文的标准规定较为粗略,导致答辩评议中量化依据缺失,个别评判过程可能出现恣意现象,影响评议的客观公正。再则,由于答辩委员回避制度缺失,出现回避情形的委员在评议时难免有人情现象出现,即使出现不合格论文,往往不能如实评价,对于合格论文又存在评价过高的现象。另外,评议计票规则也不科学。当出现弃权票时,计票时往往忽视弃权票的中立性,把它作为赞成票的对立面,事实上按反对票对待。

(四)预先告知义务缺失

预先告知义务指的是,在学位申请人答辩之前,应当告知其包括答辩委员会成员的名单、主要答辩阶段、规范的学术问题范围、申请人享有的权利和义务以及不服答辩决议的救济途径。实践中,由于预先告知义务的缺失,往往导致学位申请人在答辩中无所适从,在答辩后异议和申诉无门。

四、学位评定存在的问题

学位评定是整个学位授予程序的最后阶段。学位评定委员会作出的决定关乎学位授予单位和学位相对人双方的重要权利。在这个阶段中常见的程序问题表现在审查的权限、审查的方式、表决的机制和相对人权利的保护等方面。

(一)实质审查出现困境

随着高等院校不断扩招,招生人数逐年增加,各层次的学位申请人随之递增,导致学

---

① 周利、姚云:《博士学位论文答辩规则的执行——基于"双一流"建设大学的研究》,载《高教发展与评估》2021年第6期。

位授予工作量不断加大,学位审核的任务越来越重。学位评定委员会已经很难做到对所有的申请人都进行严格细致的实质审查,只能削减审查任务,采取学位审核抽查的办法,或者责任外移,把审核权力逐渐下放到指导教师或教学督导组,引发了主体失职、学位授予标准把握不一致、学位质量下降的后果。①

高等教育的快速发展引起学科分类越来越细、专业越来越多、研究方向划分更加精细。学科之间的差异自不必论,即使同一学科的不同专业之间也存在较大的差异。学位评定委员会的委员们基于专业背景的局限性,很难对其他学科专业有所了解,无法进行实质性的审查把关。② 坚持让非同行专家实质审查,"导致学位评定委员会的组成人员可能被迫对其他学科、专业的学位论文进行实质性评价,尽管答辩委员会之前已有所决议"③。

在当前学位论文多级审查的体制下,学位评定委员会审查之前,已经通过论文评阅专家、论文答辩委员会、学位评定委员分会三层审查,不需要再进行实质性审查,因为学位评定委员会承担的是间接管理职责,没有必要也没有能力胜任事必躬亲参与学位授予的直接管理。④

(二)审查学术不端越俎代庖

依照教育法律、法规和行政规章的规定,学术失范、学术不端问题应当由高校的学术委员会处理。但是在学位授予过程中,有些学位评定委员会没有遵循管辖和分工的规定,擅自委托其他机构或成立临时机构对相关学位论文的学术不端行为调查和认定,并以此为根据作出授予或者撤销学位与否的决定。在李某与华南理工大学学位纠纷案中,行使学术失范、学术不端审查权的是该校计算机科学与工程学院;于某与北京大学学位纠纷案中,行使审查权的是该校成立的临时调查组。⑤

(三)表决机制存在弊端

学位法律规范性文件规定学位评定委员会表决结果应当由全体委员过半数同意才能通过,这种不分情况的单一表决模式忽视了问题的复杂性,而应当区分不同情形采用不同的票决制度:当属于审查答辩委员会的程序性问题时,过半数无可非议,当属于学位论文水准等产生重大影响的实体问题时,简单多数表决就失之轻率了。

在学位评定委员会表决时,有些委员随意投弃权票。他们把投票视为自己的权力。

---

① 苏兆斌:《中国学位制度的变迁与反思》,中国财富出版社 2017 年版,第 81 页。
② 王春业:《论法治视野下学位评定委员会职责的变革——兼论〈学位条例〉的修改》,载《东方法学》2019 年第 6 期。
③ 湛中乐、李烁:《论〈学位条例〉修订中的关键问题》,载《中国高教研究》2020 年第 6 期。
④ 王由海:《我国学位评定委员会的职责定位及完善路径》,载《河北师范大学学报(教育科学版)》2021 年第 4 期。
⑤ 王红建主编:《高等教育行政纠纷裁判规则类型化研究》,郑州大学出版社 2020 年版,第 270 页。

其实相反,投票表决是学位评定委员的法定义务,不履行法定义务是一种失职行为,应当承担责任。

有些学位评定委员会作出决定时没有严格遵守"全体委员过半数"的表决数限而作出决定,时常把弃权票等同于反对票进行计票。这方面典型的例子发生在"刘某某诉北京大学不予授予博士学位案"中,学位评定委员会对刘某某的博士学位论文进行实质性审查,在赞成票与反对票均未过半数的情况下形成决定,推翻了院系分委员会授予学位的决议,引发学位申请人的强烈质疑并引起诉讼。①

(四)相对人程序权利保障缺失

有些学位评定委员会作出对学位相对人不利的决定时,没有预先告知拟作出决定的内容,也不听取其陈述和申辩,剥夺了学位相对人的重要程序权利,违反了正当程序。

第四节　高校学位授予程序的优化

学位授予程序经过四十余年的实践,被证明是符合中国实际的成熟的制度,但是还在不同方面和不同程度存在一定的不足。这些问题制约着我国学位授予向更高层次发展,因而,要从理论和实践两个方面入手,不断对高校学位授予程序进行完善。

一、学位申请与审查的完善

首先,重视学士学位授予中的合法性,避免学术与行政管理的模糊交叉。一方面,确定学位委员会为决定学位授予与否的唯一机构,尤其是对不具备学士学位条件的判断决定权,只能由学位委员会行使,且只能以授予单位的名义作出决定并依法送达。② 另一方面,完善学位申请的受理审查处理程序和不予授予学士学位的决定程序。受理审查和评议决定的机构必须分离,保证学位委员会对学位申请审查过程的检查监督权。

其次,统一学位授予运行顺序,把申请和审查作为整个程序的起点。学位申请人在申请时除了提交符合条件的材料以外,还需提交已经完成的学位论文。当其他条件具备时,才能进一步审查学位论文是否符合标准,审查的过程包括接下来进行的同行评阅、论文答辩和学位评定各阶段。

---

① 靳澜涛:《高校学位评定委员会的权力错位及其立法归位》,载《高等教育研究》2020 年第 11 期。

② 刘建银、车霞:《高校学生学位申请资格认定问题研究——以不具备学士学位申请资格的认定为例》,载《现代教育管理》2018 年第 11 期。

二、论文评阅的完善

学位论文,特别是博士学位论文是学位申请人知识水平和学术创新能力的集中体现,也是学位授予单位培养质量的重要判断依据。所以,论文评阅制度必须发挥出规范评审过程、保证论文质量、鼓励学生创新的作用。[①] 通过论文评阅过程中评审专家与论文作者必要的适度交流、深化学术研究,达到教学相长的培养目的。

(一)精准选择评审专家,提升专家职业责任感

在学术方面,应当确保评阅人是所评论文涉及领域内的专家,其研究领域越接近越能保证评阅的科学性和针对性。特别是对博士论文评阅专家的选择,为契合论文的学术水平和专门性,所遴选的专家应当熟悉所评阅论文的研究领域并且具有较高的学术水平。

学术界提出在博士论文评阅领域引进"小学科同行"的遴选专家范围。为强化并确保专家的小同行身份,建议第三方机构完善评审专家库,采录专家信息时精准确定专家专业所属的一级学科、二级学科、研究领域或研究方向、擅长的研究方法,然后进行分类整合,以适应遴选时高度匹配需求。反过来说,考虑到博士培养的高质量以及拔尖创新型高层次人才需求的导向性,对于评审专家的选择绝不能简单地满足专家本人的参评意愿以及追求候选人数量多的目标,更应当追求专家的水平和评审意见的科学性。[②]

为了确保专家的严谨学风和科学态度,要完善对评审专家素养评估和监督约束制度。一方面,注重专家的学术态度。专家的责任意识和个人素养对于评审质量具有重要影响,应当选择那些能够公正评价、有助于学生改进和提高的学者,而不应攀比学科地位。[③] 另一方面,加强对评审专家监督约束。一是建立专家信用档案,完整记录专家评审经历,对其评审质量追踪评价,淘汰评审不认真且记录不良的专家。二是鼓励专家具名评审,有利于端正专家评审态度、强化专家责任担当。很多国家的博士论文评审专家的信息都是公开的,这一点值得我们学习和借鉴。[④]

(二)为专家评阅"减负",保证论文评阅时间

接受委托评阅的专家教学科研任务重、学术会议频繁,往往都是"学术忙人",特别是

---

① 眭依凡、毛智辉:《关于完善我国博士学位论文匿名评审制度的思考与建议》,载《学位与研究生教育》2022 年第 11 期。

② 眭依凡、毛智辉:《关于完善我国博士学位论文匿名评审制度的思考与建议》,载《学位与研究生教育》2022 年第 11 期。

③ 杜学领:《研究生学位论文盲审分歧及评审改进研究》,载《当代教育理论与实践》2021 年第 2 期。

④ 眭依凡、毛智辉:《关于完善我国博士学位论文匿名评审制度的思考与建议》,载《学位与研究生教育》2022 年第 11 期。

那些水平和知名度高的专家,其评审时间和精力极其有限。① 为了给他们留出足够的时间完成评阅任务,只能从工作量和时间点方面进行调整和限制:一则对评阅专家每年评审的论文数量加以限制,依靠专家库储存信息和互联网平台实时显示评审专家在审工作量和待审工作量以及时间节点;二则专家要量力而行,为自己设定论文评阅的数量上限并在平台公布,避免学位授予单位盲目委托送审;再则可以考虑改革现有学制,比如鼓励优秀研究生提前毕业、提前申请学位,或者将部分学科的硕士学习年限改为两年零六个月,这样就能够错开毕业季论文评阅高峰。②

(三)统一评审标准,实现评审公正

作为学历教育,学位授予单位之间对学位论文标准应当保持一致,而学位的学术质量也应当相同。在此基础上,一方面要量化指标,使其更具操作性;另一方面还要注重学科之间的差异,赋予不同评审项目以不同权重,由评审人逐项打分,压缩评审人的自由裁量空间。③ 统一的评审标准制定后,学术共同体要注重普及和执行,经常对评阅专家进行培训和考核,实现评审公正。④

(四)合理发挥专家的指导作用,提高论文质量和学术水平

互联网的发展畅通了评审专家与论文作者的沟通途径,在各自身份信息保密的前提下不影响双方交流意见。国家高等教育管理部门不断完善论文送审平台,建立学术互动区,为评审专家和论文作者提供封闭的交流空间,对双方交流实施全程监控,确保评审沟通合法合规。双方交流的过程就是评审者加深了解论文的过程,也是论文作者深入获取修改意见和改进建议的过程⑤,有利于提升学位论文质量,有利于提高人才培养水平。

(五)理性对待专家意见,综合评定论文学术水平

一方面,杜绝评审意见绝对采纳的现象。某些授予单位在出现一个不能答辩的评审意见就决定不再进行答辩的做法值得反思。另一方面,建立必要的容错机制。当仅出现一个不能答辩的评审意见时,采取以下两种做法:一是相对采纳,即增聘专家评阅,新的评议意见仍为不能答辩,则不再进行答辩,比如北京大学、北京理工大学等单位采取这种模式;二是学位授予单位自行决定如何处理,厦门大学、上海交通大学、北京航空航天大

---

① 眭依凡、毛智辉:《关于完善我国博士学位论文匿名评审制度的思考与建议》,载《学位与研究生教育》2022 年第 11 期。

② 杜学领:《研究生学位论文盲审分歧及评审改进研究》,载《当代教育理论与实践》2021 年第 2 期。

③ 邹维:《博士学位论文评审现状、反思与优化》,载《上海教育评估研究》2023 年第 2 期。

④ 李剑红、崔海燕、刘妍:《由博士学位论文盲审数据诱发的几点思考——以南京农业大学为例》,载《教育教学论坛》2021 年第 52 期。

⑤ 邹维:《博士学位论文评审现状、反思与优化》,载《上海教育评估研究》2023 年第 2 期。

学等单位采取这种模式。

(六)明确论文评阅阶段导师的权利和义务

研究生的成长无疑凝聚了导师的培养心血,学位论文从选题、构架、资料收集把关到定稿和修改,每一步都离不开导师的参与,所以导师对于学位论文具有绝对的发言权。导师对论文的评审是其基本的程序义务,也是评阅阶段的前提条件①,缺失了这个前提不利于评审专家及时准确了解论文的主旨、精髓和独特性,降低评审人的工作效率甚至影响评审质量。在作者与评审人互动过程中,导师的适度参与能够提高沟通效果,更利于评审后论文修改的指导。

此外,导师有义务保护学生的学术权益,在学生受到不公正的学术评价时应当积极主动配合学生提出疑问,对于申请人的学位论文不合理的评审结论特别需要其从专业知识和学术规范等角度为学生正面论证,帮助学生向有关机构和单位寻求救济。

(七)完善异议申诉机制

为了维护学位申请人的权益,对于不予答辩的评审结论,继续坚持已经基本成熟的增评制度,只是在确定增评专家数量方面应当采取更合理的控制,不应一味强调越多越好的观念,应当根据每篇论文的综合情况,确定增评专家人数,比如在采取优、良、中、差(分别以 ABCD 代替)等级划分标准时,如果出现 AAD、ABD 和 BBD 的综合结论,只需设置增评一份,如果出现 ACD、BCD 和 CCD 的评审结果时,可以设置增评二份。当然是否设置更多的增评份数,还要考虑与论文质量密切相关的因素。

在实践中,增评并不是解决异议的唯一办法,要尝试建立对异议评审意见的其他有效解决办法。在评审意见存在草率、粗陋以及偏见的情形下,授予单位学位分委员会,可以放弃对该意见的参考;在评审意见出现争鸣或者是否存在创新情形时,自行组织专家讨论决定。②

在数个评审结论意见相左、评审级差较大情形下,如果学位申请人及其指导者不认同评审结论或者"修改意见"时,特别是作者或者指导人员对"意见"或者"结论"能够逐条进行逻辑严谨、言之有理的说明解释甚至反驳时,就不必强迫作者按照评审人的意见

---

① 《中山大学博士硕士学位授予工作细则》第二十条:"硕士、博士学位论文,必须由指导教师审阅,写出评语,并填入答辩申请书,经所在系、所、教研室审查通过后(博士学位论文应通过预答辩),方能提交论文,申请评阅和答辩。"载豆丁网,https://www.docin.com/p-2641188303.html。《中国农业大学学位授予工作细则》第十二条:"学位论文评阅　1.资格审查通过的申请人应在规定时间内提交学位论文,由指导教师审阅同意,并写出详细的学术评语后,送同行专家评阅。"第二十二条:"1.申请博士学位的研究生应在规定时间内提交学位论文,由指导教师审阅同意,并写出详细的学术评语后,送同行专家评阅。"载中国农业大学研究生院网站,http://gradsch1.cau.edu.cn/art/2019/4/28/art_41502_770257.html。

② 邹维:《博士学位论文评审现状、反思与优化》,载《上海教育评估研究》2023 年第 2 期。

修改或者遵从评审人的不予答辩结论,通过申诉乃至申辩程序,保护论文作者的权利。申诉和答疑应当以书面形式进行,公开申辩应当以公开评审人身份为前提。公开申辩有利于营造尊重知识、包容异见的学术文化氛围,有利于保障学位申请人与评审人平等交流的学术权益,有利于强化评审专家的责任意识。①

三、论文答辩的完善

"学位答辩中…… 既有提问辩难的平等意味,又有教师启蒙式的点拨 …… 它使学位申请者有机会在学科群落范围内陈述自己的观点、论据及论证过程,接受学术前辈的提问和质疑,允许学位申请者为维护自己的观点而辩论。答辩作为学位申请程序是必须而且有意义的,它展现了知识获取的方式,也体现了守门人对学术新人进入学科群落的权力。"②

为了发挥论文答辩在学位授予中的关键作用,必须纠正重评阅、轻答辩的不正常现象,把答辩程序的完善作为学位授予程序完善的重中之重。第一,在制度层面细化答辩细则,制定关键环节操作性强的规定。保证整体答辩时间,设定提问和回答的时间下限;规范提问和回答的详细步骤,应当采取答辩委员依次发问、一问一答的形式,做到委员不抢问,答辩人不回避问题;增加答辩后论文修改强制制度,设置完善的修改步骤,设置具体的负责人,监督论文修改的内容没有缺漏、合乎要求。第二,在执行层面建立答辩委员会违规记录,落实答辩违规责任制。建立专家诚信记录,对于不按时参会、随意离席、擅自处理非答辩业务的专家应当计入授予单位档案,限制或禁止其参与本单位答辩;对于情节严重的,本单位或者主管部门应当追究其责任。第三,在认识层面强化答辩委员和指导老师的立德树人意识。作为答辩委员,应当坚守学术良知、严守学术规范,不敷衍、不放任,把好学位论文质量的关口;作为指导老师,在学术敬畏方面为学生树立榜样,坚持把教育和指导放在学位论文的构思和写作阶段,严格遵守导师回避的规定,积极避免对答辩委员会的客观判断造成不良影响。第四,在预防层面做好答辩规则的制定和普及工作,学位授予单位和学术自治组织做好规则的宣传和培训,强化答辩专家和导师的程序意识、规则意识、纪律意识,摒弃潜规则,培养良好学风。③

(一)关于完善答辩参与主体的建议

第一,明确答辩委员的选任和专业要求。既要重视专家的学术背景和学术地位,保障答辩的学术水平和学术质量,更要强调答辩委员与申请人研究方向的一致性,保障

---

① 眭依凡、毛智辉:《关于完善我国博士学位论文匿名评审制度的思考与建议》,载《学位与研究生教育》2022 年第 11 期。

② 张陈:《我国当代学位制度的传统与变革》,重庆大学出版社 2014 年版,第 150–153 页。

③ 周利、姚云:《博士学位论文答辩规则的执行——基于"双一流"建设大学的研究》,载《高教发展与评估》2021 年第 6 期。

"问""答""辩"的高度契合;在答辩委员会的专业结构设置方面,保证同一专业的答辩委员研究方向多元,保证答辩委员会总的研究方向尽可能覆盖答辩组论文的研究方向,只有在没有知识缺漏的氛围里才能汇集各方面的智慧,使问题越辩越明,达到客观公正的评判效果。在这方面,有的学位授予单位做得较好。比如《北京师范大学学位授予工作细则》第十六条第一项规定:"博士学位论文答辩委员会……涉及交叉学科时,应聘一至二位交叉学科领域的专家。"再如《清华大学学位授予工作实施细则》第十四条规定:"博士学位论文……答辩委员会……交叉学科的论文,应聘请一至二位所涉学科的专家。"

第二,明确答辩委员的义务。根据自己的时间和精力确定参与答辩的场次、保障充足的时间阅读和理解参与答辩的学位论文内容,预先填写问题清单;严格遵守答辩会场纪律;杜绝与答辩人单独接触;遵循学术规范,提高发问和辩难的学术质量;对答辩论文的领域或知识点不了解,或者存疑时,评审态度以宽为主。[①]

第三,坚守导师的自律义务。导师不能主动参加学生的论文答辩。答辩委员会如果需要其提供相关的信息或者事实,在对其邀请的情形下才能参加并回答答辩委员会的咨询,不得代替答辩人回答答辩委员提出的问题。[②]

第四,明确答辩人的重要权利和义务。对学位论文标准、答辩规则、答辩参与人的知情权;对答辩参与人包括答辩委员和秘书的申请回避权;是否允许其他人旁听的选择权;对不公正待遇的申诉权;遵守学术道德和会场纪律的义务;不得拒绝回答答辩委员提问。

第五,对答辩秘书的选任和会议记录的规范要求。学位论文及其答辩过程具有很强的学术性和专业性,特别是理工科的学位个性特色异常突出。因此,答辩秘书必须由熟悉专业知识的人员担任。表5-1显示,在统计的27个学位授予单位中,有16个单位对答辩秘书的资格提出要求。按照这些单位学位细则的规定,硕士论文的答辩秘书应当由具有硕士学位或者中级以上技术职称的人员担任,博士论文的答辩秘书应当由具有博士学位或者副教授以上职称的人员担任。《清华大学学位授予工作实施细则》第九条专门规定硕士论文答辩秘书"由助教博士生担任时,院系应对其进行专门培训"。第十四条专门规定博士论文答辩秘书"初次担任秘书工作的,院系对其进行专门培训"。

答辩笔录必须客观、全面、精确表达答辩的全过程,重要的事实、信息和观点必须如实记录,不得对不懂的术语、知识点妄加猜测,主观臆断,更不能随意改写和添加没有表达的内容。答辩笔录必须经过所有的参与者核对、纠错和签名。条件允许的情况下应当采取视频会议(不是网上会议,而是进行同步录音录像)的形式,更直观地反映答辩过程的全貌。

① 朱勇:《严格答辩程序完善答辩救济——关于研究生学位论文答辩制度建设的思考》,载《学位与研究生教育》2006年第3期。

② 周川、钟秉林:《英国博士学位论文答辩及其特点》,载《高教发展与评估》2021年第6期。

(二)关于完善答辩过程的建议

第一,明确答辩人在报告中陈述的内容。答辩人应对如下内容进行陈述。

一是论文选题的背景和意义涉及的内容。该论题在本学科研究领域中处于什么位置;要论证的问题;研究这个问题的理论价值和现实意义;该论题的研究现状,包括主要研究成果和观点、有哪些代表著作和文章等;材料的收集和运用情况,包括收集资料范围的大小、资料的可信度以及引文和出处等都决定了学位申请人的学术视野和理论修养;如果论题填补了学术空白,应当分析该论题长期被学术界忽视的原因,说明发现该命题运用的新理论和新方法;论题的理论价值和现实意义。

二是论文探讨的主要问题和逻辑结构。论文的主要观点及其论述;论文观点围绕论题的逐步展开及其逻辑推演结构;论证过程的递进和衔接。

三是运用的研究方法。主要包括研究方法对于研究对象的适用性及其解读研究对象的独特性。

四是论文的结论和创新点。研究结论简述;该结论在学术上的价值和突破;该结论在实践中的具体作用;自我评价和继续深入研究的必要性。[①]

第二,对答辩委员的提问要求。

一是答辩委员提问应当精心准备。只有认真阅读论文,做好扎实、细致、深入的案头工作,才会凝练出既有针对性又有高价值的好问题,提问的水准同样反映答辩委员的学术状态和水平。

二是答辩委员提问应当有的放矢。由于不同的申请人学术能力、选题方向、研究方法等方面各不相同,在研究过程的各个环节出现问题的情况也千差万别,所以每一场答辩中的关注焦点不会完全相同,所以不存在千篇一律、以不变应万变的通用问题模型。答辩委员只有通过认真研读论文,找出作者文中的错漏之处和无解的困惑,探索出破解之道进而形成启发、引导功能的问题,令作者听了或"心头一颤"或"醍醐灌顶",最终实现在"解题"的基础上受到教益。

三是答辩委员提问应当简明扼要。答辩委员应当明确自己的身份,不能在会场口若悬河地阐述自己对所评论文主题的观点和见解,而是以简要、突出的问题挖掘论文潜存的优缺点,尽可能把时间留给答辩人用于有价值的"答"和"辩"。

四是答辩委员提问应当温和公允。答辩环节也是专家对后进的纠错、启发和解惑的阶段,处处体现出对师德和师道的尊崇。答辩委员既要真诚地与答辩人传递信息和交流,耐心倾听与直言不讳有机结合,缔造相互接纳、心理相容的氛围,又要促进答辩双方"问""答"地位平等、实现辩论民主,还要做到作风严谨、一丝不苟。[②]

---

① 杨阳、闻书宁:《关于论文答辩的几点思考》,载《法制博览》2016 年第 21 期。

② 龚怡祖:《提问质量——决定学位论文答辩质量的重要元素》,载《学位与研究生教育》2009 年第 3 期。

第三,对答辩人的答辩要求。首先,不要重复宣读论文的相关内容,应当有针对性地回答委员提出的问题。其次,对于提问必须作答。答辩是一个独特的学习过程,所以答辩人不得拒绝回答,也不得回避问题,答非所问,蒙混过关。再次,答辩是答和辩的统一。答辩人在答辩的各个环节与答辩委员会进行必要的联系与互动,从完善和提升的角度思考和回答问题,针对论文中的问题进行讨论和辩论。最后,面对答辩委员的质疑,答辩人按照自己的理解如实作答。由于答辩委员对自己专业领域以外的知识并不十分熟悉,遇到相关问题需要先行了解,才能正常应对,所以答辩人此时应当积极地解释和辩解。通过双方深入讨论和争辩,逐步推进问题的深化。

第四,对评议和表决要求。首先,评议和表决采取闭门会议的方式,答辩人和旁听人员一律回避。其次,评议的内容是对答辩人的论文写作水平和答辩中的表现作出的总体评价,涉及论文的选题、研究的方法、内容和结论等,然后作出是否准予通过的表决,同时就论文接下来如何修改作出书面意见。① 再次,建立评议中的基准规则,限制答辩委员会及其成员的自由裁量空间,使不同的答辩人受到公平对待。复次,客观评价学位申请人的学位论文,从是否独立完成、学术价值和贡献以及答辩的质量三个方面作为判断是否授予学位的依据,"其中,……学术价值和贡献是十分重要的,除了论文章节主题内容突出,章节之间严密的逻辑体系外,学术创新和社会贡献是评价的核心点。"②最后,有效表决的前提条件是答辩委员会的成员全体参与并就是否通过答辩作出明确表示,杜绝弃权票,因为评议和表决是答辩委员的法定义务,不得逃避。如果达不到法定人数要求,形不成有效决议,只能判定此次答辩无效,需要重新进行答辩。

第五,对答辩后论文修改的要求。学位论文修改是避免答辩流于形式的关键。在答辩结束后学位论文大都需要修改。学位授予单位应当制定论文修改制度,包括分级修改、时间要求和监督检查等。小修改的时间要求较短,补充相关文本和数据时间相对就长一些。学位申请人严格按照答辩委员会提出的修改建议对论文逐一修改,并在规定的时间内完成。学位授予单位应当设置专门人员负责把关,有效监督答辩人必须对论文作出修改,把好论文质量关口。③ 如《哈尔滨工程大学硕士学位研究生学位授予工作细则(试行)》第二十八条规定:"答辩完成后,学院须指定一名答辩委员会成员审核硕士学位论文是否按答辩委员提出的修改意见进行了修改。"该校《博士学位研究生学位授予工作细则》第三十二条也有相同规定。

---

① 周利、姚云:《美国博士学位论文答辩的基本规程及其价值》,载《内蒙古师范大学学报(教育科学版)》2020 年第 5 期。

② 周川、钟秉林:《英国博士学位论文答辩及其特点》,载《高教发展与评估》2021 年第 6 期。

③ 周利、姚云:《美国博士学位论文答辩的基本规程及其价值》,载《内蒙古师范大学学报(教育科学版)》2020 年第 5 期;周川、钟秉林:《英国博士学位论文答辩及其特点》,载《高教发展与评估》2021 年第 6 期。

四、学位评定的完善

学位评定是学位授予单位学术权和行政权综合行使的典型表现之一,具体权力内容包括对学位工作的管理、决策、监督以及解决学位纠纷。

(一)科学制定工作准则

学位评定委员会为了科学管理学位工作,除了以学位授予单位的名义制定并颁布学位授予规范性文件以外,还要以自己的名义制定本委员会的工作办法,内容包括监督管理办法、学位评定办法以及学位争议、学位异议、学位撤销的审查处理办法等,以提高学位授予工作的规范性和科学性。

(二)落实检查监督职责

由于学位授予工作涉及范围广、专业化程度高,再加上申请学位的人员不断增多,单纯依靠各学科、各专业自律达不到合规合法的管理目的,必须发挥学位评定委员会的监督、检查作用,对这些机构的组成人员、答辩和审核程序、学位相对人程序权利的保障等方面进行监督。监督的方式包括随机抽查、派员现场旁听、审核报送材料等。

(三)分类实行评审方式

对于答辩委员会建议授予学位的申请人履行批准手续,对申请人的各项材料进行形式审查。审查涉及申请人的课程考试、论文答辩和政治思想水平以及遵纪守法情况,对于符合授予条件的,决定授予学位。如果论文答辩存在形式上的问题,可以否决答辩委员会的决定,但是不能就实体问题直接作出决定,只能另行组成答辩委员会进行重新答辩。[①]

对于不能通过重新答辩解决的实质问题,学位评定委员会应当根据具体情况进行实质审查:申请人不服答辩委员会不予通过答辩决议提出申诉的,重点针对答辩委员会提出的问题复查;对于撤销学位的动议重点审查撤销的事由;对于学位异议,重点审查异议的理由及所依据的事实证据。

(四)保证专家充分参与

由于实质性审查关涉学术领域和专业、方向的具体问题,只能由同行专家参与,方能保证学术判断的品位。学位评定委员会进行特定领域的论文审查,应当要求本学科委员

---

① 王春业:《论法治视野下学位评定委员会职责的变革——兼论〈学位条例〉的修改》,载《东方法学》2019 年第 6 期;王由海:《我国学位评定委员会的职责定位及完善路径》,载《河北师范大学学报(教育科学版)》2021 年第 4 期。

全体到会,不得缺席。如果特别需要集思广益,可以邀请本单位学位评定委员以外的专家参加,充分利用本单位学术资源。

当评议内容涉及学术前沿和学术创新时,如果本单位学术资源匮乏,应当邀请外单位专家参与论证。外聘专家对其研究领域的知识和技能的长期积累,能够为学位授予单位弥补知识方面的不足。"相对于……自己'养专家'来说,请外部专家参与更节省……成本,也有助于保持……决定的中立性。"①外聘专家要求按"同行最接近化,以学科、专业、研究方向、问题领域等为参照要素,按相近程度来遴选"②。

对于学位论文涉嫌学术不端时,应当依法将调查处理工作移交给本单位学术委员会。我国《高等教育法》第四十二条和《高等学校学术委员会规程》第十七条规定学术委员会有权对学位论文学术不端情况展开调查,并形成是否撤销学位的决议。《高等学校预防与处理学术不端行为办法》第二十九条也赋予学术委员会此项权力。学位评定委员会以学术委员会的决议作为评判的依据。

(五)保证委员正确履职

首先,坚决杜绝学位评定委员会成员无正当理由缺席会议的现象,多次缺席情节严重的,应当取消其委员资格,及时补选新的委员,保证委员会人数符合规定。中国人民大学对这方面有规定,其《学位授予工作细则(试行)》第二十三条第二项规定:"校学位评定委员会委员应按时参加会议,确实不能到会者,应在接到会议通知后及时向校学位评定委员会主席或副主席请假,请假结果应及时告知学位办。凡在一个任期内连续3次或累计5次不能参加会议的委员应予以调整,调整程序参照校学位评定委员会委员的产生程序进行。"

其次,禁止评定委员会成员无正当理由放弃表决。虽然我国现有制度没有规定委员不能投弃权票,但是,学位评定委员会代表授予单位行使学位授予权,其评议过程不同于民主政治中的议事规则。民主政治多元协商和不断妥协的议事性质决定了参与者的自主表决权,对议题表示赞成、反对或者弃权,而学位评议秉持的是求真务实的宗旨,参与者必须承担评判职责,正当履行评判义务,不得无故弃权。③

(六)保障相对人程序权利

学位评定委员会在作出对学位相对人重大不利决定时,应当保障其知情权和陈述申辩权等程序权利。听证会是保障学位相对人正当程序权利最完善的形式。

---

① 何海波:《内部行政程序的法律规制(下)》,载《交大法学》2012 年第 2 期。

② 王由海:《我国学位评定委员会的职责定位及完善路径》,载《河北师范大学学报(教育科学版)》2021 年第 4 期。

③ 王由海:《我国学位评定委员会的职责定位及完善路径》,载《河北师范大学学报(教育科学版)》2021 年第 4 期。

根据学位争议的内容,纠纷性的争议适用审理和裁决的处理方式,申辩性的争议适用答疑的解决方式。无论采取何种方式,学位相对人都能够借助听证会平台了解学位授予单位拟作出的处理决定的事实性依据及其选择理由、法律依据及其适用理由、裁量时所考虑的政策、学术规范等因素。[①] 在听证会上学位申请人有权陈述自己的观点和意见,进行辩解和反驳对方的观点和意见,有权向听证会主持人提出证据证明自己的主张,推翻对方的主张。为此,学位评定委员会在举行听证会前应当给学位申请人充足的时间收集证据并寻求包括导师在内的专家提供帮助。

本章小结

学位授予程序是关于学位申请人学术能力和学术水平与学位授予单位学位标准符合性的考察活动,在学位制度中起着关键性作用,所以各层级学位规范性文件都以相当篇幅予以规定。但是理论界对于学位授予程序的研究存在散乱、局限的现象,缺乏整体性和体系性的思考。本章对比分析现行规范性文件,讨论其一般理论并对具体运行程序进行分析展开,特别关注了其中学位申请和审查、论文评阅、论文答辩、学位评定四个阶段的现状、存在的问题和完善的办法,以期探索建立更具安定性的运行系统。

---

① 胡亚琴:《行政行为说明理由制度的现状及构建》,载《辽宁行政学院学报》2011 年第 12 期。

第六章

高校学位撤销制度

《学位条例》所确立的学位制度对我国过去几十年培养高学历人才与推动经济发展有着相当重要的作用。随着时代的发展,《学位条例》的不足也逐渐显现,例如学位授权制度不完善、学位撤销制度模糊以及学位授予争议解决方式不健全等问题。[①]《学位法》的制定不仅是对《学位条例》的回应,也是在中国现代化的背景下高等教育法治化的重要保障。[②]

在《学位法》制定之际,本章坚持以问题为导向,结合现有的法律法规,围绕学位撤销制度的理论基础、标准、程序三个方面展开论述。学位撤销制度与学位授予制度有着密切的联系,通过探讨学位撤销与学位授予之间的关系来厘清学位撤销制度的内涵与性质。学位撤销的性质尚未有确切的定论,通过对有关学位撤销性质四种学说的讨论,本章将学位撤销明确为未型式化的行政行为。学位撤销制度的核心内容就是撤销学位时依据的标准和所适用的程序。关于学位撤销的标准,通过梳理国家法律法规和高校内部章程对学位撤销标准所存在的问题进行分析与回应。在研究学位撤销的适用程序时,基于对法律法规的梳理和案例的分析,从实践中学位撤销程序运行时所暴露的问题着手分析,并对学位撤销的适用程序提出完善方案。

---

① 湛中乐:《我国学位立法的回顾与展望——兼评〈学位法草案(征求意见稿)〉》,载《新文科教育研究》2023 年第 2 期。

② 湛中乐、王岩:《〈学位法〉制定的时代功能和关键任务》,载《苏州大学学报(教育科学版)》2013 年第 2 期。

第一节　学位撤销的基础理论

一、学位撤销的概念

学位撤销是指在授予学位申请人学位后,学位授予单位发现该申请人在校期间存在严重违反法律法规等不应授予学位的行为,经调查核实后由学位授予单位撤销该申请人的学位并收回已颁发的学位证书的行政行为。[①] 根据《学位条例》和《高等教育法》等法律法规规定,学位撤销后,学位授予行为自始无效,等同学位从没有存在过。为什么将该行为命名成学位撤销而不是学位废止、学位吊销又或者学位无效？是因为该行为最符合行政行为撤销的理论。行政行为的撤销,是指行政机关对已经做出的明显不当的行政行为予以纠错,将处于违法状态的法律关系纠正到合法状态。而撤销学位,正是因为学位申请人因某种原因本不应获得学位,授予行为存在明显不当,学位授予单位进行纠错。

二、学位撤销与学位授予的关系

要想厘清学位撤销的内涵与性质,就必须要研究学位授予制度。有学者认为学位授予是学位运行的前提,学位撤销是运行的逻辑后果。[②] 不可否认,学位撤销制度与学位授予制度存在密切的关系。首先学位授予是学位撤销的前提。只有合法授予的学位才可能出现学位撤销问题。没有学位授予资格的单位授予的虚假学位,就不会存在学位撤销问题。例如被勒令停止招生的北京民族大学,它作为民办非学历高等教育机构,没有发放国家承认的学历证书的资格,也不得以“高等院校”的名义招收学生。其次,学位撤销与学位授予主体基本一致,学位授予单位根据相关法律法规以及高校内部文件进行判断是否满足授予学位的条件,是否存在学位撤销的情形。再者,学位撤销权与学位授予权都属于高校的学术自主权,同时兼具国家行政权力的属性。最后,在具体的适用标准方面,二者也有较大的重叠,分为学术性标准和非学术性标准。

诚然,学位撤销与学位授予二者密不可分,但并不能将学位撤销看作学位授予的一部分。有观点认为,学位撤销无须多加规定,只需要照搬学位授予的主体、适用标准和法

---

① 张善燚、李旭:《论我国高校学生学位撤销制度》,载《现代大学教育》2009 年第 5 期。
② 周慧蕾:《高校学位授予权研究》,中国社会科学出版社 2016 年版,第 60 页。

定程序等有关规定即可。① 实际上这种观点是不合理的,学位撤销具有其独特内涵。

三、学位撤销的性质与特点

在传统行政行为理论的影响下,在分析实践中某种行为的行政法属性时一般需要参照某一原有的行政行为形式。在对学位撤销行为进行分析时也必然要借助既有的行政行为形式理论。从表面上来看,学位撤销行为属于负担性行政行为,但更深层次的性质则众说纷纭。在早期的学位撤销案件中,当事人陈某方提出了行政处罚说,认为学位撤销行为属于行政处罚。② 学者朱志辉认为撤销学位是行政行为的撤销或撤回。③ 而学者湛中乐认为学位撤销行为是撤销行政许可的行为。④ 因此,有关确定学位撤销是何种性质的行政行为的观点各种各样,这反映了学位撤销制度存在内涵不明的问题,因而在研究学位撤销制度时应立足整体出发。⑤

(一)学位撤销的性质

1.行政处罚说之批判

案情简介:1994 年陈某通过伪造虚假身份获取了报考中山大学研究生入学考试的报考资格,并顺利考上中山大学研究生,获得中山大学的毕业证和学位证。直至 2005 年,陈某伪造报考资格的事情才被发现。之后中山大学组织学位评定委员会经过复议审核后最终决定撤销陈某硕士学位。2006 年陈某提起行政诉讼,陈某的辩护律师认为学位撤销行为属于行政处罚,应当适用两年的时效制度。最后的判决中,法院没有支持这一观点,驳回了陈某的诉讼请求。⑥

学位撤销是否属于行政处罚在上述陈某案中已得到很多讨论,可以看出当时理论界和实务界对学位撤销与行政处罚的关系认知并不明确。行政处罚的设定应当遵循法定

---

① 汤健、张晶:《高校学位撤销制度的完善——北京大学撤销于艳茹博士学位案的法理评析》,载《沈阳大学学报(社会科学版)》2015 年第 6 期。

② 见广东省广州市中级人民法院行政判决书,(2006)穗中法行终字第 442 号。

③ 朱志辉:《试论学位撤销的行政行为性质——由陈颖诉中山大学案引发的分析与思考》,载《高教研究》2006 年第 6 期。

④ 湛中乐:《论对学位撤销权的法律规制——陈颖诉中山大学案引发的思考》,载《中国教育法制评论》2011 年第 1 期。

⑤ 范奇:《论高校学位撤销的权限设定与行为定性——基于行政"组织+行为"法的分析框架》,载《学位与研究生教育》2019 年第 8 期。

⑥ 见广东省广州市中级人民法院行政判决书,(2006)穗中法行终字第 442 号。

原则。行政处罚的种类应当被明文规定。《教育行政处罚暂行实施办法》第九条①规定的十类教育行政处罚没有撤销学位的规定。而在现行的《行政处罚法》规定的处罚种类中并不包括撤销学位。与学位撤销相类似的吊销律师职业资格证,通常是由于律师在执业过程中严重违反法律②,与其获得执业资格无关。而学位撤销的前提是错误的学位授予行为,也不属于兜底条款中的"其他行政处罚"。基于以上原因,学界对撤销学位行为不属于行政处罚达成了一致。

2. 行政撤回说之否定

根据传统行政法理论,行政撤回是指当客观条件发生变化时,已经生效并且效力还在持续的合法行政行为变得不适宜继续存在时,行政机关宣告该行政行为失去效力。③但是在该行政行为废止前相对人所获取的各种利益并不会因此废止,所取得的利益将持续存在。行政行为的撤销是指当生效的行政行为在出现严重违法等情形时,行政机关可以予以撤销。行政撤销和撤回之间存在不同,主要在于它们的效力范围不同。行政撤销是指行政行为的失效溯及既往;而行政撤回是指将来失去效力。就学位撤销行为的效力而言,一旦作出学位撤销决定,行政行为立即生效,其效力不仅作用于未来,而且溯及既往,即之前相对人因此所获得的利益也就此废止。因此,学位撤销行为应被归类为行政行为的撤销,而非行政行为的撤回。

3. 行政许可之反思

行政许可说认为,学位授予是经相对人申请的授益性行政行为,行政许可也是以申请为要件的授益性行政行为,因此学位授予权是行政许可权。学者张善燊认为《学位条例》和《中华人民共和国行政许可法》第六十九条所体现的立法精神一致,论证了上述观点。然而此种观点并未明确行政许可法适用的前提,是"法律对一般禁止的解除"。举一个最简单的例子,任何人只有获得了驾驶证才可以驾驶机动车辆。但是,接受高等教育、进行学术研究并非法律不允许的行为,获得学位与进行学术研究也无必要联系。另外,行政许可一般具有一定的有效期,而学位授予行为具有终身性,进而学位撤销也是终身

---

① 《教育行政处罚暂行实施办法》第九条:"教育行政处罚的种类包括:(一)警告;(二)罚款;(三)没收违法所得,没收违法颁发、印制的学历证书、学位证书及其他学业证书;(四)撤销违法举办的学校和其他教育机构;(五)取消颁发学历、学位和其他学业证书的资格;(六)撤销教师资格;(七)停考,停止申请认定资格;(八)责令停止招生;(九)吊销办学许可证;(十)法律、法规规定的其他教育行政处罚。教育行政部门实施上述处罚时,应当责令当事人改正、限期改正违法行为。"

② 《律师法》第四十九条:"律师有下列行为之一的,由设区的市级或者直辖市的区人民政府司法行政部门给予停止执业六个月以上一年以下的处罚,可以处五万元以下的罚款;有违法所得的,没收违法所得;情节严重的,由省、自治区、直辖市人民政府司法行政部门吊销其律师执业证书;构成犯罪的,依法追究刑事责任。"

③ 杨建顺:《行政规制与权利保障》,中国人民大学出版社 2007 年版,第 337 页。

性行为,因此学位撤销不符合行政许可的行为特征。①

4. 未型式化的行政行为

根据以往的研究结果,学者们试图将学位撤销行为归纳为已经"型式化"的行政行为,例如上述列举的行政撤回说、行政处罚说、行政许可说等观点。这种分类的目的在于在处理学位撤销及其相关程序和诉讼时能够直接援引已经类型化的行政行为。通过将学位撤销归类于这些已经确定的行政行为类型,可以为解决学位撤销相关争议提供具体的法律依据。然而,宋烁博士则提出了一种实质判断的观点,她剔除了将学位撤销归入行政许可等一般行政处分法教义的类型化过程,并强调指出"明确学位撤销是负担性行政行为已经抓住了其根本属性"②。这一观点进一步揭示了学位撤销的独特性。然而,实际上,学位撤销在制度上存在一定的不稳定性和清晰性不足。学位撤销行为的处理过程相对较为复杂,缺乏明确的规范和程序。因此,它应被划分为一种"未型式化"的行为③,即在行政法律体系中尚未被充分规范和定义的行为。

综上可知,将学位撤销行为的性质认定为未型式化的行政行为更为合适。不同的学位争议情形下,学位撤销行为的性质并不完全一致。目前看来,将学位撤销行为嵌套于任何一种型式化的行政行为都会产生争议。学位撤销行为涉及的权力关系、程序要求以及影响的利益方等因素都可能导致学位撤销行为呈现出不同的特征和效果。无论是从学位撤销权的学术权力属性,还是从学位撤销的实践面向角度来看,学位撤销与传统的行政行为有着明显的区别,具有复合权力属性。学位撤销行为的决定与权力行使之间存在着复杂的关系,涉及学术界、教育机构、法律程序等多个层面的权力互动。

(二)学位撤销的特点

作为学位制度的重要组成部分,学位撤销制度关系到高校依法治校和维护与保障学生合法权益,具有其独特内涵。首先,学位撤销是负担性行政行为④。目前,在学术界和实务界,基本形成了学位撤销是行政行为的共识。且学位撤销是对特定的相对人做出的行政行为,从这一点说,学位撤销具有具体行政行为的属性。在司法实践中,人民法院也将因学位撤销而产生的纠纷作为行政案件处理,如于某诉北京大学撤销博士学位案⑤。在当今社会,学位是高校学生在学习、科研的证明,是他们就业的敲门砖。如果学位授予单位行使学位撤销权,意味着对相对人学习经历的否定,有可能会对相对人的生活造成

---

① 王由海:《学位撤销程序的法治化构建——兼论〈学位法〉学位撤销程序条款的制度设计》,载《高等教育研究》2021 年第 6 期。

② 宋烁:《设定学位撤销条件的原则与要求》,载《学位与研究生教育》2018 年第 1 期。

③ 王由海:《学位撤销程序的法治化构建——兼论〈学位法〉学位撤销程序条款的制度设计》,载《高等教育研究》2021 年第 6 期。

④ 肖鹏:《论撤销学位的法律规制——对中山大学撤销陈颖硕士学位案件的法律思考》,载《中国高教研究》2008 年第 2 期。

⑤ 见北京市第一中级人民法院行政判决书,(2017)京 01 行终 277 号。

不可弥补的影响。因此,高校行使学位撤销权是侵害学位获得者既得利益的负担性行政行为。所以当高校决定撤销相对人的学位时,应当坚持正当程序原则,严格按照法律的规定,尽可能做到实体和程序的双重正义。

其次,学位撤销具有事后纠错性。学位授予单位如若在授予前发现申请人不符合学位授予的条件,将不会授予其学位。如深圳信息职业技术学院因学生杨某多次违反校规校纪开除其学籍,在对其进行学位授予前已做出了处分。① 因此,学位撤销针对的是已完成的学位授予行为。再如,学位申请人在校期间存在严重违法行为,但授予学位时由于申请人的刻意隐瞒、学位授予单位的监督不到位等种种原因未能发现,错误地授予其学位。就比如武汉大学在授予学位时并不知道其 2020 届硕士毕业生白某在校就读期间对他人实施性骚扰、存在品行不端行为,正常授予了其硕士研究生学位。在接到举报后,武汉大学经调查研究,撤销白某学位,实现了对错误授予行为的纠正。学位撤销具有纠错的本质。授予学位的行为意味着国家对学位获得者的学术水平及品行等方面的肯定。换言之,社会公众可以认为学位获得者在校期间无违法行为,已经通过了学术审查,并具备了一定的专业知识。如果学位授予本身就是错误的,那么社会将会对学位获得者的学术水平产生怀疑,对学位授予单位的信誉产生误解。为了纠正错误的授予行为,维护自身的声誉,学位授予单位理应撤销不达标的学位获得者的学位。

最后,学位撤销具有维护学术秩序的功能。维护学术秩序可以从事前预防、事中监管、事后惩戒三个流程入手。假设本不符合学位授予标准的高校学生获取了学位,这不仅会破坏学术秩序,污染高校的学风,也损害社会公众对教育公平的预期②。而学位撤销作为行之有效的制度工具,会令学位获得者为此付出应有的代价,他基于学位证书所取得荣誉称号、事业成就将会受到极大影响。例如 2012 年匈牙利总统施密特·帕尔被爆出其 20 年前的博士论文存在抄袭行为,被撤销了博士学位,同时被迫辞职。这一方面可以说,学位撤销带有浓厚的惩罚性。而正是这种惩罚性色彩,使得学位撤销能够发挥震慑作用,实现事前维护学术秩序的作用,警示高校其他学生不可用不正当手段获取学位。

---

① 见深圳市中级人民法院行政判决书,(2015)深中法行终字第 478 号。
② 黄涧秋:《高校学位撤销制度的功能重塑——兼评〈学位法草案〉相关条文》,载《四川行政学院学报》2023 年第 2 期。

第二节　高校学位撤销标准的法律规制

一、高校学位撤销标准的现行规范

(一)国家法律法规层面

与其他国家相比,我国高校学位法律规范起步较晚,对于学位撤销标准的明确规定相对较少。《教育法》第八十二条规定了如果当事人使用作弊、剽窃、抄袭等欺诈手段或者其他不正当手段获得学位证书、学历证书或者其他学业证书的,颁发机构保留撤销相关证书的权利。[①]《学位论文作假行为处理办法》第七条规定了如果学位申请人有购买学位论文、令他人代写论文、剽窃他人论文或者论文数据造价等行为,学位授予单位可以依法撤销其学位。《普通高等学校学生管理规定》第二十条[②]和第三十七条[③]规定的学位撤销标准除了上述的剽窃、抄袭等学术不端行为外还有违反国家招生资格取得入学资格或

[①] 《教育法》第八十二条:"学校或者其他教育机构违反本法规定,颁发学位证书、学历证书或者其他学业证书的,由教育行政部门或者其他有关行政部门宣布证书无效,责令收回或者予以没收;有违法所得的,没收违法所得;情节严重的,责令停止相关招生资格一年以上三年以下,直至撤销招生资格、颁发证书资格;对直接负责的主管人员和其他直接责任人员,依法给予处分。前款规定以外的任何组织或者个人制造、销售、颁发假冒学位证书、学历证书或者其他学业证书,构成违反治安管理行为的,由公安机关依法给予治安管理处罚;构成犯罪的,依法追究刑事责任。以作弊、剽窃、抄袭等欺诈行为或者其他不正当手段获得学位证书、学历证书或者其他学业证书的,由颁发机构撤销相关证书。购买、使用假冒学位证书、学历证书或者其他学业证书,构成违反治安管理行为的,由公安机关依法给予治安管理处罚。"

[②] 《普通高等学校学生管理规定》第二十条:"学校应当开展学生诚信教育,以适当方式记录学生学业、学术、品行等方面的诚信信息,建立对失信行为的约束和惩戒机制;对有严重失信行为的,可以规定给予相应的纪律处分,对违背学术诚信的,可以对其获得学位及学术称号、荣誉等作出限制。"

[③] 《普通高等学校学生管理规定》第三十七条:"对违反国家招生规定取得入学资格或者学籍的,学校应当取消其学籍,不得发给学历证书、学位证书;已发的学历证书、学位证书,学校应当依法予以撤销。对以作弊、剽窃、抄袭等学术不端行为或者其他不正当手段获得学历证书、学位证书的,学校应当依法予以撤销。"

者学籍等情形。《学位法(草案)》第三十三条①从学术不端的角度对学位撤销的标准进行了规定。

通过梳理上述条文,可以发现当前与学位撤销有关的法律规范更集中于原则性标准,主要分为以下几类:第一类是严重学术不端行为;第二类是入学资格作伪;第三类是其他严重违法违规行为。总体来看,上层法律对于撤销学位的相关规定是符合我国高校学位管理发展的,因学术不端致使学位被撤销的情形基本涵盖在内。然而对于非学术标准的规定还不明确,因此高校对撤销学位的非学术性标准认识尚不统一,制定的撤销标准也有所差异。这就有可能产生学位授予单位在撤销相对人学位时侵犯其合法权益、造成不必要的伤害等结果,同时也有损学位管理体制的公平性。

(二)高校内部规范层面

各高校自主制定的具体规范内容在学位撤销活动中起着重要的作用,它们是指导学位撤销的行动指南,也是确定撤销条件的直接依据。根据法律规范和各高校内部规定,学位撤销条件的具体内容通常与该校的具体学位授予条件相关联,这种设定思路得到了广泛采用。在确定学位撤销条件的具体适用时,需要进一步考虑学位授予的条件。然而,在实际实践中,各高校自主设立的学位撤销条件呈现出参差不齐的特点。一些高校对学位撤销条件进行了具体细化的规定,与学位授予条件相当或更为严格,以确保学位的真实性和有效性。另一些高校则对学位撤销条件做了相对较宽松的规定,可能与学位授予条件存在一定的差异。这种差异可能由于不同高校对学位撤销的认知、管理理念以及教育质量监控的力度不同而产生。对于学位撤销条件的具体细化规定,有些高校可能更倾向于与学位授予条件保持严格一致,以确保学术诚信和教育质量。它们可能会在学术道德、学术不端行为、学术造假等方面提出明确的要求,一旦学生涉嫌违反这些规定,学位的撤销将成为必然的结果。而另一些高校可能对学位撤销条件的规定相对宽松,它们可能更注重学生的学业成绩,只有在学术不端行为特别严重或违反学术规范的情况下,才会考虑撤销学位。②

为对不同高校学位撤销标准进行深入分析,本书随机选取了五所"双一流"建设高校以及五所河南地区"双非"院校(分别是清华大学、北京大学、中国人民大学、吉林大学、郑州大学、河南财经政法大学、河南工业大学、河南师范大学及郑州轻工业大学),对其现有

---

① 《学位法(草案)》第三十三条:"已经获得学位者,在获得该学位过程中有下列情形之一的,经学位评定委员会审议决定,由学位授予单位撤销学位,收回或者宣布学位证书无效:(一)学位论文或者实践成果存在严重剽窃、伪造、抄袭、数据造假等学术不端行为的,质量不符合标准的;(二)以冒名顶替、徇私舞弊等非法手段取得入学资格或者毕业证书的;(三)在学习期间存在不应当授予学位的其他违法违规行为的。学位授予单位在作出不授予学位或者撤销学位的决定前,应当听取学位申请人或者学位获得者的陈述和申辩。"

② 范奇:《论高校学位撤销的权限设定与行为定性——基于行政"组织+行为"法的分析框架》,载《学位与研究生教育》2019 年第 8 期。

的学士、硕士及博士学位撤销的标准进行调查梳理(见表6-1)。各高校对于学位撤销的标准具体规定方式各异有所体现,如清华大学和吉林大学详细列举了学位撤销的标准;某些高校是直接将《学位法(草案)》的规定引用到本校学位实施细则中,如郑州大学。部分高校并未充分运用其所具有的结合实际制定学位工作细则的权力,仅用寥寥几句提及学位撤销,这种规定方式确保了高校内部规范不会违反上位法,但客观上来讲,这种模糊的标准在实践中并不能充分发挥作用,违背了《学位条例暂行实施办法》授权高校撤销学位权力的初衷。此外,还有可能出现某些高校过度创设学位撤销标准,突破上位法所设定的标准,侵犯相对人权益,产生学位纠纷。

表6-1　不同高校学位撤销标准调查梳理

高校名称	文件名称	相关条文
清华大学	《清华大学学位授予工作实施细则》	第二十七条:经认定有以下情况的,校学位评定委员会可依法做出撤销学位的决议。(一)对以作弊、剽窃、抄袭等学术不端行为或者其他不正当手段获得学位的;(二)对已授予的学位发现论文未达到学位授予标准的;(三)对已授予的学位发现在授予时确有不符合本细则第三条事实的或有其他严重违反《中华人民共和国学位条例》及相关制度事实的;(四)对已授予的学位发现违反国家招生规定取得入学资格或者学籍的;(五)被撤销毕业证书的
北京大学	《北京大学学位授予工作细则》	第二十八条:对于违反国家招生规定取得入学资格或者学籍,且已获得学位证者,校学位评定委员会依法撤销其学位。对以作弊、剽窃、抄袭等学术不端行为或者其他不正当手段获得学位证书者,校学位评定委员会依据学术委员会的认定结论和处理建议,依法撤销其学位
中国人民大学	《中国人民大学学位授予工作细则(试行)》	第二十八条:对违反国家招生规定取得入学资格或者学籍且已获得学位证者,由校学位评定委员会依法撤销其学位。第二十九条:对以作弊、剽窃、抄袭等学术不端行为或其他不正当手段,取得申请学位资格乃至获得学位证书者,经校学术委员会认定后,由校学位评定委员依法撤销其学位
吉林大学	《吉林大学学士学位授予工作细则(修)》	第十二条:撤销学士学位。对有下列情形之一者,经学位评定委员会批准,学校应撤销其已获得的学士学位:(一)在招生录取过程中有弄虚作假行为的。(二)在学期间或申请学位过程中,通过不正当手段获取各类考核成绩的。(三)在学期间或申请学位过程中,存在各类严重违反学术规范行为的。(四)在学期间或申请学位过程中,存在违法、违纪行为的。(五)在学期间或申请学位过程中,存在其他舞弊作伪行为的

续表 6-1

高校名称	文件名称	相关条文
郑州大学	《郑州大学博士硕士学位授予工作实施细则》	第二十八条:已经获得学位者,在获得该学位过程中有下列情形之一的,经学位评定委员会审议决定,由学位授予单位撤销学位,收回或者宣布学位证书无效。(一)学位论文或者实践成果存在严重剽窃、伪造、抄袭、数据造假等学术不端行为的,质量不符合标准的;(二)以冒名顶替、徇私舞弊等非法手段取得入学资格或者毕业证书的;(三)在学习期间存在不应当授予学位的其他违法违规行为的
河南财经政法大学	《河南财经政法大学硕士学位授予工作细则》	第三十条:校学位评定委员会如确认已作出的授予学位的决定不妥或有误,或发现学位申请人有舞弊作伪等严重违犯《学位条例》及其《实施办法》时,有权予以复议和撤销所授予的学位
河南工业大学	《河南工业大学学士学位授予工作管理办法》	第十七条:对已经授予学士学位的毕业生,如发现并确认有弄虚作假情况,经学校学位评定委员会复议,可撤销其学士学位
河南师范大学	《河南师范大学硕士博士学位授予工作细则》	第十六条:校学位评定委员会如果确认错授学位或发现有舞弊作假等严重违反学位条例规定时,应予以复议,做出撤销已授学位的决定
郑州轻工业大学	《郑州轻工业学院授予学士学位暂行实施细则(修订)》	第十条:学校对已授予的学士学位,如发现有舞弊作伪等严重违纪及学术不端行为,经学位委员会复议,可以撤销

二、高校学位撤销标准的适用现状

(一)学位论文抄袭标准不清

如前所述,目前关于学位撤销的实体标准还存在一定的不足。《学位条例》中对此规定也较为宽泛,可适用性有待加强。特别是在学位论文抄袭方面,各高校虽普遍规定学位论文抄袭将导致学位撤销,但对于如何认定学位论文存在抄袭行为尚未有统一的规定。在徐某与东北大学撤销博士学位的案件中,就围绕学位论文中抄袭的定义展开了讨论。徐某是东北大学 2003 级博士研究生,于 2008 年获得博士学位。经东北大学学术委员会调查,认定徐某的博士学位论文存在严重抄袭行为,并于 2018 年作出了撤销其博士学位的决定,并注销了其学位证书。然而,徐某认为其博士论文是在自己作为主要参与者参与完成的科研项目研究成果的基础上,结合了他自己的进一步研究成果而形成的。他认为所引用的同课题组成员的论文属于所参与的科研项目的研究成果,这样的引用行为属于学术范围内的正常使用。①

沈阳市中级人民法院在对徐某案进行二审时,认为徐某过度引用同组同学的硕士论文,抄袭行为属实。沈阳中级人民法院指明,《著作权法》中有关"抄袭"的定义不同于论文审查过程中的"抄袭"。学位论文审查"抄袭"往往侧重是否标注引用他人学术成果。本案中徐某的博士学位论文之所以被认定为抄袭是由于其与他人论文存在大量重复且未标注引用。沈阳中级人民法院这一判决表明了学位撤销的条件包括学位论文的抄袭。此案中有关"抄袭"标准的探讨对于之后明确学术不端作为学位撤销的标准具有借鉴性意义。

(二)非学位论文作为撤销标准存在争议

于某某诉北京大学撤销学位案中有一个争议问题,就是于某某在毕业之后发表的那篇存有学术不端情况的论文。基于此,很多学者都认为于某某所获取的博士学位与所发表的"问题论文"并没有直接的关系。无论于某某的论文是存在"数据造假""剽窃抄袭"还是其他学术不端等问题,这篇论文都不能构成撤销于某某博士学位的理由。② 法院在审理该案时并没有对这一情况作出判断,而是从北京大学撤销学位的程序方面入手,认定其撤销程序违法,撤销了北京大学撤销于某某博士学位的决定。对于非学位申请条件的论文能否作为撤销学位的适用标准这一争议同样也存在与李某诉华南理工大学撤销学位案中。李某案的一审法院认为,"小论文"的抄袭行为不能构成撤销学位的依据,因为学位的授予与"小论文"无关,自然撤销学位也与"小论文"没有实质性联系。当时的二审法院回避了这一争议点,同样从程序违法着手撤销了华南理工大学的撤销学位决定。③ 由此可见,当与学位授予并无直接联系的其他论文存在学术不端时其能否作为学位撤销的标准是司法实践中的一个较大争议。之所以会产生这样的争议,是因为我国《学位条例》中对于学位撤销时所适用的标准过于模糊。④ 撤销学位属于法律保留事项,如果上位法还没有对学位撤销的适用标准作出更加明确的规定,此时高校并不能设定更加严格的撤销标准。因此当高校以所谓的"小论文"为由撤销相对人学位时会面临一定的法律风险。

除了上述讨论的"小论文"学术不端引发撤销学位的情况,现实中还存在着课程论文存在学术不端的情形。那么,课程论文抄袭是否能够构成学位撤销的标准呢?⑤ 目前还没有出现这种情况的司法实例,但是在裁判文书网中有这样一个案例,可以与学位撤销

---

① 见辽宁省沈阳市中级人民法院行政判决书,(2019)辽 01 行终 1019 号。

② 江国华、彭佩:《法治原则在大学治理中的适用——于艳茹诉北京大学撤销博士学位案检视》,载《江汉大学学报(社会科学版)》2018 年第 2 期。

③ 见广州铁路运输中级法院行政判决书,(2017)粤 71 行终 2130 号。

④ 李川:《学位撤销法律规定的现存问题与厘清完善——以〈学位条例〉的相关修订为例》,载《学位与研究生教育》2018 年第 11 期。

⑤ 王霁霞、张颖:《基于学术不端撤销学位行为的法律约束》,载《学位与研究生教育》2020 年第 1 期。

案件进行对比分析。甘某因为课程论文抄袭被暨南大学开除学籍,甘某并不认可该决定而提起诉讼。而暨南大学对此表示,甘某的课程论文存在两次抄袭已经符合开除学籍的标准。最高人民法院再审此案时,认为课程论文只是一种考试形式,那么就应该按照考试纪律来处理,因此课程论文抄袭应当按照考试作弊来处罚。① 因此可见,法院并不认同课程论文作为开除学籍的理由。撤销学位所带来的后果比开除学籍更为严重,因此需要更加明确的依据。根据甘某诉暨南大学一案的审判结果来思考,法院并没有将课程论文抄袭看作学术论文的学术不端。② 如果以考试作弊作为开除学籍或者撤销学位的理由,那么该行为必须到非常严重的程度才可以。通常情况下,对一般程度的考试作弊,法院不会认定其能达到开除学籍或者撤销学位的标准。秦某与青岛大学一案就是对法院观点的佐证,秦某因为考试作弊而被学校处分,学校又因此不予授予学位,法院对此案进行了审理,认为不能将考试作弊与学位进行挂钩。③

(三)非学术标准模糊

学位撤销条款的设计应同时考虑学术标准和非学术标准。非学术标准包括政治标准和品行标准,政治和道德概念需要明确区分。④ 目前规定与学术性标准相关较多,对非学术性学位撤销缺乏详细划分,对于由一些非学术性问题引发的撤销学位行为缺失具体适用条款。《学位条例》和《学位条例暂行实施办法》均未明确规定品行标准的内容。2021 年第三次修正的《教育法》增加了一项规定,即"盗用、冒用他人身份,顶替他人取得的入学资格的,已经取得学位应当予以撤销"。这一规定针对非学术性学位撤销的具体情形。《学位法(草案)》在其总则部分只是概括提到品德标准,从整体来看,《学位法(草案)》中非学术标准的地位仍远不胜学术标准。新法只有通过明确具体的规定来规范非学术标准,才能体现非学术标准与学术标准有同等的地位。⑤

然而,实践中与学位撤销有关的案件情形变得更为复杂,学位撤销制度中非学术性标准的模糊不清致使高校在解决相关问题时有时会束手无策。有关的法律也是更多地明确规定学术质量问题是学位撤销行为的有效标准,对于非学术性的标准重视程度不够。这就导致了当高校因为非学术质量问题撤销相对人学位时,所使用的法律说服力不够,从而使得相对人对撤销学位决定的合法性产生怀疑。例如在翟某诉郑州大学一案中,翟某主张自己并没有违反《学位条例》第十七条,郑州大学不应撤销其博士学位。⑥ 立

---

① 见最高人民法院行政判决书,(2011)行提字第 12 号。

② 王霁霞、张颖:《基于学术不端撤销学位行为的法律约束》,载《学位与研究生教育》2020 年第 1 期。

③ 见山东省青岛市中级人民法院行政判决书,(2016)鲁 02 行终 273 号。

④ 徐靖、张敏:《论学位授予中的非学术标准设定》,载《复旦教育论坛》2020 年第 4 期。

⑤ 刘乙瑶、王琦:《高校学位授予的非学术标准的反思与重构——兼评〈学位法草案(征求意见稿)〉相关条款》,载《学位与研究生教育》2023 年第 7 期。

⑥ 见河南省郑州市中级人民法院行政判决书,(2015)郑行终字第 42 号。

法的授权使得学位撤销的非学术标准具有了正当性,高校只能对法律规定的非学术标准进行重述解释,但不能进行任何的修改与扩充。① 而《学位法(草案)》中有关非学术标准的规定还较为模糊,这不仅不利于限制高校在撤销学位方面的自主权,更无法有效保障学位申请人的合法权益。

三、学位撤销标准的完善方案

(一)界定严重学术不端行为

学术不端行为是导致学位撤销的重要原因之一,但并非所有存在学术问题的已授予学位都必然需要启动撤销学位程序。假如申请人只是在申请学位时存在轻微的瑕疵,这种情况是不符合撤销学位标准的。撤销毕业学生所获取的学位是高校所能作出的最严厉的处理措施。只有申请人存在严重学术不端行为,而不撤销其学位则会对学术秩序产生威胁时,高校才会审慎采取该措施。因此何种情形的学术不端应当被认定为撤销申请人学位的标准应当在法律条文中明文规定。《学位法(草案)》中有关以学术不端为标准撤销学位的规定适用情形较少,只有学位论文或者实践成果存在学术不端情形应当撤销学位。事实上,应当将学术不端行为从与授予学位有无直接关联的角度进行分类。首先,与授予学位有直接关系的学术不端行为常见的有学位论文抄袭、作为毕业条件的学术论文作伪以及必修课考试作弊等严重情形。学位论文抄袭意味着申请人在申请学位所凭借的直接依据存在违反学术道德的问题,无法满足学位授予条件不应获取学位,此种情形毫无疑问符合撤销学位的实体标准。作为毕业条件的学术论文存有作伪抄袭等行为说明申请人不符合申请学位的条件,表明申请人丧失申请学位的事实基础,该情形也可构成学位撤销的标准。通过课程考试是高校学生完成学业的证明,也是其申请学位的基本条件。如果高校学生在必修课考试时舞弊作伪,也应当属于可以撤销学位的情形。其次,高校学生的非学位论文抄袭、数据作假等学术不端行为与学位授予之间的关联性并不密切。在处理这类情形时,应当针对个案分析该学生的学术不端行为是否直接影响到其获取学位以及如果不撤销学位是否会对学术秩序产生恶劣影响。

(二)明确学位撤销的非学术性标准

1.解释非学术性标准内涵

在学术界,尤其是在高等教育领域,学术成就和道德行为被普遍视为相互关联的。学位是对一个人学术能力和全面素质的认可,因此在学位授予中,除了学术水准外,也要求学位申请人具备政治素质和道德品行。因此,对学位申请人的政治素质和道德品行进行评价是理所当然的。然而,政治和品行评价本身存在一定的不确定性。政治观点的不

---

① 刘旭东:《学位授予标准正当逻辑的理论检视》,载《高教发展与评估》2023 年第 4 期。

同和道德标准的多样性可能导致评价结果的主观性和不公正性。因此,确保学位获得者的权利和利益是非常重要的。为了解决这个问题,建议进一步明确学位撤销的非学术标准内容。这可以通过参考类似于《普通高等学校学生管理规定》中列举的"开除学籍"情形来实现。[①] 首先,政治素质的评价应该基于学位申请人是否遵守法律法规和政治道德规范。例如,如果学位申请人参与非法组织、从事违法活动或者散布政治谣言等,这些行为可以作为考量其政治素质的依据。其次,品行标准作为非学术性标准的另一个方面,要求学位申请人遵纪守法、不违反法律法规或校纪校规。这是基于法律对公民行为的规范和要求。因此,非学术性标准的内涵涵盖了政治素质和道德品行的要求,体现了学位授予制度对学位获得者全面素质的关注。同时,评价过程应该确保公正和客观,避免主观评价和政治偏见的影响。此外,评价应该是综合的,考虑到学位申请人的整体表现。

2.严格列举非学术标准

学位撤销制度中有关非学术标准的规定应当通过法律形式进行明确细化,得到应有的重视。上文已提到,学位撤销案件争议的焦点一般集中在撤销标准的具体应用,而现有的法律规范缺乏对非学术标准的具体规定。《学位法(草案)》中所列举的冒名顶替、非法取得入学资格等情形无法全面概括学位撤销的非学术标准。为了满足现实需要,使得不同类型的学位撤销案件都能找到适用的规定,可以对学位撤销的非学术标准进行列举阐明。对学位撤销的非学术条件内容设定应该在法律条文中进行相对细化的列举式规定,明确政治标准和品行标准的内涵和外延,分别涉及违反政治标准和品行标准条款具体内容。通过列举性明确规定,可以使学位授予部门在评估和决定学位撤销时有明确的依据。这样的明确规定不仅有助于确保学位撤销的公正性和合法性,也提高了学位授予制度的透明度和可预见性。

第三节　高校学位撤销程序的法律规制

一、学位撤销程序的规范依据

(一)依据法律法规规制的程序

本书整理了目前有关学位撤销程序的规范条文(见表6-2),可以发现,当前我国关于高等学校撤销学位的法律法规规定相对简略和不完善,需要进一步完善和加强。尽管

---

① 徐雷:《大学学位撤销审查路径——美国的经验与启示》,载《高校教育管理》2017年第5期。

高等学校依据国家授权拥有撤销已授予学位的行政权力,但其行使必须遵循一定的程序和规定,以确保学位撤销的合法性和公正性。《教育法》是我国教育领域的基础性法律,其中确立了我国的学位制度,并为学位撤销程序的合法性提供了法律依据。然而,该法对于学位撤销的具体程序并未详细规定,存在一定的模糊性。《学位条例》作为具体的法规文件,对学位撤销提供了一定的法律依据。其中《学位条例》第十七条规定,学位撤销必须经过学位评定委员会的复议,才能正式撤销学位。这一规定确保了学位撤销决定的公正性和权威性,同时也保护了学位获得者的合法权益。但是,《学位条例》对于学位撤销的程序性规定还相对简略,需要进一步明确和完善。为了进一步细化学位管理工作,我国制定了《学位条例暂行实施办法》,该办法进一步明确了学位评定委员会的职权和程序,为学位撤销程序提供了具体的机构依据。这对于确保学位撤销程序的公正性和规范性具有一定的意义。其他部门的规章对于撤销程序的规定主要是原则性要求,缺乏具体的程序性规定。这导致了在实际操作中可能存在的不确定性和主观性。

表6-2 有关学位撤销程序的规范条文

文件名称	内容
《教育法》	第二十三条:国家实行学位制度。学位授予单位依法对达到一定学术水平或者专业技术水平的人员授予相应的学位,颁发学位证书
《学位条例》	第十七条:学位授予单位对于已经授予的学位,如发现有舞弊作伪等严重违反本条例规定的情况,经学位评定委员会复议,可以撤销
《学位条例暂行实施办法》	第十八条第八款:规定了学位评定委员会有作出撤销违反规定而授予学位的决定的权限 第二十五条:学位授予单位可根据本暂行实施办法,制定本单位授予学位的工作细则
《国务院学位委员会关于在学位授予工作中加强学术道德和学术规范建设的意见》	第七条:学位授予单位调查和处理舞弊作伪行为,要规范程序,查清事实,掌握证据,正确把握政策界限;要对举报人提供必要的保护,要建立合理规范的复议程序,接受被调查者的复议申请,并在规定时间内做出复议决定;要维护被调查者的人格尊严和正当合法权益;对受到不当指控的单位和个人要及时予以澄清

续表6-2

文件名称	内容
《普通高等学校学生管理规定》	第三十七条:对违反国家招生规定取得入学资格或者学籍的,学校应当取消其学籍,不得发给学历证书、学位证书;已发的学历证书、学位证书,学校应当依法予以撤销。对以作弊、剽窃、抄袭等学术不端行为或者其他不正当手段获得学历证书、学位证书的,学校应当依法予以撤销。被撤销的学历证书、学位证书已注册的,学校应当予以注销并报教育行政部门宣布无效 第五十五条:在对学生作出处分或者其他不利决定之前,学校应当告知学生作出决定的事实、理由及依据,并告知学生享有陈述和申辩的权利,听取学生的陈述和申辩处理、处分决定以及处分告知书等,应当直接送达学生本人,学生拒绝签收的,可以以留置方式送达;已离校的,可以采取邮寄方式送达;难于联系的,可以利用学校网站、新闻媒体等以公告方式送达 第六章规定了学生申诉的程序
《高等学校预防与处理学术不端行为办法》	规定了学术不端行为处理的程序,其第三章至第七章详细规定了针对学术不端的受理与调查、认定、处理、复核、监督的详细程序
《学位论文作假行为处理办法》	第十二条:发现学位论文有作假嫌疑的,学位授予单位应当确定学术委员会或者其他负有相应职责的机构,必要时可以委托专家组成的专门机构,对其进行调查认定 第十三条:对学位申请人员、指导教师及其他有关人员做出处理决定前,应当告知并听取当事人的陈述和申辩。当事人对处理决定不服的,可以依法提出申诉、申请行政复议或者提起行政诉讼

(二)依据高校内部规章的程序

在实际的学位管理过程中,高校处理学位撤销案件时往往侧重实质标准的审查,例如学位论文是否存在抄袭等情形,对于程序的规范性有所忽视。通过对前述部分高校对学位撤销程序等的梳理,能够得出以下结论:大部分高校关于如何启动学位撤销程序的规范体现在高校内部所制定的关于学术不端行为应如何处理的规定中,并对此作出了一定的细节性规定。总体而言,启动程序主要包含受理公众举报的部门①、对举报内容的初步审查②、审查所需要的时限、对当事人的告知③以及完成初步审查后讨论是否启动正式调查的决定。当然,还有一小部分高校并未对启动程序作出更为细致的规定。可以确认的是,大多数高校对学位撤销的调查认定都遵循一定的程序规定,这一程序同样是在学术不端行为处理的规定中得到广泛体现,部分高校的规定较为详细,而部分高校的规定相比之下就较为简略。像清华大学一样明确规定了在撤销学位的流程中,④需进行听证程序的高校是少数,大部分高校并未明确规定作出撤销学位决定需进行听证程序。对于作出撤销决定的部门,一部分高校仅是参照《学位条例》确定。申诉程序一般体现在高校内部的学生申诉处理规定之中,例如《清华大学学生申诉处理办法》。整体来看,有关于学位撤销程序的规定往往散落于不同的校内规章,常见如学位管理细则、学位评定委员会章程。

图6-1　高校内容规章程序

---

①　《清华大学预防与处理学术不端行为办法》第六条:校学术委员会是学校学术不端行为调查、认定的主体,校学术委员会学风组负责具体实施。校学术委员会秘书处是学术不端行为的受理机构,负责受理单位、个人对我校教学科研人员、管理人员及学生学术不端行为的举报。校内其他单位或者个人收到学术不端行为举报,应在15个工作日内将举报信息转受理机构。

②　《复旦大学学术规范实施条例》第十三条:对本规定第二条规定范围内人员的学术违规行为进行举报,学术规范委员会应当受理,在合理时间内加以审核,做出是否立案的决定。学术规范委员会独立决定是否立案,不受其他机关、部门的干扰和影响。除非有新的证据,对已经认定的或已经决定不立案的学术行为进行举报,学术规范委员会不予立案。

③　《中山大学预防与处理学术不端行为》第二十三条:调查结束应形成调查报告。调查报告应包括线索来源、举报内容、调查组织、调查过程、事实认定及相关当事人确认情况、调查结论、处理意见建议及依据,并附证据材料。调查组全体成员须在调查报告上签名,提交学风建设委员会。调查组如有意见分歧,应分列不同意见。必要时,学风建设委员会可组织听证会。需要补充调查的,应根据补充调查情况重新形成调查报告。第二十六条:认定结论书由学风建设委员会主任签发,并送达实名举报人和被举报人。受送达人拒绝签收的,可以以留置方式送达;不在学校的,可以采取邮寄方式送达;难于联系的,可以利用学校网站、新闻媒体等方式发布领受通知,催告受送达人领受认定结论书。受送达人未按时领受该文件的,即以领受通知发布之日起至第15日即视为送达。实名举报人或者被举报人未在认定结论书送达之日起7日内申请复查的,认定结论书生效。

④　《清华大学预防与处理学术不端行为办法》第十五条:"调查组在调查过程中,应当认真听取被举报人的陈述、申辩,对有关事实、理由和证据进行核实;必要时可以采取听证方式。"

二、学位撤销程序的现存问题

(一)学位撤销启动程序不明确

学位撤销启动程序的不明确在多个案例中都有所体现。在于某某诉北京大学案中，北京大学在了解到于某某向某期刊投稿的论文存在抄袭情形时，组织校内相关部门进行了调查，最终作出了撤销于某某博士学位的决定。然而，北京大学在启动学位撤销程序时，只是与于某某进行了简单的约谈，没有进行严格的审查，也没有告知于某某启动程序。再如陈某案中，中山大学在对陈某进行约谈时，约谈内容仅就当事人是否通过伪造身份从而获得硕士研究生考试资格展开，陈某并未被告知学位撤销程序已然在进行。上述两案中，可以看出当事人往往没有意识到学位撤销程序已然处于进行状态，高校在启动学位撤销程序时存在疏漏，而这也是以往案例中高校在学位撤销程序中程序违法的源点所在。

总体而言，目前我国对于高校在启动学位撤销有哪些必经程序尚无统一明确的规定。高校内部自身对于启动程序的规定也不甚明确，《学位条例》中有关学位撤销的启动仅从启动条件角度来规定，即发现高校毕业生存在舞弊作伪等严重违反规定的行为，对具体程序没有更加详细的规定，如何启动、如何进行告知都未做规定。撤销学位所带来的后果与当事人的利益有着密切联系，为了实现保护毕业学生的应有权益以及确保高校本身所具有的学术权威性，启动学位撤销程序更应审慎严谨。正如上文所提到的受理公众举报的部门、对举报内容的初步审查等一系列程序都应有明确的条文规定。启动程序的缺位可能会导致高校滥用权力、浪费相关资源以及侵害当事人的正当权益。

(二)学位撤销调查程序不规范

对于影响最终是否作出撤销学位决定的一系列环节中，调查认定环节是最为重要的。调查认定环节除了要对案件事实进行实质性的审查外，其本身也应符合正当程序原则的要求。在对案件事实进行调查时，应秉持高度严谨的态度，采取公正、合法的方式进行全面调查，收集案件相关材料，作出客观真实合理的认定。在对裁判文书网有关学位撤销的案件进行整理分析时发现，高等学校与当事人之间对于程序方面的争议往往集中在调查程序，因而实践中高校学位撤销案件是否经过了规范的调查程序值得反思。

首先，我国现有的规范对于谁来承担学位撤销事实调查的职责并无明确规定。与之相类似的概念可能就是"复议复核"，其在《学位条例》中有所体现，学位评定委员会享有学位撤销决定的复议复核权。谁来负责调查学位撤销案件相关事实对最后的结果有着举足轻重的影响。于某某诉北京大学案中，第一次评审人员是本专业的老师，第二次评审人员在本专业教师的基础上增添了其他专业的教师，而这两次评审的结果差异也较大。由此可以看出，在因学术方面原因撤销学位的案件中，负责调查评审的人员中如果掺杂了部分与本专业不相干的人员，最终评审结果的科学性可能会受到一定的影响。

其次,高校对于取证质证这一环节不够重视。理论上,行政机关在开展任何调查时,要充分全面地了解有关情况,包括有利于和不利于当事人的事实;收集证据时,应严格遵循正当程序原则,充分考虑证据的合法性。在全面的事实和有力的证据支持下,行政机关做出最终的认定。学位撤销是一个具体的行政行为,也必然要遵循上述的程序要求。而上文所提到的于某某案以及陈某案中,北京大学和中山大学没有听取当时人的陈述和申辩,在调查认定程序中都存在严重瑕疵。[①] 此外,陈某案中还存在着中山大学对证据的调查核实不充分这一疏漏,在庭审质证时中山大学不能出示足够的证据来证明自己的观点。

最后,对于非学术不端引发的学位撤销情形,高校内部规定较少。就如学位撤销的实质标准一样,高校校内规章往往侧重对学术不端的处理程序,对于其他引发学位撤销的情形较少。例如陈某案中,陈某是因为伪造入学资格而被撤销学位,并非学术不端,而此种情形应进行的程序在中山大学的规章中没有体现。没有成文规定,意味着高校在进行调查程序时有着较强的随意性、受到的约束较少,而这不利于客观系统地了解此类案件的情况,无法保障当事人应有的权益。

(三)学位撤销听证程序缺失

听证程序作为一种重要的程序制度,具有深远的起源、不断发展的历史和重要的价值。它的起源可以追溯到古代的民主理念和公正原则。在古希腊雅典民主制度中,公民有权参与决策,并通过公开辩论和听取各方意见来达成共识。这为听证程序的发展奠定了基础。随着社会的进步和法治的发展,听证程序逐渐在各个领域得到应用和完善。在立法方面,听证程序为立法者提供了一个广泛听取各方意见的平台,确保法律的公正性和合理性。立法听证会成为立法过程中的重要环节,通过邀请专家学者、利益相关方和公众代表参与,确保法律的制定充分考虑各方利益和意见。听证程序的开放性和透明性,增强了公众对法律的信任和接受度。在行政过程中,听证程序为行政机关提供了一个公开、透明的决策过程。行政听证会成为行政决策的重要环节,通过听取当事人的陈述、申辩和证据,确保行政决策的合法性和公正性。听证程序的实施,使行政机关的决策更加客观、公正,减少了滥用职权和不当行为的可能性。同时,听证程序也为当事人提供了一种合法维权的途径,保障了他们的权益和合法权益的平衡。在司法活动中,听证程序成为庭审的核心环节。庭审过程本质上就是一种严格的听证程序,通过听取原告和被告双方的陈述、证人证言和律师辩护,法官可以更全面地了解案件事实和争议点,做出公正的判决。听证程序的实施,保障了当事人的权益和公正审判的原则,增强了司法决策的合法性和公信力。因此,在立法、行政、司法这三种公权力的运行过程中,听证是对于听取相关主体意见的一种制度化表达。[②]

---

① 张善燊、李旭:《论我国高校学生学位撤销制度》,载《现代大学教育》2009 年第 5 期。

② 石肖雪:《行政听证程序的本质及其构成》,载《苏州大学学报(法学版)》2019 年第 2 期。

目前我国无论是《学位条例》还是各高校内部的章程,对于学位撤销制度中的听证程序都没有很细致的规定。但是在高校内部专门的申诉处理办法中,听证程序有所体现。①某种意义上来看将听证程序引入学位撤销制度是有必要的,这给予了学生参与到与自身利益相关的决策的途径。学位撤销是一项严肃而重要的决定,涉及个人的学术声誉和职业发展。为了确保学位撤销程序的公正性、透明度和程序正义的实现,引入听证制度是必要的。首先,听证制度可以保障当事人的权益得到充分保护。学位撤销对个人来说是一项重大的决定,可能对其学术声誉、职业发展和个人尊严产生深远影响。通过引入听证制度,当事人可以充分表达自己的意见和辩护,提供相关证据,确保他们的权益得到充分尊重和保护。听证程序为当事人提供了一个公开的平台,让决策者能够兼听则明,减少可能的偏见和错误判断。其次,听证制度可以增加学位撤销程序的透明度和公正性,加强对学位撤销的决定进行监督和评估。学术界对于学位的授予和撤销有着严格的标准和程序,但这并不意味着决策过程没有可能出现错误或偏见。通过引入听证制度,可以确保学位撤销的决策过程更加透明和公正。听证程序可以让相关利益方参与其中,对证据和论证进行质疑和辩论,从而减少可能的错误和偏见。这有助于增加学位撤销决策的可信度和公信力,维护学术界的声誉和权威性。

此外,听证制度可以提高学位撤销程序的合法性和合规性。学位撤销是一项涉及法律和规章制度的决定,需要确保程序的合法性和合规性。通过引入听证制度,可以确保学位撤销程序符合相关法律法规和规章制度的要求。听证程序可以提供一个规范的程序框架,确保程序的合法性和合规性,避免程序中的滥权和违规行为。这有助于维护学位撤销决定的合法性和权威性,保障程序的公正性和正当性。最后,听证制度可以增加学术界对学位撤销决定的接受度和认可度。学术界是一个高度专业化和自律的领域,对学位撤销决定的合理性和公正性有着高度的关注和期待。通过引入听证制度,可以让学术界的专家和权威人士参与其中,对学位撤销的决定进行评估和审查。这有助于增加学术界对学位撤销决定的接受度和认可度,维护学术界的声誉和权威性。

（四）决定环节不统一

首先,学位撤销过程中谁是拥有最终决定权的主体尚且没有一个一致的结论。例如《学位条例》第十七条②涉及对撤销主体的规定,但此处的"复议"是否能够等同于作出学位撤销"决定"并不明确。为对此问题实践情况进行分析,可以从各高校授予学位细则中

---

① 《吉林大学学生申诉处理暂行办法》第十五条:"学生申诉处理委员会可根据需要进行必要的调查,或责成相关部门进行调查。调查可以采取下列方式进行:(一)要求申诉相对方提交与申诉事项有关的证据、文件及其他必要材料;(二)责成有关人员在规定的时间、地点就申诉事项涉及的问题作出解释和说明;(三)举行调查听证会;(四)法律法规允许的其他方式。"

② 《学位条例》第十七条:"学位授予单位对于已经授予的学位,如发现有舞弊作伪等严重违反本条例规定的情况,经学位评定委员会复议,可以撤销。"

一探究竟。实践中,大部分高校学位授予是三级审核制。例如《郑州大学博士、硕士学位授予工作细则》第二十条规定,学校设学位评定委员会,包括校学位评定委员会、学部学位评定委员会、学院教授委员会三级学位评定委员会。学院教授委员会和学部学位评定委员会对学位申请人进行审查和审核,作出不同意授予学位的决议。校学位评定委员会最终作出不同意授予学位的决定。以上规定都是在学位授予环节的,而关于学位撤销是在《郑州大学博士、硕士学位授予工作细则》中的附则第二十八条中有所体现,"经学位评定委员会审议决定,撤销学位"。然而,并不明确的是,学位撤销环节是否像学位授予一样经过了三级审查审核,并最终由校学位评定委员会作出决定? 湖南大学硕士研究生刘某某学位论文抄袭一教师国家自然科学基金申请书,湖南大学所公布的关于刘某某学位论文涉嫌学术不端问题的调查说明中,仅指出"学校决定撤销刘某某硕士学位"。① 江西农业大学某硕士研究生的学位论文存在剽窃行为,该校所出具的撤销学位决定中表示"经校学位评定委员会,决定撤销该生硕士学位并注销其硕士学位证书"。② 北京电影学院所出具的《关于"翟某涉嫌学术不端"等问题的调查进展情况说明》中,表明撤销翟某博士学位的决定是由经学校学术委员会学术道德与学术仲裁委员会建议、学位评定委员会投票决定、校长办公会研究同意后最终做出的。③ 由此可以看出,不同高校在作出撤销学位决定时主体也不完全一致。

其次,表决规则也较为模糊。《学位条例》中对于表决规则的规定并不全面,第十七条并未规定校学位评定委员会在进行复议时应按照何种程序进行,对出席人数、表决人数以及具体的表决规则等并未予以明确规定。《学位条例暂行实施办法》对于表决规则也并不明确,实践中一般还是参照各高校自主规定。学位撤销作为负担性行政行为,将会给当事人带来一定不利后果,因此学位撤销的表决规则较之学位授予应更为严格,或者说至少应当与学位授予采取相同的表决规则,例如共同的校学位评定委员会进行表决。就具体的表决规则而言,由于学位撤销程序的表决规则无明确规定,在分析时,在此也参照学位授予的表决规则进行讨论。《学位条例》第十条规定了进行学位授予时,学位评定委员会以不记名投票方式进行表决,经全体人员过半数通过。这其中的模糊点在于"全体成员"的范围是什么,"全体成员"指的是出席的全体成员还是将未出席的成员也包含在内。《学位条例》对此的模糊规定导致了高校在制定校内规章时同样存在对此问题的不甚明确。通过对部分高校自主制定的校内学位授予工作实施细则和各高校学位评定委员会章程有关规定的分析,可以发现各高校并无差异,均规定"必须召开会议且出

①　《湖南大学硕士毕业论文涉学术不端被撤硕士学位》,载中国日报网 2019 年 4 月 3 日,https://baijiahao.baidu.com/s? id=1629799732082516363&wfr=spider&for=pc,最后访问于 2023 年 9 月 19 日。

②　《毕业 10 年,撤销学位!》,载微信公众号"辽宁共青团",2023 年 7 月 8 日,https://mp.weixin.qq.com/s/yiw2dFeqdjcpwMwvzG0w9g。

③　《北京电影学院关于"翟天临涉嫌学术不端"等问题的调查进展情况说明》,载北京大学博士研究生学术规范平台,http://scielab.pku.edu.cn/kycx/case/gnal_content2019-02-19.html,最后访问于 2023 年 9 月 19 日。

席会议的人数均须达到全体委员的三分之二"。但就表决规则而言,其中照搬《学位条例》"经全体委员过半数通过"但未释明全体委员含义的较多。

5.申诉救济程序不健全

当相对人被撤销学位后可通过何种方式救济自身权利在我国的法律规范中没有系统体现,即便是有着较为详细规定的高校的学生在寻找撤销后的法律救济机制时也无确切指向。如果学生对撤销学位决定产生怀疑,某些高校告知学生需要向研究生院申请复议,而有的高校则是规定学生应进行行政复议来保障自身权利,更有高校以一句"依照有关规定申请复议"一带而过,当事人所能找到救济途径如校内申诉、行政诉讼等之间缺乏有效衔接。① 而且还存在一个问题各高校没有引起重视,即相对人因学位论文存在学术不端的情况而被撤销学位后能否再进行学位申请。因此对于相对人被撤销学位后的权利救济问题,高校应予以重视并完善救济机制。

目前学位撤销制度中的救济程序存在以下几个问题:首先,法律未明确相对人学位被撤销后可以选择的救济方式。相对人在学位被撤销后,面临不确定的救济途径选择,例如是否首先通过校内申诉、向学位评定委员会申请复议等途径,或者可以直接进行外部救济即向人民法院提起行政诉讼。这种不确定性给当事人带来了困扰,也增加了司法实践中的不确定性和争议。其次,高校对于救济方式不明确,对于救济方式的内容的规定也更加模糊。具体来说,当事人若被撤销学位,应当在多久时间内提起申诉,应向哪个组织提出申诉,是校学位评定委员会还是高校申诉处理委员会亦或是外部的教育行政机关,上述由于学位撤销制度救济程序的规定并不明确。此外,对于当事人提出上诉或复议申请后,学校应如何对待当事人以保障其权益,也没有明确规定。这种不明确性给当事人在申诉过程中带来了困惑和不确定性,可能影响到其获得救济的权利。最后,目前我国高等院校的申诉制度并没有得到很好地落实,导致当事人的申诉无法得到有效处理。申诉制度在高校中存在的问题包括:申诉委员会缺乏处理争议和案件的能力,导致申诉人无法获得解决;高校对争议处理结果缺乏强制执行的能力,使得当事人的权益无法得到保障。这些问题导致了申诉制度的实际效果不如预期,给当事人的维权过程带来了困难。

三、学位撤销程序的法治化思考

(一)明确启动程序

高校启动学位撤销工作必须遵循正当程序原则,为了规范高校的撤销行为,可以从如下方面入手,增强学位撤销启动程序的规范性。首先,从学位撤销受理程序看,虽然目前规定了高校复核复检和第三人举报两种启动方式,但从实际情况来看,目前学位撤销

---

① 秦昀、高恒山:《高校学位纠纷处理中的正当程序研究》,载《中国高教研究》2018 年第 9 期。

工作往往是以被动的方式开启,高校接到举报后从而开启调查。为了完善受理程序,可以明确规定高校负责学位工作的专门机构有权进行常态化的校内自查活动,例如一年一到两次的频率①,以主动进行和被动开启两种方式保证学位工作的公平进行。

在启动学位撤销工作时,应当及时告知当事人,同时应当明确告知当事人学位撤销工作的流程、学位撤销的原因以及其所享有的陈述申辩等权利②。例如在于某某案和陈某案的判决书中所体现的,高校在启动学位撤销工作之初,仅仅是对两位当事人进行了谈话,在谈话过程中并未告知两位当事人其可能会被撤销学位,于某某和陈某两人的知情权没有得到充分的保障。在学位撤销工作中,相对人往往处于弱势地位,高校对此拥有绝对的主动权。为了保障当事人的合法权益,高校要落实告知程序。至于告知方式可以采用书面告知或者是当面告知,如果采取当面告知的方式应当保存当时场景的录音录像或者由当事人签署告知书,确保当事人确实知道其所享有的权利,这也有利于增强高校所做出的撤销学位决定的正当性和可接受性。如果高校作出对当事人的权利义务有实质影响的行为时,就应当形成书面文件,而不能仅是口头告知。

（二）细化调查程序

行政调查不仅是行政机关作出行政行为时的一个重要环节,还是行政机关作出行政决策的辅助程序③,它能够帮助行政机关收集信息、查清事实。做好行政调查工作,才能够收集到足够多的信息,才能查清事实的真相,正确适用法律规范并作出合法的行政行为。高校作出撤销学位的决定同样是一个需要查清事实和适用法律规范的行政行为,而其中的调查程序很有可能对当事人的权益产生间接甚至实质影响,因此迫切需要对调查程序进行细化规范,以确保程序的公正性最低限度得到保障。从法治程序的角度出发,事实调查程序一方面可以查清学位撤销相对人是否存在学术不端等事实以及搜集相关的证据,另一方面也是正当程序原则的落实贯彻。只有在查清事实的基础上,才能进行下一步的处理工作,不能为了平息舆论而草草了事。④

高校在作出最终处理决定之前,应开展调查程序,此时可以根据案件需要采用不同的调查方式。而在选取调查方式时应当要考虑到行政机关的调查成本和当事人的负担。高校在接到举报或者学位自查活动中发现可能撤销学位的情形时,首先应尽快组织无直接利害关系的专门人员开展调查。⑤ 由于因学术不端引起的学位撤销会涉及专业性较强的内容,高校在安排调查小组人员时可以安排该专业的专家参与到具体事件中。调查小

---

① 张善燚、李旭:《论我国高校学生学位撤销制度》,载《现代大学教育》2009 年第 5 期。

② 李川:《学位撤销法律规定的现存问题与厘清完善——以〈学位条例〉的相关修订为例》,载《学位与研究生教育》2018 年第 11 期。

③ 宋华琳:《行政调查程序的法治建构》,载《吉林大学社会科学学报》2019 年第 3 期。

④ 林华:《学位撤销案件的样态与图景（1998—2018）》,载《学位与研究生教育》2019 年第 9 期。

⑤ 肖鹏、汪秋慧:《对撤销学位的行政法思考——以中山大学撤销陈颖硕士学位案件为例》,载《行政与法》2008 年第 6 期。

组的具体工作主要分为查明事实与形成调查报告两方面。调查人员应对已知的事实进行确认,保证调查工作的严谨;对于待查明的事实,在向当事人了解情况时,应当保证当事人的陈述权和申辩权;还应尽可能多的知情人参与进来,如此才能全面了解事实。例如,在调查因品行不端等非学术性理由撤销学位的相对人时,不仅需要全面调查与当事人品行有利害关系的人员,如辅导员、班主任、导师等,如果涉及犯罪,还应充分了解公安机关所掌握的情况。调查时,调查小组应当制作调查记录,这也是规范调查程序的有效保证。此外,调查结束后,调查人员应当形成书面的调查报告并对调查结果进行公示,如实反映调查活动的全过程,记录参与调查人员的姓名、调查所用时长等细节,并提出处理建议。

(三)增设听证程序

听证程序是正当程序原则的延伸,落实听证程序不仅能够体现正当程序对当事人人格独立的尊重,也是被撤销学位当事人在整个撤销流程中获得独立主体地位的表现。正当的听证程序不仅在于当事人有请求召开听证会的权利,更在于其参与听证会的权利。而听取各方意见是高校在撤销学位时的必经程序,也是对被撤销学位的当事人应有权利的捍卫。行政过程中听取相对人的辩白是行政听证的基本概念,而听证程序的本质就是将行政机关与利害关系人所掌握的信息进行整合、互换,因此其核心就是各主体之间进行理性有效的沟通。当前,我国对行政程序还没有实现统一的规制,从宏观层面上来看,在类型化的行政行为的基础上,听证程序在部分重点领域有所体现,例如行政处罚制度。因此对于学位撤销制度中的听证程序要结合该制度的特色进行细化。

如果学位评定委员在经过对学位申请人情况的调查后认为应当作出学位撤销决定时,不能忽略当事人的意见,理应给予相对人陈述申辩的机会,此时就应召开听证会。第一,召开听证会的流程应从被撤销学位当事人的申请启动,高校的学位评定委员会亦或是其他部门在收到申请后应及时答复当事人并与之进行协商。与此同时,在听证会正式召开一周前,高校学位评定委员会应告知召开听证会的有关注意事项,例如举行听证会的具体地点与时间。当然,相对人在此流程中处于弱势方,举行听证会的费用也应由高校承担。第二,召开听证会的目的就是为了保障当事人陈述、申辩的权利,因此被撤销学位当事人应当有在听证会上发言和表达意见的权利,这也是为了保障高校撤销学位决定实体和程序的正当性。[①] 第三,听证会本身就带有准司法性的特征,即在选择听证会的主持人时应坚持中立原则,倾向与案件无直接利害关系的居中方主持,主持人最好在学术界拥有一定的权威。被撤销学位当事人若是认为听证会的主持人与案件存在直接利害关系时,那么可以提出让该主持人回避的诉求,高校也应另行安排听证会的主持人。召开听证会时,当事人及其代理人可以对学位评定委员会举证的事实及出示的证据进行辩

---

① 张航:《论学位撤销程序法治化及其建构方案》,载《高教探索》2021 年第 2 期。

驳,并展示对己方有利的证据。存在疑问或者取证过程不规范的证据不能成为高校作出撤销学位决定的依据。第四,召开听证会还应组织中立的监督人员记录听证会的全过程,留存听证记录,确保听证会的公信力。[①]

(四)优化表决规则

关于学位撤销过程中究竟由谁来表决、按照何种规则进行表决的表决规则,应当在法律规范中予以明确规定。从各高校有关学位制度的实践来看,学位评定委员会可以行使学位撤销权。《学位法(草案)》也可对此作出规定进一步巩固学位评定委员会的地位。同时,要实现调查人员和表决人员相分离的机制,以防表决人员在调查时先入为主影响投票公正。高校学位评定委员会一般分为校评定委员会和学位评定分委员会。目前来看,对于高校来讲比较容易操作的优化模式就是让学位评定分委员会进行具体调查并做出初步决定,校评定委员会总体把控并进行表决。之所以这样安排是因为对于因学术不端而被撤销学位的情形,学位评定分委员会学科专业性更强,能够更好做出评定;并且校学位评定委员会与学位评定分委员会属于领导与被领导的关系,二者可以更好进行沟通。当校学位评定委员会不认可学位评定委员会的调查结果或者初步决定时,校学位评定委员会可以发回重新调查。这之间的争议也都应向当事人进行公开,允许当事人进行申辩。

上文已讨论过各高校学位评定委员会的表决规则在作出撤销学位撤销决定的过程中存在差异。《学位条例》第十条所规定的"全体成员过半数"从文义解释上而言,应理解为全体委员会的过半数。具体投票规则可以参照学者高俊杰提出的学位评定委员会作出撤销学位的决定需以赞成撤销学位的票数过全体委员半数为条件;此外,当学位评定委员会决定不撤销相对人学位时,也应以反对撤销学位的票数过全体委员半数为条件。[②]

(五)完善申诉救济程序

上文对学位撤销制度的救济机制已经做出了探讨,救济机制的不完善意味着学生在被撤销学位后不知道该如何保障自己的权益。在《学位法(草案)》中完善学位撤销救济制度不仅是对学生权益的保障、是高校以人为本的体现,更是法治社会下高校教育法治化的应有之义。

根据现有的规定,当事人想要维护自己的权益时,可以通过提起诉讼即司法途径,也可以进行行政复议。实践中每个人选择的救济方式可能不同,这是因为每种救济方式的效果有所差异。例如,通过诉讼可能会耗费大量的时间和精力,有些当事人会优先选择行政复议,如果没有得到自己理想的结果,可能再采取司法手段保护自己的权益;而有的

---

① 高俊杰:《基于学术不端撤销学位的程序制度建构》,载《中国法学》2019 年第 5 期。
② 高俊杰:《基于学术不端撤销学位的程序制度建构》,载《中国法学》2019 年第 5 期。

人希望彻底解决纠纷,直接提起诉讼,交给法院来处理争议。实践中混乱的救济方式应当进行统一,将不同的救济方式有效衔接从而避免资源浪费。《学位法(草案)》在其制定过程中可以规定,如若当事人遇到学位撤销纠纷时应当先进行校内救济,进行校内申诉。当事人不满意校内申诉结果时,可以再根据个人情况选择行政复议或是行政诉讼来实现对自身权利的保障。因为高校内部的学位评定委员会在学术方面可能更为专业,更了解当事人的实际情况,建立校内申诉优先机制也有利于合理利用资源。学生申诉委员会的组成人员可以参照复旦大学的规定,由校内各职能部门、教师代表及学生代表等组成。①

本章小结

高等院校的教育制度在发展过程中由于受到多方面的限制,总是会出现一些不足之处。作为高校教育制度一部门的学位撤销制度也是如此。近些年来,学位论文抄袭、数据造假等学术不端行为屡屡被曝光,这种不诚信学术行为使得学位的权威性有所下降。此时为了维护学术的纯洁性,高校会对相对人进行审查并做出撤销学位决定。实践中,由于学位撤销实体标准规定较为模糊的问题未得到根本性解决②、撤销学位的程序不够明确,无法准确指引具体学位撤销实践。高校作为构建法治社会的重要主体,高校治理也必然是依法治理。完善学位撤销制度迫在眉睫,对学位撤销的实体标准进行具体界定,全面体系地设置学位撤销的程序性规则,将保障学生权利落到实处。

---

① 《复旦大学学生申诉条例》第五条:学生申诉处理委员会委员由学校分管学生工作党委副书记,党委学生工作部、党委研究生工作部、外国留学生工作处、法律事务室负责人和二名教师代表、二名学生代表担任。学生申诉处理委员会设主任一名,由学校分管学生工作党委副书记兼任。

② 林华:《人民法院在学位撤销案件中如何进行审查——基于司法审查强度的裁判反思》,载《政治与法律》2020 年第 5 期。

第七章

高校学位争议诉讼

1998 年 10 月,田某诉北京科技大学拒绝颁发毕业证、学位证,经过法院司法审判最终胜诉,该案被称为"大学生诉高等学校行政诉讼第一案",自此之后,高校可以成为行政诉讼的被告被法学理论界和法律实务界一致认可。二十多年来,随着法律制度的不断完善,司法实践的不断推进,学位争议纠纷的解决机制取得了长足进步,有了更为充分的法律依据支撑,有了更为丰富的案例可以参考。但仍需深刻认识到的是,不论是立法层面还是司法层面,学位争议纠纷的司法审查仍存在一些不足。在不予授予学位纠纷的司法审查中,存在法定程序与正当程序存在冲突、纪律处分与学位授予条件界限不清、对高校学术评价行为的程序要求过高等问题;在高校撤销学位的司法审查中,存在高校学位撤销行为条件不明、高校校规司法审查标准不清、非学术性学位撤销实体审查标准不明等问题。本章通过对学位争议诉讼的实证研究,总结和归纳不授予学位纠纷司法审查和学位撤销纠纷司法审查存在的问题,并在此基础上提出了相应的完善建议。

第一节 学位争议诉讼的理论基础

一、高校学位争议诉讼的概念

2021 年 3 月,教育部发布了《学位法(草案)》。《学位法(草案)》第三十四条规定,受教育者对于不受理本人学位申请、不授予本人学位的决议或者决定不服的,学位获得者对于撤销其学位的决议或者决定有异议的,可以向学位授予单位提出申诉。有利害关系的公民、法人和其他组织对授予学位的决议和决定有不同意见的,可以向学位授予单位提出异议。学位授予单位应当在收到申诉或者异议之日起九十日内进行复核并作出复核决定。对复核决定仍不同意的,可以依法申请行政复议或者提起行政诉讼。[①] 本条规定的是学位争议解决方式,也可以从该规定中归纳出高校学位争议诉讼的概念,即高校学位争议诉讼指的是高校的学位申请者或者学位获得者,对于高校不授予学位或者撤销学位的决议或者决定不服,在向高校提出申述或者异议后,对高校作出的复核决定仍不同意,从而向法院提起的行政诉讼。

二、高校学位争议诉讼的特征

高校学位争议诉讼呈现出如下四个方面的特征。

第一,学位争议诉讼所解决的是学位争议案件。这是学位争议纠纷和其他行政案件的显著区别,不同于就行政许可、行政强制、行政处罚等具体行政行为提起的行政诉讼,学位争议诉讼解决的是受教育者、学位获得者以及其他行政相关人与学位授予单位之间就学位授予、学位撤销等事项发生的纠纷。

第二,学位争议诉讼主要是人民法院通过审判方式进行的一种司法活动。不同于受教育者、学位获得者以及其他行政相关人通过学位授予单位的内部申诉解决机制予以救济和通过向国家教育行政机关提起行政复议予以救济,学位争议诉讼是受教育者、学位获得者以及其他行政相关人通过提起行政诉讼,由人民法院使用司法权解决相应纠纷的诉讼活动。

第三,学位争议诉讼中被告的特殊性。不同于其他行政诉讼的被告,学位争议诉讼的被告通常为高校和教育行政机关,基本没有其他行政机关或者其他组织作为被告。

第四,提起学位争议诉讼必须满足相应的前置条件。根据《学位法(草案)》第三十四条规定,受教育者、学位获得者以及其他行政相关人必须向学位授予单位提出申诉或异议,由学位授予单位进行复核,若在学位授予单位作出复核决定后对复核决定仍不同意,才得提起行政诉讼或者申请行政复议。

三、学位争议诉讼与高校其他相关诉讼的关系

(一)与高校行使行政管理权产生诉讼间的关系

《教育法》第二十九条规定,高校有按照章程自主管理,组织实施教育教学活动,招生和对学生进行学籍管理,实施奖励或者处分的权利。由此可知,高校对学生享有学籍管理权和处分权。需要明确的是,学籍管理权和处分权作为法律授予高校的权力,高校在行使权力的过程中并不应具有较大的自由裁量空间,而是应受到严格的约束和限制,因为与高校行政管理权相对应的是高校学生的各项权利,其中包括受教育权这一公民基本

---

① 教育部:《教育部关于〈中华人民共和国学位法草案(征求意见稿)〉公开征求意见的公告》,https://www.gov.cn/xinwen/2021-03/21/content_5594238.htm,访问时间2023年7月24日。

权利,如果高校自由裁量的范围过大,则会有侵犯学生合法权利之虞。

高校行使行政管理权是高校学位争议纠纷的产生原因之一。具体而言,当学生违反校纪校规打架斗殴、考试作弊被给予相应处分,其后高校因学生受到过此种处分而不予授予学位证书。例如杨某诉济南大学不授予学位案①。本案中,杨某因打架斗殴受到留校察看一年处分,在临近毕业时,济南大学公布了因违纪、作弊处分不授予学士学位名单,杨某名列其中。杨某不服,提起行政诉讼。另一个例证是武某诉华中农业大学教育行政行为案。本案中,武某因考试作弊受到警告处分,当武某申请硕士学位时,华中农业大学以武某因考试作弊受到过警告处分为由不予授予武某硕士学位,武某不服,诉至法院。

(二)与高校行使学术权力产生的纠纷之间的关系

学术权力是高校权力体系的重要组成部分,高校正当行使学术权力是大学自治的题中应有之义。《高等教育法》《学位条例》《学位条例暂行实施办法》等法律法规建构了较为完善的高校学术权力体系。例如,根据《高等教育法》第二十条,接受高等学历教育的学生,由所在高等学校或者经批准承担研究生教育任务的科学研究机构根据其修业年限、学业成绩等,按照国家有关规定,发给相应的学历证书或者其他学业证书。根据《学位条例》第十七条的规定,学位授予单位对于已经授予的学位,如发现有舞弊作伪等严重违反本条例规定的情况,经学位评定委员会复议,可以撤销……高校学术权力的内容包括高校有权制定在校学生的培养方案,评价审查在校学生的学位论文,从而决定是否授予学生学位。

高校行使学术权力不规范是学位争议纠纷产生的重要原因。在实践中,有的高校制定的考核方案不合理,与上位法或者政策相抵触,例如,有的高校将通过英语四级考试作为毕业的必要条件。有的高校行使学术权力程序不规范,未充分保障相对人的程序性权利。例如在于某某诉北京大学不予授予学位案中,某杂志社认定于某某在攻读博士学位期间在该杂志社发表的论文构成严重抄袭,北京大学成立专家调查小组,召开了三次会议进行调查,最终北京大学学位评定委员会召开会议,通过了关于撤销于某某博士学位的决定。北京大学作出撤销决定后于某某向北京大学学生申诉委员会、北京市教委提出申诉,都未得到支持,后于某某提起诉讼,北京大学作出的撤销决定被撤销。

(三)与高校作为民事主体产生的纠纷之间的关系

根据《高等教育法》第三十条第二款的规定,高等学校在民事活动中依法享有民事权利,承担民事责任。高校在办学治校过程中,会与学生进行民事活动,形成民事法律关系,这种民事法律关系的主体是高校与学生,客体是基于高等教育活动产生的民事利益,

---

① 参见山东省济南市市中区人民法院(2010)市行初字第 61 号行政判决书和山东省济南市中级人民法院(2011)济行终字第 29 号行政判决书。

内容包括高校向学生提供高等教育服务,学生缴纳各项费用、遵守各项规定,接受高等教育。若双方未履行或者未完全履行义务,则可能构成违约;若侵犯对方的人身、财产权利,则可能构成侵权;亦可能出现二者竞合的情况。

四、学位争议诉讼与其他救济方式的衔接

(一)与校内救济的衔接

根据我国《普通高等学校学生管理规定》第六条第六项的规定,学生对学校给予的处分或者处理有异议的,有权向学校、教育行政部门提出申诉。根据《学位条例暂行实施办法》第十八条的规定,学位授予单位的学位评定委员会根据国务院批准的授予学位的权限有权研究和处理授予学位的争议。由上述规定可知,在学位争议中,如果学位申请人不服学位授予单位不颁发学位证书的行为时,其应向该学位授予单位的学位评定委员会提出申诉,由学位评定委员会研究和处理。而学位评定委员会处理学位争议的权限、程序、范围等,目前法律尚未进行明确的规定。实践中,有高等院校就此问题作出了规定。例如,《北京大学研究生基本学术规范》第九条规定,当事人如对处理结果有异议,可在收到书面通知后15个工作日内向学校学生申诉处理委员会提出申诉。学校学生申诉处理委员会一般应在15个工作日之内进行复议并将结论通知当事人。申诉期间不停止处分或处理决定的执行。我国《普通高等学校学生管理规定》规定,学生申诉处理委员会对学生提出的申诉进行复查,并在接到书面申诉之日起15个工作日内,作出复查结论并告知申诉人。需要改变原处分决定的,由学生申诉处理委员会提交学校重新研究决定。学生对复查决定有异议的,在接到学校复查决定书之日起15个工作日内,可以向学校所在地省级教育行政部门提出书面申诉。省级教育行政部门在接到学生书面申诉之日起30个工作日内,应当对申诉人的问题给予处理并答复。从处分决定或者复查决定送交之日起,学生在申诉期内未提出申诉的,学校或者省级教育行政部门不再受理其提出的申诉。

(二)与行政救济的衔接

行政复议指的是行政复议机关依照《行政复议法》和有关司法解释规定,按照法定的程序受理和处理行政争议的制度。在因学位争议提起的行政复议案件中,学生是行政复议申请人,学位授予单位是行政复议被申请人,行政复议机关是直接管理学位授予单位的地方人民政府、地方人民政府工作部门或者国务院有关部门,行政复议机关应当对学位授予单位作出的不予授予学位或者撤销学位的具体行政行为进行审查。行政复议的申请、受理、决定等,应当依照《行政复议法》和有关司法解释的规定。

对于司法救济与行政救济的衔接,英国、日本、德国有较为完备的模式可以参考。例如,2004年英国颁布了《高等教育法》,在英格兰和威尔士实施投诉审查计划,将高等教育独立裁决者办公室指定为该计划的法定运营者,作为处理高校与学生纠纷的专门机构,独立审查与裁决学生对高校的投诉。2017年,英国颁布了《高等教育与研究法》备忘

录规定,进一步改变了英国高校学生权利救济机制。该备忘录规定,所有英格兰与威尔士的高等教育机构都有义务遵循高等教育独立裁决者办公室的学生投诉计划的要求。英国形成了以高等教育独立裁决者办公室为主导的外部非诉高校、学生纠纷解决机制,成为了解决高校、学生纠纷的重要渠道,也在一定程度上减轻了法院的负担。为保护学生合法权利并保障高等教育质量,英国将高校内部学生权利救济机制纳入到监管范围内,高等教育质量保证署、高等教育独立裁决者办公室、学生办公室等机构共同从外部对学生权利救济进行规制。在英国高等教育质量保障署出台的《高等教育学术标准和质量保证实务守则》中,规定了高校应建立有效的机制处理投诉和对学术决定进行审查,英国高校基本形成了较为完善的学生申诉和学术上诉制度。随着英国高校学生权利救济的诉求不断增强,英国法院对高校与学生基于公法产生的法律关系为学生提供司法救济,基于正当程序原则进行司法审查。例如,2001 年的"佩尔绍德诉剑桥大学案"在之前的基础上进一步确立了正当程序原则,法院认为,大学委员会没有先向学生提出怀疑,便直接作出退学决定违反了正当程序原则,是不公平的。同时,英国法院认为,其自身不具备处理相关学术问题的能力,因此较为尊重高校所有涉及学术性事项的决定,持有有限学术尊崇态度,主要采用程序正当原则处理学术性纠纷中的非学术事项[1]。

在德国,学生针对学位纠纷的救济途径包括以下几种:第一是向公共机关提出异议和向监督机关发出申诉;第二是向公共机关申请复议;第三是向行政法院起诉;第四是若高校与学生的学位纠纷侵犯了学生的受教育权等基本权利,在穷尽其他救济途径的情况下,学生可以提出宪法申诉;第五是针对公共机关的工作人员因过错造成的损害提起职务赔偿之诉。[2]

日本是成文法国家,在学位纠纷中,学生的救济途径主要通过《行政不服审查法》《行政案件诉讼法》等法律进行规定。根据日本《行政不服审查法》,学生的救济途径主要有异议申诉、再审请求、审查请求三种。其中,异议申诉是向处分厅、不作为厅提出。审查请求是向处分厅、不作为厅之外的行政机关提出。日本高校的学生被给予处分之后,可以先向所在高校提出异议申诉,对异议申诉结果不服,可以向该学校的上级主管教育部门提出审查,若对审查结果不服,可以向教育部门提出再审查请求,对教育部门再审查请求不服的,可以提起行政诉讼,但并不是所有诉讼都需要满足申诉前置的条件。

---

① 参见姚荣、邱兰欢:《英国高校学生权利救济机制的体系建构及其启示》,载《高校教育管理》2023 年第 1 期。

② 参见范履冰:《受教育权法律救济制度研究》,法律出版社 2008 版,第 126 页。

第二节 高校学位争议诉讼的现状梳理

一、高校学位争议诉讼的实证研究

近年来,随着全面依法治国方略的深入推进,依法治教、依法治校工作的不断加强,高校师生的权利意识、法治意识较过去有显著的提升,学位争议诉讼案件数量明显增加。案例是法治的试金石,只有通过对学位争议纠纷的司法案例进行分析研究,才能了解司法实践的真实现状,从而找到存在的问题,给出解决的办法。在中国裁判文书网和北大法宝,以最近 10 年,即 2014—2023 年为时间节点,以具有典型性、代表性,能够充分展现某一类型的学位争议纠纷的裁判规则为标准,挑选出了 62 件案例,并以此进行分析。

(一)判决结果分析

在高校学位争议诉讼中,双方当事人分别为高校和学生,二者的关系是教育行政管理关系。二者在法律关系中的地位并不是平等的,是管理与被管理的关系。学生作为在法律关系中相对弱势的一方,当权利受到侵害而其他救济途径归于无效时,只得通过司法途径进行救济,这既是法律赋予学生的一项权利,也是法律给予的最后保障。

在选取的 62 件案件样本中,就判决结果而言,高校胜诉的案件共 43 件,占比约69.4%,学生胜诉的案件共计 19 件,占比约 30.6%,高校的胜诉率约为学生的 2.3 倍(见图 7-1)。这个结果出现的原因有三:一是由于近年来各高校都高度重视法治工作,授予学位是关系学生切身利益的一件大事,事关学生的前途命运,高校作出不予授予学位或者撤销学位的决定时,大都存在事实依据,并且经严格的程序后作出,存在错误的概率本就不高。二是由于高校是国家事业单位,学生是独立的自然人,两者之间还存在管理与被管理的关系,二者的力量差距巨大,学生认为高校作出的决定不合法,欲图通过诉讼的方式加以改变,其难度是不言而喻的。三是尽管我国并未引入西方的"特别权力关系"理论,但事实上这个学说对我国的司法机关和高校都有很大的影响,不论是过去还是现在,学位授予都被视为高校内部事务,如果司法权力介入过多,则难免会有干涉学术自由的嫌疑,因此法院在进行审查和裁判过程中倾向于支持高校学术自治。

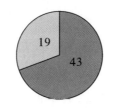

■高校胜诉　■学生胜诉

图7-1　高校学位争议纠纷判决结果

(二)法院的司法审查范围

当前,法院有权对学位争议案件进行处理已经成为通说,得到法学研究领域和法律实务领域的普遍认同。当下关注的重点是法院如何审查,而其中一个关键的问题是法院能就哪些事项进行审查,即司法审查的范围是什么。

通过对 62 件案例样本梳理发现,法院普遍审查的问题包括合理性、合法性、程序是否合法、高校可否作为行政诉讼的主体。其中,进行合理性审查的案例有 2 个,进行合法性审查的案例有 46 个,对程序性事实进行审查的案例有 39 个,对主体是否适格进行审查的有 13 个,分别占比 3.2%、74.1%、62.9%、19.1%(见图7-2)。从中不难发现,针对学位争议纠纷,法院的司法审查事项已经比较明确,并且大都是合法性审查和程序性审查,并不涉及专业学术问题,对高校的学术自治权给予了充分尊重。同时,并不是每个案件都审查上述所有问题。法院的司法审查事项向高校明示了在作出决定的过程中应当注意的问题,例如如果程序违法会导致败诉,这倒逼高校在决定过程中充分尊重学生的程序性权利。

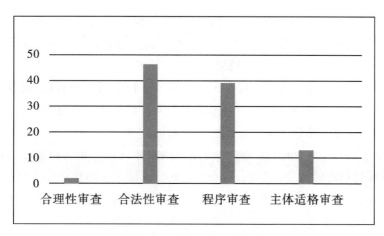

图7-2　法院司法审查内容

（三）主要争议焦点

通过对62件案例样本的梳理,发现司法实践中学位争议纠纷主要有以下三个争议焦点。

第一,高校是否有权自主设定学位授予标准。学位授予标准回答的是满足何等条件、达到何等水平,高校即可授予学位的问题。在司法实践中,很多高校依据《学位条例暂行实施办法》第二十五条之规定,学位授予单位可根据本暂行实施办法,制定本单位授予学位的工作细则。主张其为保障教学质量,实现办学目标,有权制定上位法的细则,即有权自主设定学位授予标准。而学生则认为"依法行政"原则要求行使行政权力的依据必须是法律,学校无权在法律规范之外创设权力。在这个问题上,除田某诉北京科技大学案外,在何某诉华中科技大学不履行法定职责案中,法院认为高校有权制定校规,有权细化学位授予标准①,并且这两个案件一同成了最高人民法院的指导性案例。近几年的司法实践中法院亦认为高校有权自主设定学位授予条件。

第二,高校自主设定的学位授予标准可否作为学位授予相关行为的依据。高校自主设定的学位授予标准能否作为学位授予相关行为的依据,是对高校是否有权自主设定学位授予标准的进一步追问。对于这个问题,司法实践中法院有不同观点。在高某与上海师范大学教育行政纠纷案中,一审法院认为上海师范大学关于考试作弊不授予学士学位的规定并无不当、可以适用②。而有的法院认为考试作弊与学生的学术水平、学术能力无关,这一类规定混淆了学生管理活动和学术评价活动的界限,与学位授予目的相背离,明显不当。实际上,判断高校自主设定的学位授予标准能否作为学位授予相关行为的依据,要审查是否符合上位法规定,不与上位法相抵触,是否符合学位授予活动原则、精神等事项,如果有关规定符合上位法规定,与学位授予活动具有关联性,那么就应作为依据适用。

第三,高校的行政行为是否符合正当程序原则。程序正义对于结果正义具有保障作用,高校不授予学位或者撤销学位,是对学生重大权利的处分,如果不恪守正当程序原则,极有可能导致学生合法权利遭受到侵害。在司法实践中,由于正当程序是法律原则,并不像规则那样明确、具体,且现行法亦未对高校学位授予行为进行精细化规定,因此法院对是否符合正当程序原则有极大的自由裁量空间。有的法院将高校履行了法律法规、校纪校规中的程序性事项作为满足正当程序原则的标准,有的法院则进一步拔高到要实质上保障了学生的知情权、陈述申辩权和寻求救济权才能被认定为符合正当程序原则要求,只是单纯履行规定的程序性事项,不一定能充分保证学生的程序性权利。

概言之,在这三个主要争议焦点中,高校自主设定的学位授予标准可否作为学位授

① 参见武汉市洪山区法院(2008)洪行初字第81号行政判决书、湖北省武汉市中级人民法院(2009)武行中字第61号行政判决书。
② 参见上海市徐汇区法院(2014)徐行初字第80号行政判决书。

予相关行为的依据和高校的行政行为是否符合正当程序原则在实践中尚未达成一致观点,需要进一步探索、完善。

二、高校学位争议诉讼的类型考察

对于高校学位争议纠纷的类型,学界主要有以下两种类型划分模式。

第一种分类方式依高校作出的具体行政行为和诉讼的发生原因作为区分标准,主要包括三类:一是高校拒绝授予学位或者迟延授予学位产生的纠纷。该类型的纠纷产生原因主要有:学生考试作弊,学生未完成培养计划,学生未通过英语四、六级考试,学生未通过有关资格考试,学生学位论文不合格,学生入学时学历证书或者学位证书造假和冒名顶替。二是高校发放的学位证书上学位名称含糊不清产生的纠纷。主要因高校发放的学位证书所标识的学位与招生宣传时宣称授予的学位不相符、高校发放的学位证书混同一级学科和二级学科产生。三是高校欠缺学位授予资质而产生的纠纷。例如,有的层次较低的高校采取"联合办学"的模式招生,却无法发放承诺的学位证书,从而导致学位争议的发生。

第二种分类方式则根据高校作出的具体行政行为为区分标准,分为不授予学位纠纷、补授学位纠纷和撤销学位纠纷三种。不授予学位纠纷和撤销学位纠纷的产生原因和第一种划分模式一致,补授学位纠纷是因学生在毕业多年后达到了授予学位的条件,要求高校授予学位,从而产生的纠纷。

上述两种分类方式基本可以囊括所有类型的学位争议纠纷。但是通过对司法案例的分析发现,学位争议纠纷中最为频发的是不授予学位纠纷和学位撤销纠纷,前者如武某诉西安石油大学不予授予学术学位案、刘某某诉山东师范大学案等,后者如陈某诉中山大学撤销学位证书案、翟某诉郑州大学撤销学位证书案等。基于对实践案例的整理和分析,下文将对学位争议诉讼中不授予学位纠纷和学位撤销纠纷两类诉讼案件进行具体分析,主要介绍不授予学位纠纷和学位撤销纠纷的司法审查状况,并为高校依法治校视域下如何处理高校学位授予争议提出相应的建议。

第三节　不授予学位案件的司法审查

在不授予学位案件中,法院的司法审查方式是依照学位授予标准中的学术条件、品行条件,对实体和程序两个方面进行审查。本节将梳理司法实践现状,发现其不足之处并提出完善路径。

一、司法审查的现状与不足

（一）法定程序与正当程序存在冲突

法定程序与正当程序的基本内涵和价值取向都有所不同。法定程序属于"规则之治"，要求法官按照法律法规和高校内部规定，审查高校作出不授予学位决定的程序是否合法，属于形式程序正义。正当程序属于"原则之治"，没有法律条文对正当程序进行具体明确的规定，当法院认为严格依照规则进行审判并不能得出公平正义的结果时，则会通过原则进行论证，从而追求公正的结果，属于实质程序正义。需要明确的是，二者的关系并不是相互对立的，而是有机统一的。理由在于，尽管当前我国《行政诉讼法》并未以"正当程序原则"字眼明确并规范其内涵，但正当程序原则作为现代法治国家的共同价值取向，在我国的法学研究和法律实务领域得到了普遍的认同，法定程序是正当程序法定化的产物。换言之，正当程序是法定程序的基础和前提，法定程序是正当程序的细化与明确，寓于正当程序之中。目前，法官的通常做法是将目光投射至现行法律规范当中，找寻现有的法律规定，对行政行为的合法性进行审查，当法律规范缺位或者明显违背一般人的理性，低于正当程序原则的最低限度时，方适用正当程序原则。

但是，司法实践中，法定程序与正当程序冲突频繁，存在法院只适用法定程序而不适用正当程序进行审查的情况。例如王某诉武汉工程大学不履行授予学士学位法定职责案[①]，本案中，原告王某诉称武汉工程大学对其提出的学位申请未进行书面回复。法院认为，王某在提出学位申请时，并未请求武汉工程大学进行书面回复，因此武汉工程大学可以进行口头回复，并不存在"不予答复"的情形，也不违反法律、行政法规的禁止性规定，最终法院驳回王某诉讼请求。显然，本案中法院只适用了法定程序而没有适用正当程序进行裁判。但是法定程序仅是正当程序的最低要求，不能因为法律法规和高校内部规定缺乏相应依据，就认为高校的行为符合法定程序，进而认为高校的行为符合正当程序。

（二）纪律处分与学位授予条件界限不清

满足品行条件是授予学位的条件之一。不满足品行条件的主要体现是因违反国家法纪或者校纪校规而受到纪律处分。高校是如何将纪律处分与学位授予挂钩的？目前主要有两种做法：一是将违纪行为规定为授予学位的消极要件，即实施了某一违反法律法规或者校纪校规的行为，将直接导致不被授予学位。二是将纪律处分规定为学位授予的消极条件。即因违纪行为受到纪律处分后，因受到过纪律处分而不被授予学位，此时不被授予学位的直接原因是纪律处分而非违纪行为。

---

① 参见武汉市洪山区人民法院（2006）洪行初字第 58 号行政判决书，湖北省武汉市中级人民法院（2006）武行终字第 130 号行政判决书。

但问题在于,有的高校将纪律处分与学位授予之间进行"附条件"的挂钩,例如《武汉学院学士学位授予实施细则》第七条规定了学生在校学习期间,因舞弊给予记过及以上处分,原则上不授予学士学位。如学生在校期间表现突出,在满足某些条件的情况下,在处分已解除情况下,可通过提供有关材料申请授予学位,具体条件包括必修课平均分在80分以上、考取研究生、考取公务员、发表核心期刊论文、获得A类学科竞赛国家级奖项等。由于所附条件并非全部都是品行条件,发表核心期刊论文、获得竞赛奖项等明显属于学术条件,这导致纪律处分与学位授予条件之间的关系不清、界限不明。如刘某某诉山东师范大学案①,本案中,刘某某因考试作弊被除以留校察看处分,根据《山东师范大学授予学士学位暂行规定》第二条第二项,在校期间受留校察看及以上处分后没有显著进步表现(未受校级及以上表彰)者,不予授予学士学位,刘某某提交了多份荣誉证书。一审法院认为,刘某某提供荣誉证书中有山东省教师教育协会、中国国际书画家协会颁发的,应属于校级以上荣誉证书,应当认定刘某某有显著进步表现,因此判决山东师范大学组织学位评定委员会重新审议是否授予刘艳学士学位,山东师范大学重新审议后还是决定不予授予刘某某学士学位,刘某某再次起诉。在该案中,高校对纪律处分和学位授予之间界限认定模糊,出现了混淆品行条件、学术条件之间关系的情况。

(三)对高校学术评价行为的程序要求过高

《学位条例暂行实施办法》第三条至第十五条对授予学士学位、硕士学位和博士学位应当满足的学术条件和程序进行了详尽的规定,集中体现了高校应当享有的学术自治权。但是在司法实践中,法院在对作出不予授予学位的决定进行司法审查时,存在不适当地运用正当程序原则的情形,对高校作出学术评价行为的程序设置了过高要求,影响学术自治权的实现。

以武某诉西安石油大学不予授予学位案为例,本案中,原告武某因累计不合格课程学分高于20分而留级,其在西安石油大学学习期间累计重修学分为62分,根据西安石油大学有关规定减去其留级期间的重修学分,武某重修课程学分为43.5分,通过补考获得的学分为28.5分。《西安石油大学学士学位授予工作实施细则》规定重修课程(环节)低于40分是授予学士学位的条件之一,因武某的重修学分超过40分,西安石油大学决定不予授予其学士学位,武某不服,向法院提起诉讼。法院认为,西安石油大学结合自身实际,在不与《学位条例》和《学位条例暂行实施办法》规定的授予学士学位基本原则抵触的情况下,制定学士学位授予工作实施细则,是其学术自治的体现,且补考获得的学分是否应当计算在重修学分中,属于高校学术自治范畴。一审法院判决驳回原告诉讼请求,二审法院认为西安石油大学的行为违反了正当程序原则,改判确认西安石油大学行政行

为违法,责令西安石油大学召集学术评定委员会对武某是否符合学士学位授予条件进行重新审查①。

尽管要求高校学术评价行为严格遵循正当程序原则有助于维护学生合法权利,但司法审查对高校学术评价行为介入过深是否会影响宪法保护的学术自由②或是高校学术自治的实现亦值得反思。如果将高校在进行学术评价行为中的"学术权力"与高校在学位授予工作中行使的"行政权力"相混淆,借用正当程序原则的"外衣",强行将正当程序原则套用到并不掺杂行政权力的学术评价行为中去,很有可能会造成对高校学术自治的侵害。

(四)规避对不授予学位行为的实体审查

不同于司法实践中大量存在的"重实体,轻程序",法院对学位授予纠纷的司法审查"重程序,轻实体"。通过对程序进行审查,法院可以程序违法为由判决原告胜诉,从而不需对高校学位授予权、高校校纪校规等当前还没有形成一致意见的实体问题进行探讨。但是,这种方式并不能从根本上解决纠纷。法院以程序违法为由撤销高校决定,要求高校重新决定是否授予学位。此时,高校会补正程序,以相同的事实和理由再次作出不予授予学位的决定。学生可能会再次起诉,法院最终难以回避对实体问题的审查。

事实上,学生提起诉讼,欲图救济的并非只是程序性权利,真正想要改变的是案件的实体处理结果,法院仅以程序违法为由,撤销高校的决定,无异于"隔靴搔痒",不能从根本上解决问题。若仅是程序性救济,学生所拥有的争诉权利就会受到限制。换言之,当前学生虽然可以对高校侵害行为提起诉讼,但是法院能从实体上真正给予救济的可能性却不大③。

二、司法审查的优化路径

(一)针对学术条件司法审查的优化

针对学术条件的司法审查主要包含了对学术不端、学位论文未完成和未完成学业三种情形,前两者与高校学术自治的关联更加密切。因此应当采取不同的司法审查方式,具体如下。

第一,针对学术不端、学位论文未通过司法审查的优化。学术不端、学位论文未通过两种情形最鲜明地体现了高校的学位授予权与学术自治,需要高校运用专门知识判断学术不端情形和学位论文水准,法院对此类案件进行司法审查时应当高度尊重高校的学术

---

① 参见西安铁路法院(2017)陕7102行初2364号行政判决书和西安铁路运输中级法院(2018)陕71行终82号行政判决书。

② 参见周叶中、周佑勇:《高等教育行政执法问题研究》,武汉大学出版社2007年版,第41页。

③ 参见周慧蕾:《高校学位授予权研究》,中国社会科学出版社2016年版,第224页。

自治权,以程序审查为主,遵循正当程序原则,避免进行实体审查,但对于高校学术评价行为不得适用正当程序原则。首先,法院在对因学术不端、学位论文未通过而产生的不授予学位纠纷进行司法审查时,应当给予高校充分的尊重,最低程度对高校进行干预。对于行政主体而言,遵守正当程序原则既是最低要求,也是最容易满足的原则,因此只进行程序审查,是对高校干预最小的方式①。其次,也不能认为满足了法定程序就是满足了正当程序,应充分认识正当程序不同于法定程序且要求远高于法定程序,必须要在实质上保障了学生的知情权、陈述申辩权和寻求救济权等权利才能被认定为符合正当程序原则要求,这是从形式程序正义迈向实质程序正义,从规则之治迈向原则之治的重要体现。最后,要明确高校的学术评价行为并不涉及公权力,而是在行使学术权力,正当程序原则规范的对象是公权力而非学术权力。因此,在司法审查的过程中应当避免对学术评价行为提出过高的正当程序要求,不能因学术评价行为存在程序瑕疵就以违反正当程序原则为由判决高校败诉。

第二,针对未完成学业司法审查的优化。对于因未完成高校制定的培养方案,未修满学分,课程不合格等原因提起的不授予学位诉讼的司法审查,应当以正当程序原则为要求进行程序审查为主,当高校存在武断、恣意行为时方可进行实体审查。理由在于,未完成学业同样需要高校的专门知识,但是其对专门知识的运用程度低于学术不端、学位论文未通过两类,不能完全排斥他人的判断,法院的司法权力有进行实体审查的能力。基于对高校学术自治的尊重,法院应当以进行程序审查为原则,以进行实体审查为例外,只有在高校明显武断、恣意,不进行实体审查难以保障学生合法权益时才进行实体审查。例如孙某诉运城学院履行颁发毕业证书、学位证书案②,该案中,孙某某因选修课未通过,无法取得相应学分,最终无法取得毕业证、学位证。其未通过的原因是孙某某未提交笔记,导致成绩不合格。孙某某的同学证实了其学习情况和笔记提交情况。最终,法院用自己对课程是否合格的判断标准替代了高校的标准,直接认定孙某某考试合格,并作出履行判决,责令运城学院向孙某某发放毕业证书、学位证书,而运城学院在二审中指出:"有权评定学生成绩是否合格的只能是老师而不是法官。"但是二审法院还是维持了一审判决。

(二)针对品行条件司法审查的优化

品行条件是对学生品行的考察,与高校学术自治的关联不大,因此应当将程序审查和实体审查并重,采取最严格的司法审查方式。首先,应当贯彻正当程序原则,注重实质程序正义,考察高校是否在事前告知,事中听取申述、申辩,事后说明理由并告知救济途径。其次,法院有权对学生的违纪行为本身进行独立的事实认定,例如在作弊案件中,法院应查清案件事实并进行定性,包括审查证据的合法性、真实性和关联性,法官应当明确

---

① 参见王贵松:《论行政裁量的司法审查强度》,载《法商研究》2012 年 04 期。
② 参见山西省高级人民法院(2017)晋 08 行终 16 号行政裁定书。

高校并非案件事实的唯一解释者,法官可以根据自身对高校校规内容的把握,从通常的、社会一般人可以普遍接受的理解方式对相关规则进行阐述①。但是对于纪律处分与学位授予之间进行"附条件"挂钩的情形,若涉及高校运用专业知识进行判断,那么应当体现司法审查的谦抑性,对高校保持充分的尊重,只有在高校武断、恣意的情况下才进行程序审查。法院在查清实体事实的前提下,法院可以作出履行判决,而非一律在撤销高校决定后要求高校重新处理,这样更有利于从根本上化解纠纷,使纠纷从实体上被解决,避免"隔靴瘙痒"情况的出现。其次,法院应当对高校校规进行合法性审查、合理性审查,在合法性审查方面,要考察高校校规是否与上位法相抵触。在合理性审查上,要考察高校校规是否符合禁止不当联结原则和比例原则,前者指的是审查高校学位授予工作细则中是否纳入了与学位授予无实质关联的因素,后者要求高校给予的纪律处分要与学生违纪行为成比例,不能因为轻的违纪行为就给予重的违纪处分。

第四节　学位撤销案件的司法审查

一、司法审查的现状与不足

(一)高校学位撤销行为的条件不明

《学位条例》第十七条规定,学位授予单位对于已经授予的学位,如发现有舞弊作伪等严重违反本条例规定的情况,经学位评定委员会复议,可以撤销。换言之,撤销学位的事由有二:一是舞弊作伪,二是其他严重违反《学位条例》的行为,但二者语义均不够明确具体。

第一,"舞弊作伪"和"严重违反本条例规定"概念模糊。舞弊作伪的含义极广,从学位撤销事由上看,舞弊作伪既可以是学术性学位撤销事由,如学位论文抄袭;也可以是非学术性学位撤销事由,如违规取得入学资格。目前,仅有《国务院学位委员会关于在学位授予工作中加强学术道德和学术规范建设的意见》专门对"舞弊作伪"进行解释:一是在学位授予工作各环节中,通过不正当手段获取成绩;二是在学位论文或在学期间发表学术论文中存在学术不端行为;三是购买或由他人代写学位论文;四是其他学术舞弊作伪行为。即使该规定进行了细化,舞弊作伪的概念仍然是模糊的。"严重违反本条例规定"

---

① 参见沈岿:《谁还在行使权力 准政府组织个案研究》,北京:清华大学出版社2003年版,第130页。

则更加抽象,一是何种程度能够算得上"严重",很难界定。二是"违反本条例规定"中的"规定"具体包括哪些规定存在争议,有的学者认为包括《学位条例》中的所有规定[①],而有的学者认为仅限于《学位条例》中学位授予的相关规定[②]。

第二,学术不端作为学位撤销条件的情况界定困难。学术不端属于舞弊作伪的类型之一,其内涵相对于舞弊作伪而言更加明确,根据《高等学校预防与处理学术不端行为办法》(以下简称《预防与处理学术不端行为办法》)第二十七条规定,学术不端包括以下几种情形:一是剽窃、抄袭、侵占他人学术成果的行为;二是篡改他人研究成果的行为;三是伪造科研数据、资料、文献、注释,或者捏造事实、编造虚假研究成果的行为;四是未参加研究或创作而在研究成果、学术论文上署名,未经他人许可而不当使用他人署名,虚构合作者共同署名,或者多人共同完成研究而在成果中未注明他人工作、贡献的行为;五是在申报课题、成果、奖励和职务评审评定、申请学位等过程中提供虚假学术信息的行为;六是买卖论文、由他人代写或者为他人代写论文的行为;七是其他根据高等学校或者有关学术组织、相关科研管理机构制定的规则,属于学术不端的行为。该条文通过列举的方式,对学术不端行为作出了详尽的规定。根据《预防与处理学术不端行为办法》第二十九条,若学术不端行为构成学位撤销条件,必须与学生获得学位有直接关联。对构成学术不端行为的详尽列举和直接关联性要求实质上是对学术不端行为作为学位撤销条件的限缩,这对法院的司法审查带来了一定程度的困难。

(二)高校校规司法审查标准不清

在司法实践中,原告认为高校实体越权的理由在于其主张高校校规不能作为高校作出撤销学位的依据。《学位条例暂行实施办法》第二十五条授予了高校制定学位授予工作细则的权力,由于上位法主要是原则性规定,较为笼统、抽象,高校可以结合自身实际情况,根据自身办学特点对学位撤销进行具体化规定。学校在作出撤销学位的决定时,必然需要适用其自己制定校规,可能会出现两种情况:一是高校校规与上位法相抵触,二是涉嫌滥用办学自主权。在学位撤销诉讼中,对高校校规的司法审查标准亟待解决。

对于高校校规的司法审查标准,理论界并无一致意见。朱芒教授将校规分为"介入性校规"和"自主性校规"两种类型,自主性校规与高校的民事法人身份相对应,是调整高校内部秩序的规范;介入性校规与高校的行政主体地位相对应,是高校根据法律、法规、规章的授权,在授权范围内以行政主体的身份制定的规范性文件。朱芒教授根据这两种校规各自的特征,建构了"一元规范结构论"和"二元规范结构论"的司法审查模式。其中,"一元规范结构论"是将"自主性校规"纳入司法审查的范围之内,即对将体现高校学术自治、自主办学权的校规进行司法审查,典型的代表是武某诉华中农业大学教育行政

---

①　参见李川:《学位撤销法律规定的现存问题与厘清完善——以〈学位条例〉的相关修订为例》,载《学位与研究生教育》2018 年第 3 期。

②　参见宋烁:《设定学位撤销的条件与原则》,载《学位与研究生教育》2018 年第 1 期。

行为案。"二元规范结构论"将"介入性校规"和"自主性校规"都纳入司法审查的范围中,以田某诉北京科技大学案为代表①。伏创宇副教授认为,对于高校校规的司法审查,应当遵循"目的—规范—原则"的三阶层模式。首先审查对校规是否涉及学术目的,若不涉及学术目的,应遵循法律保留原则进行合法性审查;若涉及学术目的,则应对是否与上位法相抵触进行审查;即使涉及学术目的的校规不与上位法抵触,也要对其是否符合学术自治的要求,是否遵循了法定的基本原则进行审查②。高校校规制定主体众多,各高校办学条件不同,实际情况不同,对法律法规的解释也不相同,在这种状况下学生的合法权益很难得到充分的保障,确立高校校规的司法审查标准事不宜迟。

(三)非学术性学位撤销实体审查标准不明

一是与学术性学位撤销实体审查标准混淆。在司法实践中,学位撤销诉讼并未区分学术性学位撤销与非学术性学位撤销。学术性学位撤销具有极强的专业性,需要高校运用专门知识进行评价,是高校学术自治的重要体现。非学术性学位撤销基本不涉及专业的学术知识,二者有根本区别。但我国对二者的司法审查标准一概而论、相互混淆,法院以尊重学术自治为由规避对非学术性学位撤销的实体审查。实际上,非学术性学位撤销的原因主要是存在道德品行问题和存在政治问题,并不涉及高校行使学术自治权。因此,非学术性学位撤销与学术性学位撤销采用统一标准,是对法院司法权的不当限制,不利于维护学生合法权益。

二是缺少非学术性撤销依据。《学位条例》第十七条规定:学位授予单位对于已经授予的学位,如发现有舞弊作伪等严重违反本条例规定的情况,经学位评定委员会复议,可以撤销。除舞弊作伪以外的"严重违反本条例规定的情况"应当和舞弊作伪属于同一性质,即同属学术性学位撤销,不能将其范围扩大到非学术性学位撤销上。除了"拥护中国共产党的领导"和"拥护社会主义制度"外,没有其他非学术性撤销依据。因此,非学术性学位撤销行为的法律依据在当前立法中仍有缺憾,为法院的司法审查带来了现实困难,未来立法需在该领域进一步补充完善。

二、司法审查的优化路径

(一)建立学位撤销案件分类审查模式

美国在审理学位撤销案件时采取分类审查模式,分类标准有二:一是按照高校性质,对公立高校和私立高校采取不同的审查模式;二是根据学位撤销事由不同,对学术性撤

---

① 参见朱芒:《高校校规的法律属性研究》,载《中国法学》2018 年第 4 期。

② 参见伏创宇:《高校校规合法性审查的逻辑与路径——以最高人民法院的两则指导案例为切入点》,载《法学家》2015 年第 6 期。

销事由和非学术性撤销事由采取不同的审查模式。我国可以适当借鉴后者,对学术性撤销事由和非学术性撤销事由分类审查。

第一,对学术性撤销行为的司法审查。根据《学位条例》规定,需要通过课程考试,完成论文答辩才能获得学位。因此,可以将学术性撤销行为分为因考试、论文引起的学位撤销和其他事由引起的学位撤销两种。对于前者,应当遵循有限审查原则。首先,应当审查程序是否正当,但正当程序的标准不宜过高,只要程序中不存在直接影响相对人合法权益的重大瑕疵,就应当认为其满足正当程序要求。其次,对于实体的审查主要集中于对证据的审查,即对证据真实性、关联性、合法性的审查,若能够达到证据确实、充分的程度,就应当尊重学校对事实性质的认定。只有这样才能体现对学术自治的尊重,避免法院的司法权力干预高校正常开展工作。对于其他事由引起的学位撤销,首先应当明确这种撤销并不是法律规定的,而是高校自行设定的,有必要采取更高的司法审查标准,以维护当事人的合法权益。因此,对实体的审查应当在审查证据的真实性、关联性、合法性的基础上,进一步审查高校作出撤销决定的依据是什么,该依据是否属于高校学术自治的范畴,是否与上位法相抵触。其次,对程序的审查标准亦应拔高,要求高校完成法律法规和高校校规规定的程序性事项,如果存在瑕疵则高校应当承担一定的不利后果。

第二,对非学术性撤销行为的司法审查。因为非学术性撤销行为不涉及高校学术自治权的行使,不需要高校运用专门知识进行判断,同时,非学术性撤销条件主要是政治标准和道德品行标准,因此司法权完全可以,也完全有必要深度介入其中。对于程序的审查应当全面贯彻正当程序原则,要求高校达到实质程序正义的标准,严格审查高校有无保障相对人知情权、陈述权、申辩权等各项权利,有无告知相对人权利救济的渠道。在实体方面,应首先认识到学位事关当事人的前途命运,不仅关系到受教育权,而且关系到劳动权、财产权等宪法上的基本权利,并且法律并没有授予高校自主设定学位撤销条件的权利,因此应当严格依照法律保留原则和禁止不当联结原则审查撤销行为的合法性和合理性。

(二)明确高校学位撤销条件

由于在国家立法层面,未对学位撤销条件作出具化规定,导致高校进行过度的扩大解释,法院在司法审查中对相关概念的界定也较为困难。因此,明确并细化学位撤销条件势在必行。对于学术性学位撤销条件,首先,应将课程考试作弊、造假和学位论文造假规定为法定的学术性学位撤销条件;其次,对于其他学术性学位撤销条件,国家立法只需作出原则性的规定,赋予高校自主设定权,但是必须在国家立法的框架之内,避免高校滥用权力,侵害学生合法利益。在认定学生是否构成学术性学位撤销条件时,应当充分体现对高校学术自治的尊重,相关标准由高校制定。质言之,国家立法对学位论文和其他科研论文学术不端,科研成果造假,课程考试作弊、造假的认定标准应当作概括的原则性规定,便于各高校结合自身实际情况制定实施细则。非学术性学位撤销条件只有政治条件和品行条件两种,目前司法实践中尚未因政治条件而撤销学位的案例,关键在于明确品行条件,其主要体现在违规取得入学资格,如典型案例翟某诉郑州大学撤销学位证书案①,本案中,一审法院认为郑州大学的撤销行为事实清楚、证据充分,符合法定程序,其认为郑州大学行为合法的依据是《学位条例》第十七条:学位授予单位对于已经授予的学位,如发现有舞弊作伪等严重违反本条例规定的情况,经学位评定委员会复议,可以撤销。但将"违规取得入学资格"解释为"有舞弊作伪等严重违反本条例规定的情况"是否妥当? 实际上,为了避免高校自主办学权不受约束,对于品行条件这一类受各高校自主办学影响较小的条件,可以考虑通过列举等方式进行统一化规定,以避免高校在此问题上不断扩大解释,进而影响学生合法权益。

(三)明确对高校校规的司法审查规则

一是明确高校校规的司法审查范围。前文已述,朱芒教授将校规分为"介入性校规"和"自主性校规"两种类型。这种分类能够准确地反映校规的性质。自主性校规基于法人身份而制定,用于调整高校内部规范。自主性校规并非基于法律、法规、规章授权的行政主体身份制定,而是根据高校章程的规定,体现其内部管理体制的自主办学权,因此不属于行政规范性文件,不能作为司法审查的对象。介入性校规是高校根据法律、法规、规章的授权,在授权范围内以行政主体的身份制定的规范性文件。《国务院办公厅关于加强行政规范性文件制定和监督管理工作的通知》给行政规范性文件进行了明确的定义,且范围广于《行政诉讼法》,即行政规范性文件是除国务院的行政法规、决定、命令以及部门规章和地方政府规章外,由行政机关或者经法律、法规授权的具有管理公共事务职能的组织依照法定权限、程序制定并公开发布,涉及公民、法人和其他组织权利义务,具有普遍约束力,在一定期限内反复适用的公文。介入性校规满足行政规范性文件的特征,因此应当作为司法审查的对象。

二是明确高校校规的司法审查方式。法院在进行司法审查时,应当按照通常方式对高校校规进行审查。首先,应当审查高校是否有制定该校规的权限,判断高校是否有权设定该校规;其次,应当审查制定校规的程序,审查校规的制定过程是否符合法定程序;最后,应当审查高校校规的内容。这部分应当以合法性审查为主。确保高校校规的内容在上位法的授权范围内且不与上位法抵触。由于高校校规不同于其他行政规范性文件,是大学自治的体现,具有特殊性,因此应当以合法性审查为主,以合理性审查为辅,以体现对大学自治的尊重。

---

① 参见河南省郑州高新技术开发区人民法院(2014)开行初字第 147 号行政判决书和郑州市中级人民法院(2015)郑行终字第 42 号。

第五节　司法审查视角下高校学位授予制度的完善路径

一、完善高校内部救济体系

目前,我国高校普遍设立了处理学位纠纷的校内申诉机构,例如北京大学设有学生申诉处理委员会。在校内化解矛盾纠纷不仅可以节约司法资源,更能维护大学自治。因此,各高校有必要完善内部救济体系。

(一)增强校内学位纠纷申诉机构中立性

高校学位纠纷申诉机构的中立性是申诉处理结果客观性的重要保障。解决学位争议最终都由人来实施和执行。要在源头化解学位纠纷,就应当建立、优化专门的学位纠纷申诉机构,打造一批具有专业能力,具有法治思维,处于客观中立地位、相对独立的工作队伍。一是保证学位纠纷申诉机构的独立性。应设立独立、常设的内部学位纠纷申诉机构,且具有较强的决定权,其在受理学生申诉的过程中不受外部影响,根据申诉内容、证据材料,运用专业学术知识进行判断。二是加强学生申诉委员会人员构成的多元化。申诉机构组成人员除了掌握专业学术知识的学者之外,还应有法律方面的专家参加,以加强对申诉处理过程的合法性审查,保障申诉处理符合法律规定,这样有利于保障机构成员程序公正和实体公正的实现。

(二)推进学位纠纷申诉程序规范化

程序的规范化对于保障结果权威性有重要意义,只有公正的程序,才具有产生公正结果的能力。[①] 当前,需要进一步提升申诉处理流程的规范化和透明化水平。为了保证申诉处理的实体公正,必须确保程序公正的实现。首先,要明确送达与告知的时限和方式。送达和告知是申诉程序的起始和终止环节,对申诉案件的整体实效和完整性具有直接影响。送达受理决定书是学生申诉案件处理开始的标志。在处理过程中,申诉机构应当切实履行告知义务,充分保障学生的知情权。在处理结束后,申诉机构应该向申诉主体送达决定书等文件,并告知学生若对救济不服可以采用的救济方式和时限。其次,要明确回避制度。回避制度是保障申诉处理公平公正的重要方法。当校内学位纠纷申诉机构组成人员认为自身与案件有利害关系时应该主动申请回避,当申诉人认为需要有关

---

① 参见沈宗灵:《法理学》,高等教育出版社 1994 年版,第 49 页。

人员回避的可以申请回避。最后是明确听证制度。在目前的学位纠纷处理案例中,运用听证制度的案例不多。事实上,听证制度是保障申诉处理过程合法,保证程序正义的有效手段。

二、加强对校规的审查力度

(一)确保校规内容合法

高校在制定校纪校规时,应当遵守法制原则和法治精神,正确处理高校自治与学生权利保障之间的关系。高效管理工作千头万绪,高校内部必然有制定相应的制度规范内部管理行为,以营造良好的学术氛围,为学术研究提供有力的保障。通过对《最高人民法院关于适用〈行政诉讼法〉的解释》第一百四十八条的分析,实践中应该确保高校校规的内容不超越高校的法定职权,不超越法律、法规、规章对高校的授权范围;不与法律、法规、规章等上位法相抵触。在没有法律、法规、规章依据的情况下,不违法增加学生的义务或者减损学生的合法权益。尽管司法实践中法院认定高校校规违法的案例很少,给予了高校自主办学权充分的尊重,但高校仍应注意上述几点,以避免承担不利后果。

(二)确保校规制定主体合法

并非高校的所有部门都有制定高校规范性文件的权力。高校校规的制定主体必须具有相应的权限。目前高校规范性文件的制定主体有两类:一是高校自身,二是经过高校授权的二级学院。《学位条例》等国家立法赋予了高校制定学位授予等事项实施细则的权力,但很多高校并不负责解释,而是让起草部门解释,这就影响了主体的合法性。除此之外,高校的二级学院能否制定与学位授予、学位撤销有关的规范性文件尚存争议,因为国家立法赋予了高校制定实施细则的权力,并未赋予高校内部二级学院制定相关规定的权力,这势必带来法律风险。因此,高校在校规制定的过程中应当注意上述问题,确保所制定的校规和对校规的解释具有法律效力,避免不必要的法律风险。

(三)确保校规制定程序合法

谷口安平曾指出:"程序是形成并维持法的空间最活跃的因子。"①孙笑侠也有相似论述,他指出:"程序的仪式性、象征性使主体产生心理上的服从,程序能够使人遵循相应的行为模式。"②这都反映出程序正义的重要性。制定高校校规同样要注重程序正义。制定高校校规必须符合法定程序,与学位授予、学位撤销有关的高校校规对学生的权益与学

---

① 参见[日]谷口安平:《程序的正义与诉讼》,王亚新、刘荣军译,中国政法大学出版社 2002 年版,第 75 页。

② 参见孙笑侠:《程序的法理》,商务印书馆 2005 年版,第 37 页。

生的合法权益息息相关,因此必须要通过程序正义来保障其公正性。具体而言,在制定相关校规时应注重以下程序:首先,在制定草案之前要深入开展调查,确保多方参与制定,不能由学校法制部门、研究生院等单位自行制定。其次,高校校规的制定中必须经过起草、立项,在起草中应当委托法学专家,因为起草校规需要使用大量的法律专业术语,涉及学生的重大权益,因此应当注意用词的准确性、规范性,可以适当委托第三方法律顾问进行制定。让高校规范性文件更加具有客观性。再次,要广泛地听取和吸收学生意见建议,可以采取公开征求意见的方式进行。最后,要对相关规定进行严格审查,主要审查是否与上位法相抵触,是否在授权的范围之内,有无越权等事项。除此之外,应当通过合法合理的渠道发布校规,进行公示公开。

三、贯彻正当程序原则

基于对高校学术自治的尊重,法院在进行司法审查时,会根据案件事实与高校学术自治权的密切程度,采取不同的司法审查方式。但是高校不能因此对不同的情况采用不同的做法,反而应当高标准地适用正当程序原则,这样做既有利于高校自身规避法律风险,避免因程序违法而承担不利后果,也有利于保障学生的合法权益。在作出不授予学位或者撤销学位的过程中,满足发现、调查、告知、听取当事人陈述和申辩、作出决定、告知救济权利和救济途径、送达文书即可确保符合正当程序原则要求,具体如下。

第一,发现环节。发现不授予学位或者撤销学位的事由很多,包括老师发现学生作弊、高校发现学生论文抄袭、高校接到学生学术不端的举报、教育行政部门抽检发现学生论文不合格等。这其中举报较为特殊,因为举报的另一面是诬告。因此,应在初步核实证据后才能进行正式调查,这样可以防止有人滥举报,也有利于查清事实。

第二,调查环节。调查应当根据案件事实确定相应的校内机构进行。例如,对考试作弊的调查应当由教务处、研究生院或者二级学院进行,对学术不端的调查应当由学术委员会进行。

第三,告知环节。在查清不授予学位事由或者撤销学位事由后,高校应当发出正式的书面通知,告知当事人校方经初步调查后认定的事实、理由、依据以及可能作出的决定和导致的后果,并告知其有权进行申辩。此外,在作出不授予学位或者撤销学位决定之后,应当以书面方式告知当事人有关决定,并告知其依法进行救济的途径及期限。

第四,听取陈述、申辩环节。正当程序原则要求,在处置相对人重大权益时,必须听取当事人的陈述、申辩。尽管《学位条例》等国家立法未明确规定这一要求,但是不授予学位或者撤销学位当然地属于处置当事人的重大权益,应当听取当事人陈述、申辩。

第五,作出决定环节。对于不授予决定,按照《学位条例》规定,需经学位论文答辩委员会审查论文、组织答辩,就是否授予硕士、博士学位作出决议,并报送学位评定委员会。学位评定委员会负责审查通过学士学位获得者的名单;负责对学位论文答辩委员会报请授予硕士学位或博士学位的决议,作出是否批准的决定。决定以不记名投票方式,经全体成员过半数通过。对于撤销决定,在高校的学术委员会调查完毕后,将完整的调查报告和处理建议提交给校学位评定委员会。根据《学位条例暂行实施办法》第十八条规定，作出撤销学位的决定，是高校学位评定委员会的法定职责，即《学位条例》第十七条的学位评定委员会的复议决定程序。高校学位评定委员依照调查结果，作出撤销学位的决定，这一决定程序可以进行细化，即校学位评定委员会应当采取会议方式进行复议，不得采取电话会议等通讯方式，会议的有效条件是委员会全体委员的 2/3 以上出席。表决方式可采取举手表决或者不记名投票的方式，经出席人数的 1/2 以上同意撤销后书面作出撤销决定。在撤销决定中应当明确具体适用的法律，并要进行说理。

本章小结

学位争议纠纷的司法审查，事关维护学生合法权益和保障高校学术自治，对在建设社会主义法治国家的征程中进一步推进依法治校、保障公民基本权利具有重大意义。自田某诉北京科技大学案以来，我们不断完善学位争议纠纷司法审查的体制机制，通过不断完善制度体系以保障学位争议纠纷司法审查的顺利进行。在不授予学位纠纷的司法审查中，应区分学位条件和品行条件，以不同的方式对司法审查模式进行优化完善；在学位撤销纠纷中，应建立健全学位撤销案件分类审查模式，明确高校学位撤销条件，明确高校校规的司法审查规则。除此之外，还应完善高校内部救济体系，加强对高校校规的审查力度，把正当程序原则贯穿高校作出决定和法院司法审查始终，在尊重高校学术自治的同时，尽可能避免学生的合法权益受到侵害。

致　谢

　　本书是"依法治校系列丛书"中的一部,是教育立法研究基地(教育部政策法规司-郑州大学共建)(以下简称"基地")、郑州大学依法治校研究所推出的又一阶段性研究成果。从计划编写至今已历时一年有余,在研究不断向前推进的同时也遇到了很多理论与实践上的难题,承蒙学界多位专家、学者的帮助,特别是提出了许多富有建设性的意见与建议,使本书的编写与出版工作能够顺利有序地进行。对此,本书全体编者表示衷心的感谢!

　　教育部政策法规司支持郑州大学建立教育立法研究基地,并对基地工作给予了悉心指导,2023年7月教育部政策法规司副司长王大泉到校调研,对取得的理论和实践成果给予了充分肯定;郑州大学党委书记别荣海、校长李蓬等校领导对依法治校工作十分关心,对"依法治校系列丛书"的出版给予了大力支持。中国法学会行政法学研究会副会长、郑州大学依法治校研究所所长、基地执行主任沈开举教授对本书的编写工作进行专业指导并受邀为"依法治校系列丛书"作序;郑州大学法学院的多位老师对本书的内容提出了大量有意义的修改意见;郑州大学法学院硕士研究生吴姗及其带领的校对小队承担了本书的校对工作;郑州大学出版社的领导为本书的编写给予了大力支持……正是因为大家默默地奉献与帮助,本书才得以顺利付梓!

　　"路漫漫其修远兮,吾将上下而求索。"本书将会在现有基础上,不断深化研究,期望为我国高校依法治校工作尽绵薄之力。

编者

2023 年 10 月